Andreas R. Voegele / Sylvia Schindele (Hrsg.)
Einkaufskooperationen in der Praxis

Andreas R. Voegele / Sylvia Schindele (Hrsg.)

Einkaufskooperationen in der Praxis

Chancen, Risiken, Lösungen

Die Deutsche Bibliothek – CIP-Einheitsaufnahme

Einkaufskooperationen in der Praxis :
Chancen, Risiken, Lösungen /
Andreas R. Voegele / Sylvia Schindele (Hrsg.). – Wiesbaden : Gabler, 1998

Alle Rechte vorbehalten
© Betriebswirtschaftlicher Verlag Dr. Th. Gabler GmbH, Wiesbaden 1998
Softcover reprint of the hardcover 1st edition 1998
Lektorat: Ulrike M. Vetter

Der Gabler Verlag ist ein Unternehmen der Bertelsmann Fachinformation GmbH.

http://www.gabler-online.de

Höchste inhaltliche und technische Qualität unserer Produkte ist unser Ziel. Bei der Produktion und Verbreitung unserer Bücher wollen wir die Umwelt schonen: Dieses Buch ist auf säurefreiem und chlorfrei gebleichtem Papier gedruckt. Die Einschweißfolie besteht aus Polyäthylen und damit aus organischen Grundstoffen, die weder bei der Herstellung noch bei der Verbrennung Schadstoffe freisetzen.

Die Wiedergabe von Gebrauchsnamen, Handelsnamen, Warenbezeichnungen usw. in diesem Werk berechtigt auch ohne besondere Kennzeichnung nicht zu der Annahme, daß solche Namen im Sinne der Warenzeichen- und Markenschutz-Gesetzgebung als frei zu betrachten wären und daher von jedermann benutzt werden dürften.

Satz: Alinea GmbH, München

ISBN-13:978-3-322-87105-3   e-ISBN-13:978-3-322-87104-6
DOI: 10.1007/978-3-322-87104-6

Vorwort

Die Bedeutung kooperativer Verhaltensformen im Wettbewerbsprozeß zur Sicherung und Erhöhung der Wettbewerbsfähigkeit hat in den letzten Jahren erheblich zugenommen. Ein intensiver internationaler Wettbewerb führt zu einer fortschreitenden Integration der Märkte mit verstärkten wechselseitigen Abhängigkeiten aller Beteiligten. Aus derartigen Interdependenzen resultieren wechselseitige Bedürfnisse und somit der Wunsch nach flexiblen unternehmensübergreifenden Verbindungen, die unter Wahrung von Selbständigkeit gemeinsame strategische Wettbewerbsvorteile ermöglichen. Kooperationen schaffen derartige Verbindungen und bieten gleichzeitig eine Vielzahl situationsspezifischer Gestaltungsräume an.

Insbesondere für kleine und mittelständische Unternehmen ist die Kooperation als Instrument zur Steigerung der Leistungsfähigkeit eine vielversprechende Handlungsalternative, um die Herausforderungen des gegenwärtigen Strukturwandels zu bewältigen und die Wettbewerbsposition zu erhalten. Dies kann nur gelingen, wenn eine erfolgreiche Differenzierung von anderen Unternehmen erfolgt. Die jüngst veröffentlichte, im Auftrag des Bundesministeriums für Bildung, Wissenschaft, Forschung und Technologie durchgeführte Expertenbefragung zur globalen Entwicklung von Wissenschaft und Technik bestätigt die zunehmende Bedeutung zwischenbetrieblicher Kooperationsmodelle. So werden gemäß dieser Studie vor allem kleine und mittlere Unternehmen bis zum Jahr 2010 verstärkt Einkaufs- und Vertriebsaktivitäten bündeln, um die eigene Marktmacht zu erhöhen.

De facto sind viele kleine und mittelständische Unternehmen jedoch noch nicht ausreichend auf Kooperationen vorbereitet. Sie sind traditionell sehr stark vom Unabhängigkeitsstreben geprägt. Im Schumpeterschen Sinne ist dies zunächst ein durchaus positives Zeichen unternehmerischen Selbstbehauptungswillens. So ist der unbeugsame Wille, im Wettbewerb allein bestehen zu können, eine wesentliche Ursache für die Innovationsfähigkeit vieler Unternehmer. Andererseits resultiert aus diesem starken Unabhängigkeitsdrang vielfach eine sehr geringe Kooperationsfähigkeit und -willigkeit bei mittelständischen Unternehmen. Angesichts der zunehmenden Bedeutung von Kooperationsaktivitäten im Wettbewerbsprozeß ist deshalb eine Stärkung der Kooperationsbereitschaft und -fähigkeit unbedingt erforderlich. Dies kann beispielsweise im Rahmen von ausgewählten Projekten erfolgen, die externe Kooperationsexperten in ihr professionelles Projektmanagement integrieren.

Im Hinblick auf eine erfolgreiche Kooperationsdurchführung sind Dokumentationen über verschiedenste Kooperationsformen beispielsweise in den Funktionsbereichen Forschung und Entwicklung, Produktion, Marketing oder Vertrieb in wesentlich größerem Umfang vorhanden als über eine unternehmensübergreifende Zusammenarbeit im Bereich Einkauf/Beschaffung. Aufgrund bisher nicht weit verbreiteter Kooperationserfahrungen werden die Erfolgsaussichten von Einkaufskooperationen vielfach als fragwürdig eingestuft.

Daß Kooperationen im allgemeinen und Einkaufskooperationen im besonderen funktionieren und auch zum Erfolg führen, zeigt das vorliegende Buch. Es analysiert Chancen und Risiken von Einkaufskooperationen, zeigt pragmatische Lösungsansätze für die Durchführung von Kooperationen im Bereich Einkauf/Beschaffung auf und bewertet diese. Im Vordergrund steht die Erarbeitung eines Kooperationsleitfadens, der sowohl Anregungen als auch Unterstützung bei Kooperationsvorhaben leisten kann.

Im ersten Teil widmet sich *Jürgen Dunsch*, verantwortlicher Redakteur für die Unternehmensberichterstattung bei der Frankfurter Allgemeinen Zeitung (FAZ), grundsätzlichen Kooperationsüberlegungen. Er betrachtet sowohl Vorteile einer zwischenbetrieblichen Zusammenarbeit als auch immer wieder von Kooperationskritikern angebrachte Argumente. Ferner nennt er Verhaltensregeln für die Kooperationspartner, um unternehmensübergreifende Aktivitäten zum Erfolg zu führen. Er belegt seine Ausführungen durch verschiedene Beispiele aus der Praxis.

Den Kooperationsbegriff im allgemeinen sowie die generelle Bedeutung von Einkaufskooperationen stellt *Sylvia Schindele*, wirtschaftspolitische Referentin bei Siemens, im zweiten Kapitel dar. Im Vordergrund der Erläuterungen stehen neben allgemeingültigen Kooperationsdefinitionen Überlegungen zur Auswahl kooperationsgeeigneter Aktivitäten, zu generellen Kooperationsmotiven, zu Kooperationspartnern sowie zu Organisationsformen kooperativer Zusammenarbeit.

Im dritten Abschnitt erörtert *Werner Kleinmann*, Sozius der Rechtsanwaltskanzlei Gleiss Lutz Hootz Hirsch und Partner, kartellrechtliche Aspekte von Einkaufskooperationen. Im Vordergrund seines Beitrages stehen Voraussetzungen, die die Bildung von Einkaufskooperationen zulassen sowie Bereiche, auf die sich derartige Kooperationen legalerweise erstrecken können. Wichtigste Vorschrift ist in diesem Zusammenhang § 5 c GWB, eine Vorschrift des Kartellgesetzes, die Werner Kleinmann im Detail von der Entstehungsgeschichte bis zur Endfassung analysiert. Er beendet seine Ausführungen mit einem Ausblick auf die 6. GWB-Novelle 1998 und deren ,,§ 4 Mittelstandskartelle".

Das vierte Kapitel beinhaltet ein Praxisbeispiel für Kooperationen im Bereich Einkauf. *Andreas R. Voegele*, Partner bei Roland Berger & Partner, International Management Consultants, und *Sylvia Schindele* stellen das Pilotprojekt ,,Einkaufskooperationen mittelständischer Unternehmen in Baden-Württemberg" vor. Nach der Erläuterung der Projektidee wird das Kooperationsmanagement mit Projektinhalten und -ergebnissen betrachtet. An die Erfolgsbeurteilung des Projektes schließt sich eine detaillierte Analyse von allgemeinen Erfolgsfaktoren für Einkaufskooperationen an. Diese insgesamt neun Faktoren werden sowohl unter theoretischen Gesichtspunkten erläutert als auch konkret auf das Pilotprojekt angewendet.

Paul Hofmann, Leiter der Logistik und des Einkaufs bei Fürstlich Hohenzollernsche Werke Laucherthal und einer der Projektteilnehmer des Pilotprojektes ,,Einkaufskooperationen mittelständischer Unternehmen in Baden-Württemberg", stellt im fünften Kapitel seine Projekterfahrungen aus Teilnehmersicht dar. Er erläutert den Gesinnungswandel von anfänglicher Skepsis gegenüber dem Pilotprojekt bis hin zur Überzeugung, daß Kooperationen, insbesondere im Bereich Einkauf/Beschaffung, sinnvoll und notwendig zur Sicherung von Wettbewerbsvorteilen sind.

Im sechsten Kapitel widmen sich *Günter Weber*, Einkaufsleiter bei Kennametall Hertel, und *Rolf Christe*, freiberuflicher Berater für Materialwirtschaft und Einkauf, dem Thema Benchmarking im Einkauf. Es handelt sich um einen Praxisbericht über eine Einkaufskooperation von sieben mittelständischen Industrieunternehmen im Raum Nürnberg. Nach grundsätzlichen Überlegungen zur Auswahl und Suche von Kooperationspartnern folgen Erläuterungen zu konkreten Projekt-Kooperationspartnern, zu einzelnen Prozeßschritten bei der Projektdurchführung sowie letztendlich zu Projektergebnissen und -erfahrungen.

Ein Einkaufspool in den neuen Bundesländern wird beispielhaft im siebten Kapitel von *Karl-Heinz Uhlig*, Geschäftsführer der Firma Omega Blechbearbeitung, erläutert. Im Vordergrund der Betrachtungen steht eine Einkaufskooperation von 15 Unternehmen verschiedener Branchen innerhalb des Interessenverbandes Chemnitzer Maschinenbau (ICM). Uhlig beschreibt die Struktur und Gründung, die Visionen und Ziele sowie die Umsetzung dieses Einkaufspools.

Im achten Kapitel zeigt *Bernd Wolter*, Mitglied der Geschäftsführung bei agiplan, schließlich, daß durch Kooperationsinitiativen mit wirtschaftspolitischer Trägerschaft die globale Wettbewerbsfähigkeit von Zulieferunternehmen gesteigert werden kann. Er analysiert Kooperationsformen, Verbundmaßnahmen und Netzwerke zur Kräftigung des Strukturwandels sowie den Einsatz und Nutzen strategischer Allianzen für die Beteiligten. Anhand ausgewählter Beispiele zeigt er, wie Kooperationsinitiativen auf Landesebene erfolgreich durchgeführt werden.

Allen Autoren dieses Buches, die sich trotz knapper Ressourcen die Zeit genommen haben, an diesem gemeinsamen Projekt mitzuwirken, sei herzlichst gedankt.

Wir sind zuversichtlich, daß das vorliegende Buch wesentlich dazu beiträgt, die Dokumentationslücke zum Thema Einkaufskooperationen zu schließen, sowie dem vielfachen Wunsch nach einer breiteren und sachlicheren Diskussion dieser Thematik nachkommt.

Stuttgart und München, im August 1998   *Andreas R. Voegele*
                                                                Sylvia Schindele

Inhalt

1 Kooperationen – Die sinnvollen Wahlverwandtschaften

Jürgen Dunsch

Zwischen Flucht und Suche

An den Anfang seiner berühmten „Wahlverwandtschaften" setzt Johann Wolfgang von Goethe folgende Beobachtung: „Bald werden sie sich als Freunde und alte Bekannte begegnen, die schnell zusammentreten, sich vereinigen, ohne aneinander etwas zu verändern, wie sich Wein mit Wasser vermischt. Dagegen werden andere fremd neben einander verharren und selbst durch mechanisches Mischen und Reiben sich keinesweges verbinden; wie Öl und Wasser, zusammengerüttelt, sich den Augenblick wieder auseinander sondert." Bei seinem „Fliehen und Suchen" hatte der Dichterfürst die menschlichen Beziehungen im Sinn, die durch das Hinzutreten Dritter eine völlig andere Form annehmen können. Wir wollen ihn daher nicht für die Ökonomie der Kooperationen in Anspruch nehmen. Doch soviel läßt sich sagen: Das Fliehen und Suchen gemahnt an die Voraussetzungen für erfolgreiche Unternehmensverbindungen, das Mischen und Reiben an die höchst unterschiedlichen Ergebnisse von Kooperationen.

Nicht von echten Fusionen soll in erster Linie die Rede sein, obwohl sie durchaus zum Thema gehören. Wenn man so will, stellen sie nämlich den konsequenten Schlußpunkt einer sich im Lauf der Zeit vertiefenden Zusammenarbeit zweier Unternehmen dar. Meist geschieht die Verschmelzung durch die Aufnahme des Juniorpartners in der größeren Einheit; Ausnahmen wie das Entstehen des Elektrokonzerns ABB (1988) aus den gleichberechtigten Partnern Asea und BBC oder des Pharmariesen Novartis (1996) aus Ciba-Geigy und Sandoz bestätigen nur die Regel. Aber auch den gängigen „Fusionen auf ..." würde man nicht gerecht, unterstellte man bei ihnen nicht einen Einfluß auf Geschäftsgebaren, Organisation und Firmenkultur des aufnehmenden Unternehmens.

Zwingend aus Kooperationen entstehen die Unternehmensfusionen schon gar nicht. Dies hängt mit einem grundlegenden Widerspruch zusammen. Naturgemäß denken am ehesten solche Betriebe an Formen der Zusammenarbeit, die auf ähnlichen Feldern tätig sind. In vielen Fällen sind sie sogar echte Wettbewerber. Läßt man Kartellbestrebungen einmal außen vor, hemmt aber die Wettbewerbssituation mögliche Annäherungen und läßt Kooperationsgedanken nur allmählich reifen.

Die Fälle sind Legion, in denen Kooperationen am Mißtrauen der Partner gescheitert sind. Empirische Untersuchungen fördern zum Teil geradezu niederschmetternde Ergebnisse zutage. Dies gilt besonders dann, wenn die Unternehmensverbindungen besonders eng sind. So sprechen Fachleute davon, daß bei Akquisitionen und

Fusionen in mehr als 80 Prozent aller Fälle Schwierigkeiten auftreten. Aber auch bei Allianzen, bei denen keine Kapitalverflechtung stattfindet, treten immer wieder Probleme auf.

Einen Ausweg scheinen die sogenannten Netzwerke zu bieten, in denen eine Vielzahl von Firmen zusammenfinden. Dabei bleibt intern ein gewisses Maß an Wettbewerb erhalten. Nach den Worten von Professor Michael Reiß (Universität Stuttgart) entsteht die Attraktivität solcher Gebilde dadurch, „daß Netzwerke die spezifischen Vorteile des Marktes, vor allem Effizienzdruck und Spezialisierung auf Kernfähigkeiten, mit denen von Unternehmungen, sprich Größenvorteile und kulturbasierte Zusammenarbeit, gleichzeitig in sich vereinigen können." In gewisser Weise findet man diesen Ansatz bei Konsortien etwa für große Infrastrukturprojekte verwirklicht. Allerdings sind diese zeitlich begrenzt auf den Bau des Kraftwerks, des Hochhauses oder was immer Gegenstand des Konsortiums sein mag. Netzwerke sind dagegen längerfristig angelegt. Nur ist zu fragen, ob die interne Konkurrenz auf kleiner Flamme nicht eher extern gewollt ist. Bei so manchem Zulieferer-Netzwerk der Automobilindustrie liegt dieser Gedanke zumindest nahe.

Die Argumente der Kritiker

Kritiker sind daher mit ihren Argumenten gegen Kooperationen schnell zur Hand. Ohne auf spezielle Formen institutionalisierter Zusammenarbeit einzugehen, stellen sich die Kritikpunkte zusammengefaßt wie folgt dar:

– Am Anfang einer Kooperation mag eine sinnvolle Risikoaufteilung (bei neuen Märkten, Produkten oder gegenüber mächtigen Konkurrenten) stehen. Das gemeinsame Schultern der Lasten, also in erster Linie der Kosten läßt jedoch die Risikoaufteilung nur zu gerne zur Risikounterschätzung entarten.

– Wenn es stimmt, daß heutzutage Schnelligkeit und Flexibilität entscheidende Wettbewerbsvorteile bringen und besonders Mittelständler hier Stärken ausspielen können, dann wäre ihnen von Kooperationen eher abzuraten. Die dort notwendige Abstimmung behindert ein schnelles Handeln im Markt.

– Kooperationen werden immer wieder dazu benutzt, um sich aus nicht mehr tragfähigen Aktivitäten allmählich zu verabschieden. Dies ist aber nur dann gerechtfertigt, wenn der stärkere Partner sich des Risikos wirklich bewußt ist. Die Gefahr ist groß, daß ihm ein marodes Geschäft aufs Auge gedrückt wird.

– Auch die Kehrseite birgt Gefahren: Eine Partei nutzt die Kooperation, um technisches Wissen und Marktkenntnisse beim Partner abzuschöpfen.

– Wenn eine gleichberechtigte Partnerschaft zustande kommt, ist die Frage der Führung von besonderer Wichtigkeit. Weder Doppelspitzen noch Ämterrotationen zeitigen in der Regel befriedigende Ergebnisse.

– Selbst wenn die Spitzen zweier oder mehrerer Betriebe sich über eine Partnerschaft einig sind, müssen erst noch die Mitarbeiter für das Unterfangen gewonnen werden. Es gleicht einer Herkulestat, die Leistungsträger davon zu überzeugen, daß sie nun mit ihren erbitterten Wettbwerbern zusammenarbeiten müssen.

Die Vorhaltungen der Kritiker können durch Beispiele belegt werden, die das vor
allem in der Werbewirtschaft gepflegte Bild von Unternehmensallianzen als eines
starken Kabelstrangs in einem diffusen Licht erscheinen lassen. Zwei Beispiele: Im
Januar 1997 gab das bekannte Darmstädter Modeunternehmen Fink bekannt, es
suche einen Partner für Vertrieb, Marketing und Werbung, um mit verstärkten
finanziellen Mitteln alle wichtigen Märkte bedienen zu können. Die geschäftsfüh-
rende Gesellschafterin wird mit den Worten zitiert, man bemühe sich, die Zukunft
des Unternehmens durch das Zusammengehen mit einer potenten Gruppe und/oder
die Hereinnahme neuen Kapitals sicherzustellen. Sie selbst werde aus der Geschäftsführung ausscheiden (Frankfurter Allgemeine Zeitung vom 18. Januar 1997).
Noch deutlicher wurde der Papierhändler Herlitz in München ungefähr zur selben
Zeit. Er mußte feststellen, daß er sich mit seinem Engagement in einer russischen
Papierfabrik finanziell übernommen hatte. Öffentlich suchte er „einen strategischen
Partner", um sich in zwei bis drei Jahren aus diesem Engagement wieder zurück-
ziehen zu können.

Die Sicherung der Zukunft durch Kapitalverflechtung und Anlehnung an eine
stärkere Gesellschaft ist sicherlich besser als die Aufgabe eines Unternehmens. Auch
der Rückzug aus einem Engagement kann durch den Gewinn eines anderen Partners
schonender vollzogen werden. Doch es sind Defensivstrategien, die größeren Scha-
den vermeiden helfen. Kooperationen, so gesehen, verschleiern einen Fehlschlag
oder packen ihn in Watte. Diese einseitige Betrachtungsweise würde ihnen aber
Unrecht tun. Sie entfalten nämlich ihre Kraft in Wahrheit erst dadurch, daß sie einem
Unternehmen die Eroberung neuer Märkte entscheidend erleichtern oder zumindest
dessen Marktstellung nachhaltig sichern. Heinrich von Pierer, der Vorstandsvorsit-
zende der Siemens AG, hat dies folgendermaßen formuliert: „Wir verstärken unser
Portfolio, um in führende Weltmarktpositionen zu kommen. Aber das wird uns nicht
überall aus eigener Kraft gelingen. Dann müssen wir zukaufen, Kooperationen
eingehen oder im Extremfall auch mal zurückstecken."

Die Zwänge des Kartellrechts

Unternehmensfusionen und Gemeinschaftsunternehmen rufen in der Regel die
Wettbewerbsbehörden auf den Plan. Muß dies nicht auch schon für Kooperationen
und ähnliche Verbindungen loserer Art gelten? Der Gesellschaftsrechtler Brun-Ha-
gen Hennerkes schreibt hierzu: „Häufig sieht erst der Kartellrechtler die kartellrechtliche Brisanz einer Unternehmensentscheidung. Das gilt nicht nur für die
Zusammenschlußkontrolle, die bei Unternehmenskäufen ins allgemeine Bewußtsein gerückt ist. Es gilt auch für die Vertriebsorganisation, den Technologietransfer
und Kooperationen." Reine Arbeitsgemeinschaften für begrenzte Projekte schaffen

im allgemeinen keine Probleme. Hier verbünden sich ja Unternehmen für eine bestimmte Zeit, die alleine ein solches Projekt nicht bewältigen würden. Bei Vertriebskooperationen kommt es im europäischen Kartellrecht darauf an, ob sie die Erschließung neuer Märkte verbessern oder gar erst ermöglichen. Ein gemeinsamer Einkauf ist nach Hennerkes dann unzulässig, wenn für die Mitglieder der Einkaufsgemeinschaft ein Bezugszwang ensteht, sie also nicht mehr direkt beim Lieferanten bestellen können. Daneben kommt es auf die Marktstellung der Mitglieder an. Entscheidendes Kriterium ist dabei, ob deren Nachfragemacht durch die Kooperation, vor allem auch gegenüber konkurrierenden Großunternehmen, sichtbar gesteigert wird. Das Bündeln der Bestellungen muß sich also in deutlich besseren Einkaufskonditionen niederschlagen. Das Stichwort Informationsaustausch und Technologietransfer trägt eine besondere Sensibilität in sich. Der Austausch allgemeiner Markteinschätzungen und technischer Entwicklungsmöglichkeiten ist sicher kein Grund zur Besorgnis. Aber Unternehmen geraten immer wieder in die Versuchung, von Preisprognosen zu kartellwidrigen Preisabsprachen zu gelangen und Markteinschätzungen in wettbewerbshemmende Quotenabsprachen zu überführen.

Die immer wieder vorgebrachten Einwände können allerdings nicht die Tatsache verwischen, daß die Unternehmen auf vielen Gebieten keine Stand-alone-Strategien mehr verfolgen können. Das Einzelkämpfertum hat sich überlebt, die Phantasie muß sich auf die Entwicklung intelligenter Kooperationsformen richten. Aufgerufen hierzu sind nicht zuletzt mittelständische Betriebe, die nicht, wie Großkonzerne, interne Kraftfelder miteinander verbinden können. Hierzu ein Beispiel, das zeigt, wie Kooperationsgedanken an den verschiedensten Stellen reifen können. Durch die weltwirtschaftlichen Umbrüche in den neunziger Jahren sind zahlreiche neue Märkte eröffnet worden, von den osteuropäischen Reformstaaten bis nach Vietnam. Allerdings sind die meisten dieser Länder Mittelständlern nur schwer zugänglich – geographisch, sprachlich, politisch. Einen Ausweg bieten Firmenpools, die mit Hilfe der Industrie- und Handelskammern für eine ganze Reihe von Staaten entstanden sind. So kostet die Mitgliedschaft im Malaysia-Pool der IHK Münster rund 20 000 DM im Jahr und damit weniger als zwei Reisen in die Region.

Stützpunkt des Pools in dem jeweiligen Land ist in der Regel eine kleine Repräsentanz. Deren Leistung hängt zu wesentlichen Teilen von der Qualität des Poolkoordinators ab, der im Idealfall kulturell, wirtschaftlich und politisch in beiden Ländern verwurzelt ist. Er muß die Fähigkeit besitzen, sich einen Kranz von lokalen „Zuarbeitern" für seine Informationen zu schaffen. Er muß seine Arbeit an den Bedürfnissen der Mitgliedsfirmen ausrichten, die sich verstärkt vom reinen Export zur Produktion in diesen Ländern wandeln. Nicht zu vergessen ist die regelmäßige Kontaktpflege mit den möglichen Geschäftspartnern, die der Repräsentant anstoßen muß. Gerade in den Zukunftsmärkten Asiens bildet eine so etablierte Vertrauensbasis die Grundlage für die dort in besonderem Maße gewünschte Stabilität der Geschäftsbeziehungen.

Nicht mehr im alten Trott

Die Vorhersage ist nicht gewagt, daß die Zahl der Kooperationen in Zukunft noch zunehmen wird. Der technische Fortschritt macht die den Unternehmen innewohnenden Grenzen immer schmerzhafter bewußt. In Kerngeschäftsfeldern bündeln die Betriebe ihre Ressourcen. Produktivitätsgewinne verschärfen den Konkurrenzdruck. Neue Märkte stellen Herausforderungen und Verlockungen dar. Aus Schwellenländern tauchen neue Konkurrenten auf, denen die moderne Informationstechnologie zur Verfügung steht. Privatisierungen in großem Stil setzen bisher nicht gekannte Energien frei.

Die Welt wird hart für jene, die meinen, im alten Trott weitermachen zu können. Zugleich wirken positive Kräfte in Richtung weiterer Kooperationen. In der jüngeren Unternehmergeneration ist die Teamfähigkeit weiter verbreitet. Sprachliche und kulturelle Barrieren treten zurück. Erfolgreiche Kooperationen haben Vorbildfunktion und zwingen auch Zauderer in dieselbe Richtung. Die Europäische Union erleichtert Formen transnationaler Zusammenarbeit, der Euro flankiert diese Entwicklung auf der Währungsseite.

Aus diesen Gründen ist es für moderne Unternehmen unabdingbar, über Kooperationen nachzudenken. Dabei sollten nicht in jedem Fall schnelle Erfolge erwartet werden. So hat unlängst ein Vorstandsmitglied des Anlagenbauers Balcke-Dürr davor gewarnt, bei Gemeinschaftsunternehmen in China die normalen Renditevorgaben zu machen. Ein Gewinn, der die Investitionen und Anlaufverluste ausgleiche, sei meist erst nach einigen Jahren zu erwarten. Kooperationsgedanken entstehen meist dann, wenn der Alleingang aus irgendwelchen Gründen zu schwierig ist. Es hieße aber, die Allianz zu überfordern, wenn von ihr die Wirkung eines Zaubertranks erwartet würde. Ein weiterer Gedanke drängt sich an dieser Stelle auf. Wenn technische Entwicklungen immer teurer werden – man denke zum Beispiel an die 500 Millionen DM für einen neuen Pharma-Wirkstoff – und andererseits die Eigenkapitalbeschaffung in Deutschland nur ansatzweise die bisherigen Pfade verläßt, dann helfen in vielen Fällen nur noch Kooperationen. Mit anderen Worten: Da Venture Capital hierzulande in den Kinderschuhen steckengeblieben ist, bietet sich für neue Vorhaben eher die Co-Finanzierung verschiedener Partner an.

Klares Ziel und dennoch offen

Wer das Wagnis einer Kooperation oder anderen Unternehmensverbindung eingeht, muß die Bedingungen des gemeinsamen Handelns klären. Es erstaunt, wie oft keine Klarheit über die richtige Vorgehensweise besteht. Zunächst ist das eigene Feld zu bestellen. Hier lauten die wichtigsten Fragen: Woraus ergibt sich der Wunsch nach Zusammenarbeit? Geschieht es eher aus einer Zwangslage heraus oder im Sinne einer Optimierung der eigenen Möglichkeiten? Wenn es Defizite gibt, welche Aktiva kann ich dann in die Unternehmensverbindung einbringen? Welches Budget bin ich bereit, zur Verfügung zu stellen, welches Personal? Wie stellt sich die Kosten-Nutzen-Analyse eines Alleingangs dar? Kann der mögliche Kooperationspartner meine Probleme wirklich lösen oder meine Wünsche befriedigen?

Eine Allianz wird nur dann wirklich erfolgreich sein, wenn sie beiden Seiten ähnlich große Vorteile bringt. Zu fragen ist neben den eigenen Vorteilen auch nach dem Nutzen für den Partner, nach dessen Motiven und Möglichkeiten. Keine Seite darf sich ausgebeutet fühlen. Nicht zuversichtlich konnte der Stand der geplanten Rüstungskooperation zwischen Deutschland, Frankreich und Großbritannien stimmen, als Werner Heinzmann vom Vorstand der Daimler-Benz Aerospace AG im Frühjahr 1997 das Verhältnis zu der französischen Seite mit folgenden Worten kommentierte: ,,Wir beanspruchen auch aus wirtschaftlichen Gründen sowie aus Gründen der Markterhaltung angemessene industrielle Rollen. Wir werden deshalb darauf achten, daß bei der gesamteuropäischen Konsolidierung auch Kernkompetenzen in Deutschland bleiben." Soll eine Allianz durch eine Kapitalverflechtung unterlegt und damit in gewisser Weise verfestigt werden? Wäre sogar ein Gemeinschaftsunternehmen empfehlenswert? Oder sucht der bisherige Konkurrent nur ein Einfallstor in das eigene Unternehmen?

Eine der Schwierigkeiten von Kooperationen liegt im Finden des richtigen Maßes zwischen Vertrauen und Distanz bei den vorausgehenden Verhandlungen. Vertrauensseligkeit ist ebensowenig ein guter Ratgeber wie krankhaftes Mißtrauen. Ein wichtiger Test für den Bestand einer Kooperation stellt die gegenseitige Information in der Verhandlungsphase dar. Auch hier muß Gleichberechtigung herrschen. Wer nur den anderen fragt, ohne selbst zu antworten, wird kaum der richtige Partner sein. Auch die Frage von Schiedsgerichten oder eines Vermittlers im Falle von Meinungsverschiedenheiten sollte kein Tabu sein. Eine zweite Klippe taucht auf, wenn es darum geht, die in der Kooperation liegenden Beschränkungen zu bestimmen. Gemeint ist nicht so sehr die Dauer, hier sollten sowieso keine einengenden Formulierungen gewählt werden. Vielmehr stellt sich insgesamt die Frage der inneren Dynamik. Einerseits ist es ratsam, die Vertragsinhalte festzuschreiben. Andererseits zeugt es von Weitsicht, wenn schon zu diesem Zeitpunkt über künftige Entwicklungsmöglichkeiten des Kooperationsvertrages nachgedacht wird. Solche Themen, etwa die Möglichkeit eines späteren Unternehmensübergangs mangels eigener Nachfolger, mögen sich nicht in jedem Fall für den Gedankenaustausch mit dem künftigen Partner eignen. Im Stillen sollten denkbare Entwicklungslinien allerdings skizziert werden.

Zwei Lernfelder

Wer über Kooperationen und Allianzen spricht, kommt an den Erfahrungen der großen Konzerne nicht vorbei. Sie haben schon längst diese Entwicklungsmöglichkeit als Erfolgsfaktor entdeckt. Zum Beispiel in der Telekommunikation: dort wächst die Zahl der Unternehmensverbindungen sowohl branchenintern, etwa unter den Netzbetreibern, als auch zwischen Netzbetreibern, Computerunternehmen und Medienkonzernen mit einer Jahresrate von rund 40 Prozent. Man sollte die Kluft zu eher mittelständischen Unternehmen nicht unterschätzen. So verfügen kleinere Betriebe kaum über die Ressourcen finanzieller und personeller Art, um sich auf vielen Ebenen mit anderen zu verbinden. Sie geraten des weiteren schneller in die Gefahr, von einem übermächtigen Partner aufgesogen zu werden oder durch eine zu große Zahl von Verbindungen ihre Identität zu verlieren. Die großen Telekommunikationskonzerne unterhalten dagegen im Einzelfall mehr als hundert Kooperationen und Allianzen. Diese Tatsache beeinhaltet eine Lehre für andere Unternehmen: Die Konzerne finden nichts dabei, für ein Teilgebiet mit Partnern zusammenzugehen, die auf anderen Feldern heftige Konkurrenten sind.

Eine internationale Unternehmensberatung hat vor einigen Jahren mehr als 1200 Allianzen in der Telekommunikation untersucht und dabei sieben Schlüsselfaktoren herausdestilliert. Drei davon klingen besonders bemerkenswert, da sie in kleineren Betrieben nur zu leicht nicht bedacht werden:

- Realistische Partnerbewertung: Vor dem Eingehen einer Vereinbarung sind Informationen nötig über die Unternehmenskultur des Partners, dessen strategische Ziele und die Erfolgsgeschichte als Allianzpartner. Darüber hinaus sind Strategien notwendig, um Unterschiede im Führungsstil zu überwinden.

- Eindeutige Rollenzuweisung: Erfolgreiche Unternehmen geben dem Management klare Verantwortlichkeiten vor und stellen sicher, daß der Erfolg der Allianz in strukturierter Weise regelmäßig überprüft wird.

- Sorgfältige Risikoabschätzung: Hier gilt es, mögliche Widerstände gegen die Kooperation abzuschätzen, den Austausch der betrieblichen Informationen zu steuern, mögliche Kommunikationsdefizite auszumerzen sowie die Kontroll- und Steuerungssysteme auf die Allianz zuzuschneiden.

Und was die Berater für Akquisitionen sagen, kann als allgemein gültig für Unternehmensverbindungen angesehen werden: ,,Nicht die Wahrnehmung ,günstiger Gelegenheiten' ist entscheidend, sondern die wirtschaftliche Logik einer Transaktion."

Ein zweites, in diesem Fall geographisches Lernfeld hat sich nicht zuletzt für Mittelständler in Osteuropa aufgetan. Hier lohnt ein Blick in eine Studie, die am Lehrstuhl für Internationales Management der Universität Mannheim erstellt wurde und die sich mit Gemeinschaftsunternehmen mittelständischer Betriebe in dieser Region befaßt. Die Forschungsergebnisse bestätigen die Bedeutung, die schon bestehende Geschäftsbeziehungen für die richtige Wahl des osteuropäischen Partners besitzen. Daneben unterstreicht die Studie die Wichtigkeit umfassender Marktanalysen in diesen Staaten, deren Wirtschaftssysteme und politische Rahmenbedingungen sich noch immer in einem Entwicklungsprozeß mit raschen Sprüngen und Rückschritten befinden. Aus dieser Tatsache ergibt sich auch die Empfehlung, den Kooperationsvertrag eher als zielorientiertes Rahmenwerk denn als detailliertes Konvolut anzulegen; eine weitere Bestätigung für die Thesen, daß Kooperationen bewußt mit ,,offenen Fenstern" ausgestattet werden sollten. Nicht unerwartet wird in der Mannheimer Studie das Defizit an moderner Informations- und Kommunikationstechnologie im mittelständischen Bereich moniert. Überraschend sind dagegen zwei weitere Ergebnisse. Danach spielen für den Erfolg der Joint-Ventures die Nationalität der Geschäftsführer und gute Kontakte zu Behörden keine wesentliche Rolle. Möglicherweise ist hier zwischen Managern mit einer Karriere in der alten sozialistischen Planwirtschaft und den jungen Nachwuchskräften zu unterscheiden. Beim Punkt ,,Kontakt zu Behörden" sollte zumindest nicht von einem stabilen Zustand ausgegangen werden.

Die oft unterschätzte Kommunikation

Unternehmensberater berichten, daß zur Bildung einer erfolgreichen Allianz bis zu 900 Einzelfragen vorab zu beantworten sind. Merkwürdigerweise werden dabei jene Aspekte, die mit der Kommunikation im weitesten Sinne zu tun haben, nur zu gerne vernachlässigt. Dabei weiß jeder aus der Verhaltenspsychologie, daß es nicht nur wichtig ist, wie etwas gesagt wird, sondern daß überhaupt etwas gesagt wird. Sprachlosigkeit führt in letzter Konsequenz zum Zusammenbruch einer Verbindung. Auf Kooperationen übertragen werden die vorangehenden Gespräche, wie schon angedeutet, sogar zum entscheidenden Test für ihre spätere Festigkeit. Sie zeigen, wie stark das Vertrauen zwischen den Partnern ist. Sie geben darüber hinaus Aufschluß darüber, ob ,,die Chemie zwischen den Beteiligten stimmt".

Gerade im mittelständischen Bereich zeigt sich immer wieder, daß Kooperationen nicht nur sachlichen Notwendigkeiten, sondern auch persönlichen Verbindungen entspringen. Sofern die persönliche Komponente nicht gegenüber der Abwägung der sachlichen Interessen die Oberhand gewinnt, ist hiergegen nichts einzuwenden. In den meisten Fällen muß außerdem die Kooperation von einem festen organisatorischen Geflecht und von Mitarbeitern unterstützt werden, die die Allianz mit Leben erfüllen, ohne daß sie das Unternehmen, aus dem sie kommen, vergessen.

Der Erfolg einer Zusammenarbeit hängt wesentlich von der gezielten Einbindung der Betroffenen ab; dies gilt unabhängig davon, ob die geschäftliche Unabhängigkeit erhalten bleibt oder nicht. Mit ,,Betroffenen" sind zunächst einmal die Mitarbeiter gemeint, die die Veränderungen am unmittelbarsten zu spüren bekommen. Daneben dürfen aber auch Lieferanten, Geldgeber und Kunden nicht vergessen werden. Sie wollen davon überzeugt sein, daß die Kooperation kein schleichender Rückzug aus dem Geschäft darstellt. Desgleichen müssen sie schnell Bescheid wissen darüber, ob und gegebenenfalls wie sich die Vertragsbeziehungen in der neuen Formation ändern sollen und wer ihre künftigen Ansprechpartner sein werden. Hier wie andernorts gilt: Wichtig ist die rasche persönliche Kontaktaufnahme.

Wider die allgemeine Verunsicherung

Vor allem bei den Mitarbeitern führen Formen des Zusammengehens mit anderen Unternehmen zunächst meist nicht zu Euphorie, sondern zu Verunsicherung. Dies gilt insbesondere dann, wenn mit der Maßnahme Arbeitsplatzverluste verbunden sind. Die meisten Mitarbeiter wird dann die Frage beschleichen, ob sie wohl überflüssig werden. Gegen diese Verunsicherung hilft nur eine möglichst umgehende Information darüber, was die Allianz für die einzelnen Arbeitsplätze bedeutet. Doch auch ohne solch drastischen Brüche entstehen in den Unternehmen untergründige Strömungen: Der gewohnte Arbeitsablauf ist in Gefahr, die interne Rollenverteilung und das informelle Machtgebäude in den einzelnen Abteilungen geraten ins Wanken, die anstehenden Veränderungen werden nur zu leicht als Kritik an der bisherigen Arbeit empfunden. Ganz abgesehen davon werden die in allen Betrieben bekannten Neider und Miesmacher auftreten und die populäre Devise des ,,Das klappt doch nie" verbreiten.

All dies unterstreicht die Notwendigkeit, die Belegschaften über bevorstehende Kooperationen zügig und ausführlich ins Bild zu setzen. Sie entsteht auch aus einer anderen Richtung. Die Mitarbeiter müssen in den Stand gesetzt werden, die Unternehmensverbindung offensiv nach außen zu vertreten. Es sind ihnen die Argumente an die Hand zu geben, mit denen sie gegen das schnell gefällte Urteil ,,Ihr lehnt Euch ja nur an" überzeugend vorgehen können. Mehr noch: Es gilt, die Allianz als produktive Kraft in das Bewußtsein zu rücken. Durch die Routine der bisherigen Arbeit verschüttete Tugenden werden wiederbelebt – anderen zuhören und ihre Argumente aufnehmen, Aufgaben delegieren und fremde Leistungen anerkennen. Insgesamt ist die Kooperation als Innovationselement begreiflich zu machen, das Gestaltungsspielräume und damit all jenen Chancen eröffnet, die vom Prinzip des ,,Business as usual" genug haben. Dies gilt selbst dann (oder vielleicht gerade dann?), wenn die Unternehmensverbindung der Beginn eines Abschieds aus dem betreffenden Geschäft darstellt. Voraussetzung dafür ist natürlich, daß sich der Firmeninhaber selbst darüber im klaren ist und das Rückzugsmodell nicht in eine gleichberechtigte Konstruktion umdeutet.

Überhaupt wäre es ein Fehler, würde man die Überlegungen nicht in hohem Maße auf das geplante Bündnis und dessen Mitarbeiter richten. Der dort vorhandene Gestaltungsspielraum ist das eine, die Zusammenführung unterschiedlicher Unternehmenskulturen das andere. Mißtrauen ist angebracht, wenn in bestehenden Betrieben alles über den Haufen geworfen und mit einem veränderten Auftritt so getan wird, als habe man damit schon eine bessere geschäftliche Grundlage geschaffen. Bei Allianzen, Gemeinschaftsunternehmen und Fusionen ist die Lage anders: Hier muß eine neue Identität gestiftet werden. Um diese in den Mitarbeitern zu verankern, bietet sich eine Vielzahl von Maßnahmen an. Möglichst frühzeitig sind die in Frage kommenden Mitarbeiter mit gemeinsamen Projekten zu befassen: Was auf unterer Ebene sich vielleicht auf gegenseitige Besuche an den Arbeitsplätzen beschränkt (warum nicht verbunden mit einem Bierabend?), sollte sich auf der Führungsebene in möglichst vielen gemeinsamen Projekten niederschlagen, vom Entwurf eines neuen Firmenlogo bis zur Erarbeitung einer veränderten Vertriebsstrategie und der Identifizierung künftiger Projekte in Forschung und Entwicklung.

Das gemeinsame Haus

Wenn man so will, ist der Bau eines gemeinsamen Hauses notwendig. Man kann dies auch ganz wörtlich nehmen: Ein Seminar für Führungskräfte in der Schweiz hatte einen Programmpunkt zum Inhalt, bei dem die Teilnehmer zusammen in den Wald ziehen und dort in kleinen Gruppen und mit nur wenigen Werkzeugen eine Hütte bauen. Anschließend werden sie aufgefordert, die Überlegungen für ihre spezifische Konstruktion, vom bloßen Schutzdach bis zur Steinhütte auf dem Erdwall, vor den anderen Teilnehmern darzulegen. Das Vordringen in einen gänzlich anderen Erfahrungsbereich hat vor allem drei Auswirkungen: Auf sozusagen spielerische Weise ergeben sich Rückschlüsse auf die Art des Managementverhaltens; die Teilnehmer lernen die Eigenarten ihrer neuen Partner besser kennen; das außergewöhnliche Erlebnis schweißt die Teilnehmer im besten Fall zusammen und schafft eine gemeinsame Erfahrungsgrundlage.

In der Notwendigkeit zu Kooperationen und anderen Allianzen hat sich Unternehmensberatern ein reiches Betätigungsfeld eröffnet. Gegenüber dem seinen Betrieben verhafteten Führungspersonal verfügen sie über einen höheren Erfahrungsschatz und die distanziertere Stellung, die es erlaubt, Kooperationsmöglichkeiten schneller zu erkennen, Partner leichter auszumachen und Mentalitätssperren eher zu durchbrechen. Dies heißt nicht, daß nicht auch Unternehmensleitungen Vorteile aus ihren Bündnisstrategien ziehen. Besonders deutlich wird dies bei Fusionen, also den freiwilligen Verschmelzungen ähnlich starker Gesellschaften. Im schlechteren Fall werden auf diese Weise frühere Fehlleistungen womöglich zugedeckt. Im positiven Fall erhöhen sie Macht, Prestige und Handlungsfreiheit des (allerdings nicht durchweg überlebenden) Managements. Ihren betriebswirtschaftlichen Ausdruck finden diese Zusammenschlüsse in größeren Mitarbeiterzahlen und in einer Ausweitung des freien Cash-flows.

Zugleich wird es möglichen Interessenten erschwert, die durch eine Fusion vergrößerte Firma gegen den Willen der Inhaber und Aktionäre zu übernehmen. Ganz im Gegenteil setzt eine erfolgreiche Verschmelzung die Konkurrenten dem Zwang aus, ebenfalls über Bündnisse nachzudenken. Gegenüber der Öffentlichkeit heben die Unternehmensführungen allerdings meist die Synergien in dem neuen Gebilde und die ihnen angeblich innewohnenden Ertragspotentiale hervor. Der Kapitalmarkt bewertet daher in der Regel Fusionen mit Kursaufschlägen für die daran beteiligten börsennotierten Gesellschaften. Eigentlich muß dies verwundern, denn zunächst stehen die Integrationskosten sowie dauerhafte und möglicherweise sichtbar höhere Organisationskosten zur Debatte. Naheliegend wäre daher ein Kursabschlag an der Börse. Im Normalfall ist sie aber bereit, den Mut zur weitreichenden Fusionsentscheidung und die Entwicklungsmöglichkeiten zu honorieren.

In die Tiefen der Joint Ventures

Wie tief Unternehmensverbindungen in das Leben von Betrieben eingreifen können, zeigt sich auch an den „harmlos" klingenden Gemeinschaftsunternehmen. Zur Bewertung der eingebrachten Kapitalanteile wird hier wie bei anderen Kapitalverflechtungen eine sogenannte „Due Diligence" vorgenommen. Mit der – wörtlich übersetzt – „gebotenen Sorgfalt" werden anhand einer in die Tiefe gehenden Prüfung die Beteiligungsquoten der Partner festgesetzt. Nun sind Unternehmensprüfungen nichts Neues: Wer schon früher bei Zukäufen nicht nachschaute, ob die Forderungen an Kunden vielleicht Luftnummern waren, die Vorräte unverkäuflicher Ramsch und die Auslandsniederlassungen womöglich Phantomgebilde, dem war nicht zu helfen. Unter dem Einfluß der weltweiten Akquisitions- und Fusionswelle und maßgeblich gefördert durch die international tätigen Investmentbanken und Unternehmensberatungen sind inzwischen aber die Instrumente verfeinert worden und hat die Due Diligence erheblich an Bedeutung gewonnen. Anfang 1997 rückte sie sogar in das breitere Bewußtsein der Öffentlichkeit. Der Vorstand einer Beteiligungsgesellschaft in Frankfurt stoppte in einem spektakulären Schritt die Untersuchungen seitens des benachbarten Konzerns, der knapp 50 Prozent des Kapitals erwerben wollte. Der Vorwurf: Widerruf von festen Zusagen, Bruch von Vertraulichkeitsvereinbarungen und auch das Abschöpfen von Wissen, überspitzt gesagt eine besondere Form der Betriebsspionage.

Unabhängigkeit von ihrer Berechtigung unterstreichen die Vorwürfe die Sensibilität der Fragen, die bei einer Due Diligence angesprochen sind und die nicht nur für Unternehmenskäufe, sondern cum grano salis auch für Joint Ventures gelten. Die Partnerunternehmen müssen in hohem Maße Kalkulationen, Pläne und Bestände offenlegen. Eine Schar von Anwälten, Wirtschaftsprüfern und Technikern durchkämmt die ins Auge gefaßten Betriebe. Dies erlaubt in vielen Fällen Rückschlüsse auch auf die Bereiche, die nicht in das Gemeinschaftsunternehmen einbezogen werden. Mit anderen Worten: Auch andernorts wird der Schleier der Betriebsinterna zumindest etwas gelüftet.

Auch in Gemeinschaftsunternehmen geht es trotz aller Partnerschaftsbekundungen um handfeste Interessen, findet sich doch nach der Unternehmensprüfung nur zu schnell einer der Beteiligten in der Position des womöglich unerwünschten Minderheitspartners. Statt zur Gleichberechtigung reichen die einzubringenden Werte nur zu einer Junior-Rolle. In solchen Fällen muß der Partner zusätzliche Aktiva zur Verfügung stellen oder der anderen Seite einen Ausgleich zahlen. Aber auch ein vermeintlich stärkerer Partner unterliegt einem Risiko. Je intensiver die Due Diligence durchgeführt wurde, desto weniger kann er später nicht erkannte Mängel wie reparaturbedürftige Maschinen oder wertlose Forderungen rügen. Hinzu kommen die Schwierigkeiten, die aus dem Zusammenspiel verschiedener Teile der Unternehmensprüfung entstehen. So mag eine Anlage wirtschaftlich zufriedenstellend arbeiten. Ihr Wert wird jedoch gemindert, wenn ihr zum Beispiel Umweltauflagen drohen. Aus all dem folgt: Festere Kooperationsformen wie sie etwa Gemeinschaftsunternehmen darstellen, schaffen ein Geflecht gegenseitiger Abhängigkeiten.

Krisenzeichen bei Kooperationen

,,Selbst wenn eine Kooperation zum richtigen Zeitpunkt initiiert wird, geeignete Partner gefunden und vertragliche Vereinbarungen gegenseitig akzeptiert werden sowie Einigkeit über die grundsätzlichen Ziele besteht, ist zu klären, mit welchen Managementinstrumenten sich die gesteckten Ziele erreichen lassen." Dies schreibt der bekannte Innovationsforscher Professor Erich Staudt. Es leuchtet ein, daß ein gemeinsamer Werbeauftritt erheblich weniger Managementressourcen erfordert als zum Beispiel eine deutsch-französische Kooperation zur gemeinsamen Marktdurch-dringung in Spanien. Da bei einer zu breit angelegten Führungsstruktur sich auch deren Grenznutzen leicht gegen Null bewegt und sich nur zu schnell Bürokratisie-rungstendenzen einschleichen, ist das Finden des ,,angemessenen Kleides" eine Aufgabe, die über Erfolg oder Mißerfolg der Allianz entscheiden kann.

Jegliche Art von Kooperation rückt diesen Teil der Geschäftätigkeit aus der bisherigen Unternehmensstruktur. Das geeignete Maß an Kontrolle zu finden, ohne die Initiative sogleich zu ersticken, gehört daher zu den weiteren Herausforderungen an die Betriebe. Dies ist auch deswegen unabdingbar, um eventuelle Krisenzeichen rechtzeitig zu erkennen. Diese können sich an den Rahmenbedingungen, an den einzelnen Partner oder auch an deren Verhältnis zueinander entzünden. Bei den Rahmenbedingungen ist an gesetzliche Eingriffe (zum Beispiel erhöhte Local-Con-tent-Forderungen und verschärfte Zollbestimmungen in Schwellenländern), an den Marktauftritt neuer Konkurrenten oder auch an den Ablauf von Patenten zu denken. Wichtiger sind Veränderungen, die bei den einzelnen Partnern auftreten können. Hierzu gehören:

– Veränderungen in der Geschäftsführung, die die Kooperation nicht mehr für so wichtig wie zuvor erachtet.

– Abnehmende Qualität und/oder zu nehmende Lieferschwierigkeiten eines Part-ners.

– Know-how-Verluste oder gravierende wirtschaftliche Einbußen in einem Unter-nehmen, das dann gegenüber den anderen Beteiligten zurückfällt.

– Veränderungen der Unternehmensstrategie und der Unternehmensstruktur.

Ein Imageverlust eines Partners, etwa als Verursacher von Umweltschäden, muß nicht unbedingt auf das Bündnis durchschlagen, sofern dieses eine eigene Identität aufgebaut hat und in einem abgeschlossenen Markt tätig ist. Dessen ungeachtet dürften die meisten Krisen ihren Ursprung in veränderten Verhältnissen der Partner zueinander haben. Hierzu sind zu rechnen:

– Schwierigkeiten des Bündnisses am Markt, für die sich die Partner wechselseitig verantwortlich machen.

– Differenzen über die weitere Strategie nach Erreichen der ersten Zwischenziele.

– Veränderung in der internen Machtbalance. Eine Seite fühlt sich zunehmend an den Rand gedrängt.

– Der Kommunikationsfluß geht je länger, desto mehr nur in eine Richtung. Persönliche Eitelkeiten schlagen durch, die Partner schreiben der jeweils anderen Seite eine „Berichtspflicht" zu.

– Die Konkurrenz der Partnerunternehmen in anderen Bereichen wirkt sich belastend auf die Kooperation aus.

– Die Vertragsgrundlagen werden nicht mehr als Spielregeln der gemeinsamen Arbeit, sondern als Rechtsanspruch betrachtet, den es durchzusetzen gilt. Schriftsätze von Anwälten ersetzen die in gemeinsamen Arbeitsgruppen entstehenden Strategiepapiere.

Wohlgemerkt: Unternehmensverbindungen vor allem lockerer Form können keinen Ewigkeitswert für sich in Anspruch nehmen. Kooperationen werden meist auf abgezirkelten Gebieten und für einen begrenzten Zweck abgeschlossen. Aus diesem Grund sollten in gleichem Maße weitergehende Entwicklungsmöglichkeiten beschrieben wie auch das Verfahren der Auflösung festgelegt werden.

Doch wann ist der Zeitpunkt erreicht, zu dem eine Partnerschaft beendet werden soll? In Entwicklungskooperationen mag diese Festlegung relativ einfach sein, indem der Stand des Projekts über die Lebensdauer der Allianz entscheidet. Doch zumeist bildet die Frage, ob für den Unternehmenserfolg die Kooperation wirklich noch notwendig ist oder nicht eher ein Alleingang angeraten wäre, den Gradmesser für die Entscheidung: Selbst wenn der Gewinn nicht stiege, könnten Kosteneinsparungen und schnellere Entscheidungen diesen Weg nahelegen. Aber Vorsicht, nur zu schnell gerät der Unternehmer in die Falle, den Erfolg, den die Kooperation erst ermöglicht, allein der eigenen Leistung zuzuschreiben. Die Verbindung wird dann, begleitet von hohen Kosten, aufgelöst. Erst danach stellt sich allmählich die Erkenntnis ein, daß zugleich die Grundlage für die zuvor freudig registrierte Erfolgssträhne weggebrochen ist.

Wenn der Euro kommt

Die Einführung der europäischen Währung Euro zum 1. Januar 1999 bringt ein völlig neues Element in den betrieblichen Arbeitsablauf. Er schafft zunächst Planungszwänge – Zwänge, die kurz vor dem Umstellungsdatum in vielen Fällen immer noch rein technisch und im wesentlichen beschränkt auf die Datenverarbeitung, die Finanz- und die Personalabteilung behandelt wurden. Für viele sei der Euro so etwas wie die Reform der Postleitzahlen, hat ein Unternehmensberater noch im Frühjahr 1997 beobachtet.

Unternehmen wie die Daimler-Benz AG kann er damit nicht gemeint haben. „Wir hinterfragen alle Strukturen und Prozesse vom Einkauf bis zum Vertrieb", sagte zur selben Zeit Euro-Beauftragter Wolfgang Hartung. Diese Einschätzung sollte zu denken geben. Auch die Tatsache, daß die Umstellung 1999 noch freiwillig ist und sich zunächst auf den bargeldlosen Zahlungsverkehr beschränkt (die neuen Scheine und Münzen sollen erst Anfang 2002 kommen und nach weiteren sechs Monaten die nationalen Währungen endgültig ersetzen) wird nur einen geringen Verzögerungseffekt bewirken. Ganz im Gegenteil ist zu erwarten, daß der Euro eine sich selbst verstärkende Kraft ist, die ungeachtet aller Zeitpläne die Unternehmen schon bald gefangen nimmt. Hilmar Kopper, der frühere Sprecher des Euro-Protagonisten Deutsche Bank, sieht die neue Währung ähnlich einer Fremdsprache: Zunächst erhöhe sich der Aufwand, dann aber wachse der Kreis derjenigen, mit denen sich kommunizieren lasse. Einige „Gesprächspartner" liegen schon fest. Ab Januar 1999 geben die deutschen Börsen die Kurse in Euro wieder. Der Bund wird neue Anleihen nicht mehr in D-Mark ausgeben. Untereinander und im Verkehr mit der Bundesbank werden die Banken die neue Währung benutzen. Die Bescheide der Versicherungsgesellschaften dürften die D-Mark nur noch zu Vergleichszwecken benutzen.

Hinzu kommt die operative Ebene der Betriebe. Die IKB Deutsche Industriebank nennt fünf Bereiche, die vom Euro betroffen sein werden: Datenverarbeitung, Finanzmanagement, Personal, Rechungswesen sowie Liefer- und Leistungsbeziehungen. Schon jetzt müssen gewisse Dispositionen getroffen werden. So erwartet die Bank aus deutscher Sicht im Euro steigende Zinsen und empfiehlt daher, das gegenwärtige Niveau für anstehende Investitionen zu nutzen. Gegenüber wichtigen Drittwährungen wie Dollar und Yen könne es zu einer Abwertung kommen; insbesondere Importeure und Einkäufer von Vormaterialien aus diesen Währungsräumen müßten sich demnach auf härtere Bedingungen einstellen. Die IKB macht außerdem auf die Bedeutung der Lohnpolitik aufmerksam, wenn sie schreibt: „Kostentreibende Lohnpolitik wird unmittelbar ihren Niederschlag in Wettbewerbsnachteilen finden. Damit wird das relativ stabilitätsorientierte Kostenbewußtsein deutscher Unternehmen in einem höheren Maße honoriert, als dies zur Zeit der Fall ist."

Das Beispiel Einkaufskooperationen

Der Umbruch, den der Euro bringt, wird nicht nur die makroökonomischen Größen ergreifen. Konkrete Fragen und Tendenzen am Beispiel Einkaufskooperationen lassen erahnen, welche tiefgreifenden Veränderungen die Einführung des Euro in den Betrieben mit sich bringen dürfte:

– Die Generalfrage lautet: Wie werden sich die erhöhte Preistransparenz und der Wegfall der Wechselkursschwankungen auswirken?

– Liegt nicht die Vermutung nahe, daß auf jeden Fall Einkaufskooperationen, auch über die nationalen Grenzen hinaus, erleichtert werden?

– Sind auch innerhalb der Unternehmen die Einkaufsabteilungen zusammenzufassen?

– Ist nicht zu erwarten, daß für eine gewisse Übergangszeit Doppelkonten in Euro und den nationalen Währungen notwendig werden?

– Werden bei den Lieferanten zusätzliche Einkäufer von Drittunternehmen auftreten und auf diese Weise den Wettbewerbsdruck erhöhen?

–   Müssen sich die Einkaufskooperationen nicht der Frage annehmen, ob ihre bisherigen Lieferanten die Umstellung auf den Euro womöglich zu Preiserhöhungen nutzen?

–   Bringt andererseits langfristig gesehen die höhere Preistransparenz nicht die Chance, durch die besseren Vergleichsmöglichkeiten den Einkauf zu verbilligen? Ist dies nicht geradezu notwendig, da auch die eigenen Abnehmer preiskritischer werden?

Der vorstehende Katalog ist sicher nicht erschöpfend. Er soll nur einen Anhaltspunkt für die Dimension der zu lösenden Fragen geben. Zwei Jahre vor der geplanten Einführung der Europa-Währung hatte ein großes deutsches Industrieunternehmen schon mehr als fünfzig Punkte in seine Checkliste für den Einkauf aufgenommen. Sie gelten für diesen Betriebsbereich allgemein – aber auch für Einkaufskooperationen, die in die neue Struktur des betriebsübergreifenden Miteinander einzubetten sind. So schließt sich ein Kreis. Einerseits müssen Einkaufskooperationen vor dem Hintergrund der allgemein skizzierten Grundsätze für Unternehmensverbindungen konstruiert werden. Andererseits besteht die Aufgabe darin, die Einflüsse veränderter Rahmenbedingungen auf die speziellen Kooperationsformen zu entschlüsseln.

2 Der Kooperationsbegriff und die Bedeutung von Einkaufskooperationen

Sylvia Schindele

Die Bedeutung kooperativer Verhaltensformen im Wettbewerbsprozeß zur Erzielung gemeinsamer strategischer Wettbewerbsvorteile hat in den letzten Jahren erheblich zugenommen. Eine fortschreitende Integration der Märkte als Folge intensiver Globalisierungsbestrebungen verstärken die wechselseitigen Abhängigkeiten von einzelnen Unternehmen, Industriezweigen bis hin zu kompletten Volkswirtschaften. Derartige Interdependenzen führen zu wechselseitigen Bedürfnissen und somit dem Wunsch nach flexiblen Verbindungen, die den Beteiligten unter Wahrung ihrer Selbständigkeit gemeinsame Wettbewerbsvorteile sichern. Kooperationen schaffen solche Verbindungen und bieten gleichzeitig zahlreiche situationsgerechte Gestaltungsräume an.

Heute wird die Notwendigkeit der Kooperation als zwischenbetriebliche, gegebenenfalls die Wettbewerbsstruktur modifizierende Form der Zusammenarbeit nicht mehr in Frage gestellt. Insbesondere für kleinere und mittelständische Unternehmen hat die Kooperation als Instrument zur Steigerung der Leistungs- und Wettbewerbsfähigkeit zunehmend Anerkennung in der Wettbewerbspolitik gefunden. Zu dieser Entwicklung hat in erster Linie die ,,Kooperationsfibel" des Bundesministers für Wirtschaft vom 29. Oktober 1963 wesentlich beigetragen. Im Vordergrund dieser Fibel stehen kartellrechtliche Möglichkeiten kooperativer Formen der Zusammenarbeit. Dieser Wandel der Wettbewerbspolitik führte zur Schaffung der politischen, rechtlichen und psychologischen Voraussetzungen für eine Förderung des Kooperationsgedankens auf breiter Basis. Es wurde deutlich, daß das Gesetz gegen Wettbewerbsbeschränkungen (GWB) einer Kooperation zwischen Unternehmen, die Rationalisierung und Leistungswettbewerb zum Ziel hat, nicht entgegensteht. In § 5b GWB[1] beispielsweise wird die Kooperation für kleine und mittelständische Unternehmen ausdrücklich als anzuvisierende Handlungsalternative zum Erhalt der eigenen Wettbewerbsfähigkeit genannt. Sie ist ein wichtiges Mittel zur Begrenzung eines wettbewerbsschädlichen Konzentrationsprozesses. Zentraler Gedanke ist hierbei der ,,*strukturelle Nachteilsausgleich*" für kleinere und mittlere Unternehmen. Vorteile, die Großunternehmen lediglich aufgrund ihrer Größe besitzen, werden ausgeglichen.[2]

2.1   Der Kooperationsbegriff

Generell bedeutet der Begriff der Kooperation, der in der wissenschaftlichen Literatur sowie im allgemeinen Sprachgebrauch eine sehr breite Anwendung findet, wörtlich übersetzt „Zusammen-Arbeit". Im Gegensatz zu einem einfachen parallelen, aus einer gleichartigen situationsspezifischen Betroffenheit resultierenden Verhalten von Wirtschaftssubjekten bedeutet die Zusammenarbeit ein bewußtes Abstimmen des Verhaltens und ein aktives Miteinander der Beteiligten. Zunächst kann sich Zusammenarbeit auf gemeinsame Aktivitäten von Individuen, Staaten, Organisationen oder Unternehmen beziehen. Erst durch das Attribut „zwischenbetrieblich" werden die kooperierenden Partner als Betriebe gekennzeichnet. Hierbei können Betriebe nicht nur als Einheiten im technischen Sinne, sondern auch ökonomisch als umfassende Betriebswirtschaften interpretiert werden.[3]

Im folgenden soll der Begriff der „zwischenbetrieblichen Kooperation" auf das Zusammenwirken von erwerbswirtschaftlichen Unternehmen im engeren Sinne eingeschränkt werden. Demnach ist unter einer *Kooperation „die zweckorientierte, auf die Erreichung eines oder mehrerer Ziele ausgerichtete Zusammenarbeit rechtlich und wirtschaftlich selbständiger und voneinander unabhängiger Unternehmen, in der Erwartung, einen höheren Grad der Zielerfüllung zu erreichen als bei individuellem Vorgehen"* zu verstehen. Im Vordergrund steht hierbei die Erhöhung der Performance der beteiligten Kooperationspartner durch eine Art „Kompetenzverbund", der sich im günstigsten Fall zu einem gegenseitigen strategischen Lernen erweitert und dadurch die Wettbewerbsfähigkeit sichert und verbessert. In einer Zeit des ständigen Wandels ist die Lernfähigkeit von Unternehmen, d.h. die Eigenschaft, früher als die Konkurrenten neue Methoden zu lernen und anzuwenden, eine wichtige Voraussetzung für die Erzielung von Wettbewerbsvorteilen. Kooperationen vergrößern den Nutzen des Lernens, denn die engen Verknüpfungen zwischen den beteiligten Unternehmen erhöhen die Chancen, Informationen über neue Trends frühzeitig zu erhalten und somit Zeitvorteile gegenüber Konkurrenten zu realisieren.[4]

2.2   Einkaufskooperationen

Im folgenden werden allgemeine kooperationstheoretische Überlegungen am Beispiel von Einkaufskooperationen näher spezifiziert.

2.2.1 *Auswahl kooperationsgeeigneter Aktivitäten*

Ein Kooperationsvorhaben setzt zunächst die Auswahl der zu verknüpfenden Wertschöpfungsaktivitäten, d.h. die Entscheidung über die von der Zusammenarbeit betroffenen Funktionsbereiche, voraus. Einzelbetriebliche Aufgaben werden ausgegliedert und kollektiv ausgeübt. Grundsätzlich sind Kooperationen in den unterschiedlichsten Bereichen eines Unternehmens denkbar (vgl. Abbildung 1).

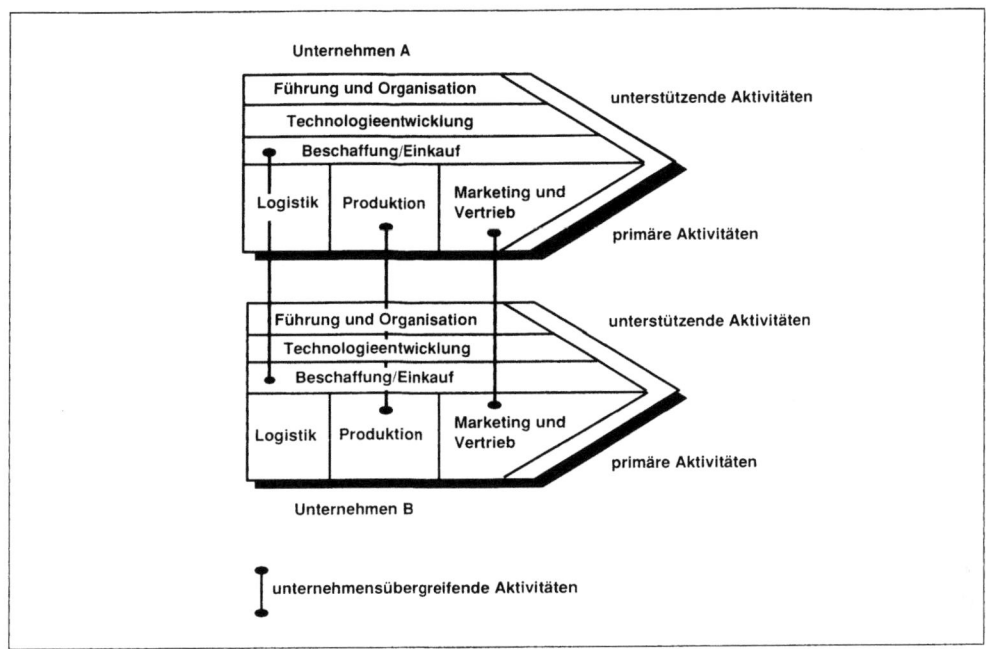

Horizontale Verflechtung zweier Unternehmen

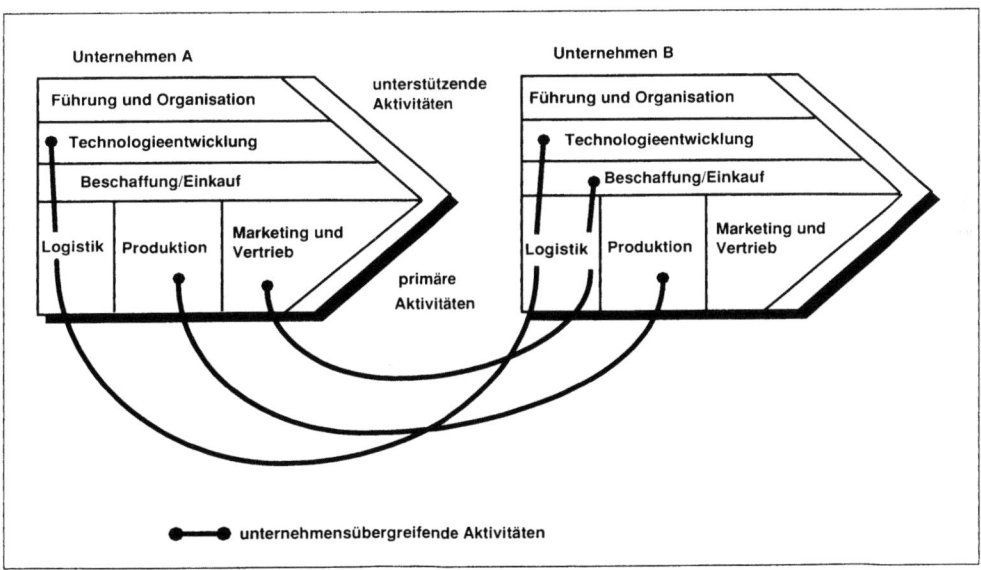

Vertikale Verflechungen zweier Unternehmen

Abbildung 1: Horizontale und vertikale unternehmensübergreifende Aktivitäten aus Sicht des Wertsystems von Porter

Gemäß *Porters[5] Grundmodell der Wertkette*, das vielfach als zentrales Gestaltungselement für die Erlangung und Sicherung von Wettbewerbsvorteilen herausgestellt wird, zählen Tätigkeiten in Einkauf und Beschaffung zu den unterstützenden Wertaktivitäten eines Unternehmens. Durch sie wird die Durchführung der sogenannten Primäraktivitäten, die unmittelbar der Versorgung des Marktes mit Produkten und Dienstleistungen dienen, überhaupt erst ermöglicht.

Eine derartige Unterstützungsfunktion des Bereiches Einkauf/Beschaffung setzt unter anderem die Koordination von Einkaufs- und Unternehmenspolitik voraus. So ist die *Einkaufspolitik* Bestandteil der umfassenden Geschäftspolitik eines Unternehmens. Sie ist die Gesamtheit aller grundsätzlichen, von der Unternehmensführung getroffenen Entscheidungen und Maßnahmen zur Verwirklichung der mit der sonstigen Geschäftspolitik abgestimmten Ziele im Bereich Einkauf. Die Einkaufspolitik erfordert, bedingt durch die Eigenschaft des Einkaufs als Kontaktabteilung des Unternehmens, verschiedene Blickrichtungen:

– in das Unternehmen hinein

– aus dem Unternehmen hinaus auf Beziehungen zu externen Partnern
   (z.B. zu Zulieferern)

– aus dem Unternehmen hinaus in die Volkswirtschaft hinein
   (z.B. bei Fragestellungen zum Thema „Umwelt").

Aus unternehmerischer Sicht hat die Einkaufspolitik zunächst das Gewinn- und Sicherheitsstreben des Unternehmens zu berücksichtigen. Hierbei muß beachtet werden, daß die Aufgaben und Ziele des Einkaufs

– Sicherstellung des Bedarfs an Gütern sowie Dienstleistungen,

– Gewährleistung der optimalen Funktionserfüllung von Gütern und Dienstleistungen,

– Minimierung der Einkaufs- und Beschaffungskosten und somit Erzielung eines maximalen Gewinnbeitrags

nicht unabhängig voneinander zu verwirklichen sind und folglich Zielkonflikte entstehen können. So kann beispielsweise eine absolute Kostenminimierung im Einkauf die Sicherung des Bedarfs gefährden. In Abhängigkeit von der Unternehmenssituation kann ein bestimmtes Ziel den Vorrang haben. Eine eindeutige Zielkonstellation existiert nicht. In Phasen der Hochkonjunktur hat beispielsweise die Bedarfssicherstellung eine höhere Priorität als die Kostenminimierung, wohingegen in Zeiten einer Rezession die Minimierung von Kosten im Vordergrund steht. Eine derartige Kostenorientierung resultiert vielfach aus einem zunehmenden Wettbewerbsdruck auf der Absatzseite, bedingt durch den Wandel zahlreicher Märkte von Verkäufer- zu Käufermärkten. Dies erfordert eine intensivierte Marktorientierung der Einkaufspolitik mit einem strategischen und zielgerichteten Beschaffungsmarketing. Die Einkaufspolitik umfaßt generell verschiedene Bereiche. So sind unter anderem folgende Überlegungen anzustellen:

– Art und Qualität der zu beschaffenden Waren und Dienstleistungen

– Einkaufsmenge und -termine

– Preispolitik und -sicherung

– Liefer- und Zahlungsbedingungen

– Beschaffungsquellen

– Beschaffungsmarktforschung und Beschaffungsmarketing

– Gestaltung des Verhältnisses zu Lieferanten

– Produktionssicherung

– Make-or-Buy-Entscheidungen etc.

Die Vielfältigkeit der Anforderungen an den Bereich Einkauf verdeutlicht das Motto, unter dem die Einkaufspolitik im wesentlichen steht:

„Was der Einkauf einspart, brauchen die anderen Bereiche nicht zu verdienen." Oder „Was der Einkauf versäumt, kann kein nachgeordneter Bereich mehr einholen. Es bleibt entgangener Gewinn".[6] In den letzten Jahren wurde *diese strategische Bedeutung der Einkaufs-/Beschaffungsfunktion* zunehmend für den Unternehmenserfolg erkannt. Dies ist auf eine stärkere Konzentration vieler Unternehmen auf sogenannte Kernkompetenzen und einem hieraus resultierenden höheren Fremdbezugsanteil von teilweise über 50 Prozent der Herstellungskosten zurückzuführen. Des weiteren spielen unternehmensübergreifende Tätigkeiten im Einkauf bei existenzsichernden Strukturveränderungen von mittelständischen Unternehmen aus folgenden Gründen eine zentrale Rolle:

– die häufig unprofessionelle Erledigung von Beschaffungsfunktionen in mittelständischen Unternehmen bedingt durch eine geringe Arbeitsteilung

– die Bezahlung zu hoher Materialeinstandspreise und mangelnde Erschließung leistungsfähiger Beschaffungsquellen im Ausland aufgrund zu geringer Beschaffungsmarktkenntnisse

– die fehlenden Voraussetzungen für eine aktive Bearbeitung der Beschaffungsmärkte

– der fehlende Verhandlungsspielraum in Bezug auf Preisnachlässe, bedingt durch eine relativ geringe mengenmäßige Nachfrage.

Durch Rationalisierungen und eine verbesserte Prozeßeffizienz in der Beschaffung sowie durch die Erzielung günstiger Einkaufskonditionen für größere Bezugsmengen kann die Einkaufskooperation ein besonders wirksames Instrument zur Verbesserung der Leistungs- und Wettbewerbsfähigkeit sein. Häufig bietet sie den beteiligten kleineren und mittleren Unternehmen überhaupt erst die Chance, im Wettbewerb mit großen Unternehmen konkurrenzfähig zu sein und somit strukturelle Nachteile auszugleichen. Solange sich die Kooperationspartner nicht in ihrem eigenen selbständigen Einkauf und in ihrer freien Preisgestaltung beschränken, ist die kooperative Zusammenarbeit im Einkauf kartellrechtlich zulässig. Den Partnern muß die Freiheit zustehen, ihren Bedarf auch bei anderen Lieferanten als denjenigen der Kooperation zu decken.[7]

2.2.2 Kooperationsmotive

Grundsätzlich ist für die Auswahl der kooperativ durchzuführenden Wertschöpfungsaktivitäten eine Vielfalt potentieller Kooperationsmotive ausschlaggebend. Im Vordergrund stehen *Rationalisierungs- und Kostensenkungsziele* beispielsweise im Hinblick auf die Materialkosten sowie marktbezogene Wettbewerbsziele wie z.B. die Marktstellung oder -macht. Letztere sind insbesondere unter dem Gesichtspunkt verstärkter Internationalisierungsbestrebungen und einer zunehmenden Globalisierung der Märkte zu sehen. Durch die Erhöhung der eigenen Wettbewerbsfähigkeit wird die Handlungsfähigkeit auf langfristigen, strategischen Gebieten verbessert. Ferner können durch unternehmensübergreifende Tätigkeiten Ideen oder Innovationen leichter generiert und insbesondere durchgesetzt werden. Die Implementierung neuartiger Ideen erfordert vielfach Anpassungsmaßnahmen an Umweltveränderungen, die in einer Kooperation leichter zu bewerkstelligen sind als im Alleingang.

Die zahlreichen Motive für eine zwischenbetriebliche Zusammenarbeit lassen sich generell auf drei Basisziele komprimieren (vgl. Abbildung 2).

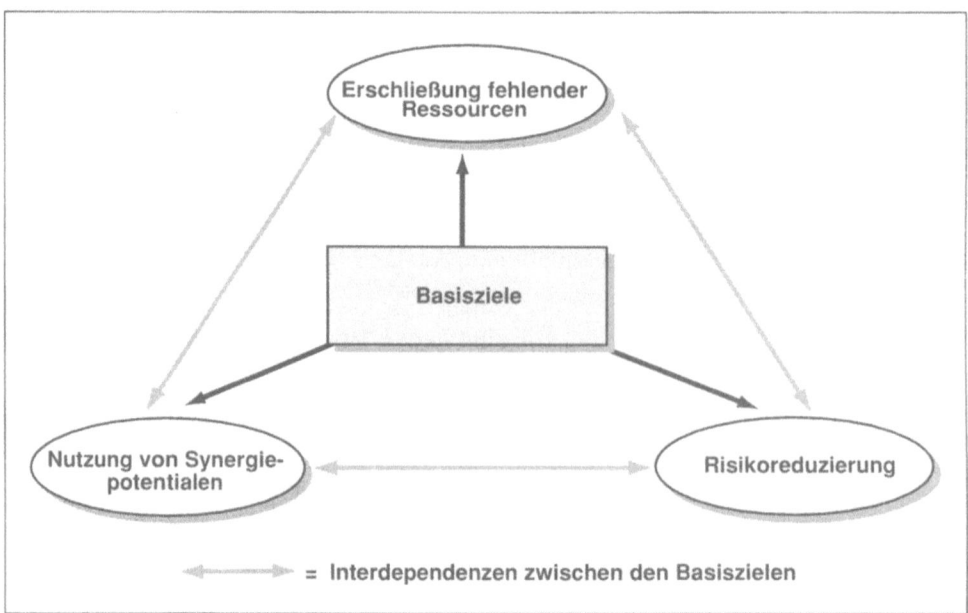

Abbildung 2: Basisziele zwischenbetrieblicher Tätigkeiten

In der Vergangenheit erwarben viele Unternehmen die relevanten Ressourcen und Fähigkeiten, um sich im Wettbewerbsprozeß zu behaupten, im Alleingang. Bedingt durch eine zunehmende Wettbewerbsdynamik, die von den Unternehmen eine höhere Reaktionsgeschwindigkeit erfordert, ist dies heute nicht mehr möglich. Erst durch die Verknüpfung von Wertschöpfungsaktivitäten zwischen mindestens zwei Unternehmen entsteht durch eine Ressourcenaddition eine Art Ressourcen- und Kompetenzgeflecht, das der Erzielung strategischer Stärken dient.

So hat eine Einkaufskooperation die Bündelung von Einkaufs-Know-how beispielsweise im Hinblick auf Beschaffungsmarktkenntnisse zum Ziel. Der Zugang zu neuen Märkten und Ressourcen wird durch die Addition der Einkaufskompetenzen der Partner erleichtert. Hierzu zählt zum Beispiel auch eine gemeinsame Beschaffungsmarktforschung als Instrument zur Informationsgewinnung, -verarbeitung und -auswertung. Eine regelmäßige und systematische kooperative Untersuchung der Beschaffungsmärkte erhöht deren Transparenz und verbessert somit wesentlich die Entscheidungsfindung im Einkauf.

Unternehmensübergreifende Kooperationen weisen eine Risikominimierungsfunktion auf. Durch die Aufteilung des Risikos auf mehere Partner reduziert sich dieses für die Einzelnen. Da die Zusammenarbeit das Erfahrungswissen eines einzelnen Kooperationspartners erhöht, können Fehler häufig im Vorfeld reduziert und somit kosten- und zeitintensive Korrekturmaßnahmen vermieden werden. Ferner tragen kooperative Aktivitäten durch Investitions- und Kostenaufteilungen zu einer Streuung des Risikos bei. Kostenvorteile und somit eine Verringerung des finanziellen Risikos können grundsätzlich durch Betriebsgrößen- und Lernkurveneffekte entstehen, die aus der gemeinsamen Durchführung von Wertaktivitäten resultieren. Für viele kleinere und mittlere Unternehmen sind zum Beispiel Global-Sourcing-Aktivitäten mit einem erheblichen Finanzierungsrisiko verbunden, das durch Kooperationen im Einkauf und gemeinsam mit den Partnern durchgeführte weltweite Beschaffungstätigkeiten reduziert werden kann. Ferner bietet es sich an, Investitionen für neue einkaufsspezifische EDV-Systeme zusammen mit Kooperationspartnern zu tätigen, um Risiken, die bei der Einführung vorhanden sein können, aufzuteilen und somit zu minimieren.

Allgemein kann Synergie als das Zusammenwirken verschiedener Kräfte zu einer gemeinsamen Leistung verstanden werden. Die Besonderheit besteht hierbei darin, daß das neue Ganze mehr ist als die Summe seiner Teile. Aus kooperativen Verhaltensweisen können externe Synergieeffekte entstehen, die durch das Zusammenwirken von Unternehmen mit anderen Marktakteuren realisiert und als gesamter Betrag der hieraus resultierenden Wertänderung definiert werden. Von wesentlicher Bedeutung ist hier die Integration komplementärer Kenntnisse und Erfahrungen (Economies of Scale = Größenvorteile und Economies of Scope = Sortimentsbreitenvorteile). *Economies of Scale* beruhen bei Einkaufskooperationen beispielsweise auf der Bündelung der Einkaufsvolumina der Partner und einer hieraus resultierenden höheren Verhandlungsmacht gegenüber den Zulieferern. Materialkostensenkungen in Form niedrigerer Preise sind vielfach das Ergebnis einer derartig verbesserten Verhandlungsposition. *Economies of Scope* können auf dem kooperationsbedingten Bezug eines breiteren Sortimentsspektrums bei einem Lieferanten und hieraus resultierenden Preisvorteilen basieren. Denkbar sind auch *Economies of Speed* in Form von Zeitvorteilen bei der Suche und Qualifizierung neuer Lieferanten durch die gemeinsame Bearbeitung von Beschaffungsmärkten oder bei der Einführung neuer EDV-Systeme oder -Verfahren, bei der gegebenenfalls bereits von anderen Kooperationspartnern gesammelte Erfahrungen genutzt werden können.

Gemäß Porter steht im Vordergrund kooperativer Tätigkeiten die Ausnutzung materieller und immaterieller Verflechtungspotentiale zwischen den Partnern und die damit verbundene Realisierung externer Synergien. *Materielle Verflechtungspotentiale* resultieren aus der Möglichkeit, Wertaktivitäten verschiedener Unternehmen gemeinsam durchzuführen. Diese kooperative Vorgehensweise dient in erster Linie der Volumenbündelung sowie einer höheren Auslastung von Kapazitäten und Ressourcen. So werden bei unternehmensübergreifenden Einkaufsaktivitäten derartige Verflechtungspotentiale durch die Aggregierung von Einkaufsvolumina und Bedarfen realisiert. Weitere, bei den einzelnen Partnern vorhandene Ressourcen wie zum Beispiel Human Resources, d.h. das Know-how und die Kompetenz der Mitarbeiter über Beschaffungsmärkte und -quellen etc., können gebündelt und somit gemeinsam effizienter genutzt und erhöht werden.

Die Nutzung *immaterieller Verflechtungspotentiale* erfolgt nicht wie im materiellen Fall durch die Verknüpfung ursprünglich getrennter Wertaktivitäten, sondern durch die Übertragung von Fähigkeiten. Der Schwerpunkt liegt auf dem Know-how-Transfer zwischen den Wertketten der Kooperationspartner. Hierbei läßt sich grundsätzlich eine Trennung des Know-hows in *Functional Skills* und *General Management Skills* vornehmen. Der Transfer von Functional Skills erfolgt in den verschiedenen Funktionsbereichen wie zum Beispiel im Einkauf und kann folglich auch den jeweiligen Aktivitäten innerhalb der Wertkette zugeordnet werden. Dahingegen ist eine Zuordnung zu bestimmten Wertaktivitäten bei der Übertragung von Management Skills in der Regel schwierig, da der Transfer von (Einkaufs-) Management-Know-how sowohl strategische als auch operative Verbesserungen bei den Partnern initiieren kann. Grundsätzlich ist zu beachten, daß in vielen Fällen die Wertaktivitäten eines Unternehmens miteinander verknüpft sind und sich somit gegenseitig beeinflussen. Dies erschwert teilweise eine klare Unterteilung der Wertaktivitäten wie beispielsweise in den Bereichen Beschaffung/Einkauf und Logistik (Beschaffungslogistik). Aus diesem Grund erfordert eine erfolgreiche Realisierung von Wettbewerbsvorteilen eine systematische Koordination und eindeutige Zuordnung aller verflochtener Tätigkeiten der Kooperationspartner.

Im allgemeinen ist zu berücksichtigen, daß Kooperationen nicht nur positive Auswirkungen in Form von Risiko-, Kosten-, Ressourcen- oder Ergebnisvorteilen aufweisen. *Potentielle Nachteile* und Grenzen sollten ebenfalls beachtet werden. Denn wie jedes betriebswirtschaftliche Instrument zur Steigerung der Wettbewerbsfähigkeit hat auch die zwischenbetriebliche Kooperation ihre Anwendungs- bzw. Leistungsgrenzen. Hierzu zählen beispielsweise *Flexibilitäts- und Eigenständigkeitsverluste* sowie die *Offenlegung von Geschäftsgeheimnissen*. Ersteres gilt insbesondere bei zunehmender Intensität der Zusammenarbeit, beispielsweise bei der völligen Ausgliederung eines Funktionsbereiches wie dem Bereich Einkauf/Beschaffung. Die Entscheidungsfreiheit eines Unternehmens hinsichtlich seiner Geschäftspolitik bzw. im Falle der Einkaufskooperation hinsichtlich seiner Einkaufspolitik wird entsprechend eingeschränkt. Im Hinblick auf die Offenlegung von

Geschäftsgeheimnissen sollte beachtet werden, daß es sich vielfach nicht vermeiden läßt, strategisch relevante Geschäftsgeheimnisse von der Zusammenarbeit gänzlich auszuschließen.

Generell ist die Kooperation keine Wunderwaffe zum Ausgleich fehlender Unternehmerqualifikation. Die Realisierung von Kooperationsergebnissen erfordert Zeit. Aus diesem Grund ist die Kooperation kein Ad-hoc-Instrument zur Lösung akuter einzelbetrieblicher Probleme.[8] Die Kooperationspartner müssen sich der Grenzen einer Kooperation bewußt sein und versuchen, potentielle Kooperationsvorteile effizient zu realisieren.

2.2.3 Kooperationspartner

Für das Verständnis der Wertkette sowie die hieraus abzuleitenden Wettbewerbsvorteile ist deren Integration in ein „Wertsystem" notwendig. Dieses System umfaßt die Wertketten von Zulieferern und Kunden eines Unternehmens und dient somit in erster Linie der Analyse vertikaler Formen der Zusammenarbeit. Für die Untersuchung horizontaler Verflechtungen muß das Wertsystem um die Wertketten direkter Wettbewerber ergänzt werden, die zumindest teilweise mit denselben Zulieferer- und Kundenwertketten verknüpft sind.

Bei der Gegenüberstellung der Wertketten potentieller Kooperationspartner steht allgemein die Frage im Vordergrund, inwieweit durch die Bündelung von Aktivitäten entlang der Wertkette mit einem oder mehreren Partnern die Wettbewerbssituation verbessert bzw. ein höherer Zielbeitrag realisiert werden kann. Hierbei ist es möglich, die Zusammenarbeit auf einzelne oder mehrere Aktivitäten innerhalb der Wertkette zu erstrecken. Diese Überlegungen von Porter[9] zeigen, daß neben der Auswahl der von einer unternehmensübergreifenden Zusammenarbeit betroffenen Wertschöpfungsaktivitäten die Ausrichtung der Kooperation zu den zentralen Aktivitäten bei der Kooperationskonfiguration zählt.

Zwischenbetriebliche Tätigkeiten sind in Abhängigkeit der Marktstufe zunächst einmal *auf horizontaler Ebene*, d.h. mit Unternehmen, die der gleichen Wertschöpfungsstufe angehören und somit Wettbewerber sein können, denkbar. Erklärtes, die Partner vereinendes Ziel horizontaler Verbindungen ist die gegenseitige Stärkung der Wettbewerbsfähigkeit gegenüber Dritten, wodurch sich die Wettbewerbsbeziehungen ändern können. Im Vordergrund steht die Bündelung von Ressourcen und Kompetenzen. In einem Geschäftsfeld, das die Wettbewerber bisher in Konkurrenz zueinander bearbeitet haben, können beispielsweise durch die Ressourcenbündelung größenbedingte Kosteneinsparungen realisiert werden. Die Kompetenzbündelung ermöglicht die gemeinsame Bearbeitung von neuen Geschäftsfeldern. Die Tatsache, daß Konkurrenten derselben Branche vielfach vergleichbare Produkte mit ähnlichen Verfahren und Technologien herstellen und in denselben Märkten tätig sind, erhöht, bedingt durch die Ähnlichkeiten, die Chancen einer Kooperation. Ressourcen- und Kompetenzaddition ist einfacher als zwischen Unternehmen verschiedener Branchen. Ferner ist eine unternehmensübergreifende Zusammenarbeit mit Wettbewerbern sinnvoll, wenn sich die einzelnen Partner gegen schlechte

Geschäftsbedingungen oder die kombinierte Macht anderer Kooperationen durchsetzen müssen. So zielt die horizontale Kooperation beispielsweise auf eine Verstärkung der Verhandlungsposition gegenüber Kunden und Zulieferern.

Jede Unternehmensfunktion läßt sich grundsätzlich horizontal koordinieren. Dies gilt auch für Funktionsbereiche wie zum Beispiel den Einkauf oder Verkauf, die bedingt durch ihre Funktionen innerhalb der Wertschöpfungskette vertikal ausgerichtete Kooperationsorgane schaffen. Je mehr Selbständigkeit und Handlungsfreiheit diese Organe allerdings gewinnen, desto mehr nimmt der Vertikalcharakter der Kooperation zu. Als Anwendungsfelder kommen beispielsweise bei horizontalen Einkaufskooperationen in erster Linie ein Erfahrungs- und Meinungsaustausch über Zulieferer und Märkte, der gemeinsame Bezug von Waren sowie eine kooperative Marktforschung in Frage.

Grundsätzlich ist die Zusammenarbeit mit Wettbewerbern insbesondere bei vorwettbewerblichen Aktivitäten sowie weniger komplexen und technisch anspruchsloseren Produkten sinnvoll. In diesem Fall ist die Gefahr des Verlustes von wettbewerbsrelevantem Know-how gering. Kooperationen mit Konkurrenten bergen vielfach bei leicht manipulierbaren und schwer kontrollierbaren Projektinhalten besondere Risiken. Sie erfordern deshalb umfangreiche Sicherheitsvereinbarungen, um mit Kontroll- und Sanktionsmaßnahmen Betrugsanreize zu senken.

Auf vertikaler Ebene findet die Zusammenarbeit mit Unternehmen der vor- und nachgelagerten Wertschöpfungsstufen, also mit Kunden und Zulieferern statt. Vertikale Verflechtungen weisen häufig auf die Suche der beteiligten Kooperationspartner nach neuen Anwendungsfeldern und Diversifizierungsstrategien hin. Sie resultieren vielfach aus der Reduktion der Wertschöpfungstiefe (Entwicklungs- und Fertigungstiefe) bei dem gleichzeitigen Versuch, die ausgelagerten Funktionen so weit wie möglich vertraglich abzusichern.

Im Bereich Einkauf/Beschaffung führt eine intensive Zusammenarbeit mit Zulieferern zu einer Verbesserung sowie Absicherung des Zugangs zu benötigten Ressourcen. Dies ist umso wichtiger, je höher die Abhängigkeit vom Zulieferer ist. Der Grad der Mobilität resultiert hierbei aus der Spezifität der eingekauften Güter und Dienstleistungen. Unspezifische Einsatzfaktoren können jederzeit ohne Wertverlust anderweitig beschafft werden. So sind Zulieferer von einfachen Bauteilen leichter austauschbar als Unternehmen, die höherwertige und komplexere Baugruppen liefern. Des weiteren dient die Intensivierung der vertikalen Zusammenarbeit vielfach der Reduzierung organisatorischer Schnittstellen innerhalb der Wertschöpfungskette und der Erzielung damit verbundener Kosteneinsparungen. Charakteristisches Element zahlreicher unternehmensübergreifender Aktivitäten mit Kooperationspartnern der vor- und nachgelagerten Wertschöpfungsstufe ist die ausgeprägte Ausrichtung auf ein konkretes Anwendungsproblem, das von einem Partner formuliert und vorgegeben wird. Innovative Zulieferer werden als Informations- bzw. Ideenquelle in die Produktentwicklung einer nachgelagerten Wertschöpfungsstufe integriert. Hierdurch ist es möglich, relevantes Know-how, das auf der Spezialisierung von Zulieferern beruht, schneller und effizienter für Innovationen zu nutzen und Zeit- und Kostenersparnisse zu erzielen. Insbesondere Zulieferer von hochwertigen, technisch anspruchsvollen Produkten, d.h. umfassenden Systemen und Modulen, werden zunehmend mit ihren Kunden kooperativ zusammenarbeiten.

Kooperationen mit Unternehmen aus anderen Branchen, die auf verschiedenen Wertschöpfungsketten liegen und folglich unterschiedliche Produkt-Markt-Kombinationen bedienen, werden als *diagonal* oder *konglomerat* ausgerichtet bezeichnet.[10] Eine derartige, im allgemeinen kartellrechtlich unproblematische Zusammenarbeit bietet den Unternehmen Vorteile in der Rationalisierung und in der Verbesserung ihrer Marktstellung, ohne daß bereits bestehende Wettbewerbsvorteile durch Kooperationspartner gefährdet werden. Konglomerate Kooperationen können sich auf jeden Funktionsbereich eines Unternehmens erstrecken. Im Bereich Einkauf sind sie beispielsweise für den Bezug von Hilfs- und Betriebsstoffen wie Energie und Brennstoffe relevant.

Generell gilt im Hinblick auf die Ausrichtung eines Kooperationsvorhabens, daß durch die Aufnahme eines zusätzlichen Partners die Kooperationsrichtung veränderbar ist.

Neben der Klassifizierung einer Kooperation gemäß ihrer horizontalen, vertikalen oder diagonalen Ausrichtung können unternehmensübergreifende Aktivitäten nach der *räumlichen Verteilung der Partner* unterschieden werden. So sind beispielsweise

- lokale

- regionale

- nationale und

- internationale Kooperationen

denkbar.

Unter einer *lokalen Kooperation* wird ein Bündnis von Partnern in einem überschaubaren lokalen Markt verstanden, so daß eine markt- und wettbewerbsmäßige Verbundenheit vorherrscht. Bedingt durch die räumliche Nähe ist der Aufbau von Marktmacht unter Minimierung von Transport- und Kommunikationskosten möglich. Dies ist insbesondere für zwischenbetriebliche Einkaufstätigkeiten von wesentlicher Bedeutung.

In einer *regionalen Kooperation* agieren regional verteilte Partner gemeinsam. Der Vorteil einer derartigen Form der Zusammenarbeit liegt in der relativ einfachen Überwindung von Kooperationsbarrieren, die aus dem Konkurrenzverhältnis der Partner resultieren und bei lokalen Kooperationen vorhanden sind. Der Erfahrungsaustausch zwischen den Partnern kann in einer Einkaufskooperation zur Erweiterung des Beschaffungsgebietes führen.

Nationale Kooperationen betreffen die Zusammenarbeit von national zum Beispiel in Deutschland verteilten Partnern. Störende Konkurrenzbeziehungen entfallen und eine überregionale bzw. nationale Marktabdeckung beispielsweise im Bereich Einkauf/Beschaffung wird möglich.

Internationale Formen der Zusammenarbeit mit einem oder mehreren ausländischen Partnern zielen auf die Überwindung nationaler Markteintrittsbarrieren (Abschottungen) und sind somit für Global-Sourcing-Aktivitäten im Einkauf von Relevanz.

2.2.4 Organisation der Kooperation

Ein weiterer Bestandteil der Kooperationskonfiguration ist neben der Kooperationsausrichtung die Bestimmung der *Verflechtungsintensität*, d.h. die formale Art und Weise, in der sich die Partner verbinden. So kann die Zusammenarbeit allein durch konkludente Handlungsweisen zustandekommen oder auf der Grundlage einer mündlichen oder schriftlichen Vereinbarung erfolgen. Ferner sind die Intensität und Dauer der eingeschränkten Dispositionsfreiheit sehr unterschiedlich. Letztere ist umso intensiver und länger begrenzt, je enger die unternehmensübergreifende Zusammenarbeit erfolgt.

Die Verflechtungsintensität wird insbesondere bestimmt durch:

- Zeithorizont

- Ressourcenzuordnung

- Formalisierungsgrad.

Der *Zeithorizont* betrifft hierbei die Fristigkeit des Verbundes, für deren Festsetzung unter anderem die strategischen Zielsetzungen ausschlaggebend sind. So sind kooperationsbedingte Größenvorteile beispielsweise eher mit Hilfe einer langfristig angelegten Zusammenarbeit zu erzielen.

Bei der *Ressourcenzuordnung* geht es in erster Linie um den Beschluß, welcher Input von welchen Verbundpartnern erbracht werden. Des weiteren müssen sich die Partner überlegen, ob die unternehmensübergreifenden Aktivitäten gemeinsam mit einem hierfür errichteten eigenständigen Ressourcenpool oder getrennt mit weiterhin in den Unternehmen verbleibenden Ressourcen durchgeführt werden.

Die Festlegung auf einen bestimmten *Formalisierungsgrad*, d.h. die Ausrichtung der Organisationsstruktur auf ein bestimmtes Kooperationsvorhaben, ist unmittelbar von den strategischen Kooperationszielsetzungen abhängig. Je höher die Verflechtungsintensität der Partner ist, desto aufwendiger gestaltet sich die Organisationsstruktur. Im Detail geht es bei den für die Ausrichtung der Organisationsstruktur erforderlichen vertraglichen und nicht vertraglichen Vereinbarungen um:

- Aufbau- und Ablauforganisationen der unternehmensübergreifenden Aktivitäten mit Zuordnung von Funktionen und Verantwortlichkeiten

- Regelung von Rechten, Pflichten und Aufgaben der einzelnen Partner

- Kriterien der Konfliktbewältigung

– Fragen der Kooperationsfinanzierung und der Ergebnisverteilung

– Aspekte der Risikobegrenzung.

Die *konkrete Ausgestaltung* zwischenbetrieblicher Zusammenarbeit, die sich an die Partnerselektion anschließt und durch die eine institutionelle Grundlage für die Kooperation geschaffen wird, kann sehr unterschiedliche Formen annehmen. Einheitslösungen existieren nicht. In jedem Fall sollten Anforderungen an die Ausgestaltung grundsätzlich bereits im Vorfeld formuliert werden. Hierzu zählt beispielsweise die Zielangemessenheit der Ausgestaltung. Aus diesem Grund sollten die wichtigsten zielbeeinflussenden Faktoren der zu koordinierenden Kooperationsaktivitäten bei der Gestaltung berücksichtigt werden.

Im einzelnen sind für unternehmensübergreifende Einkaufsaktivitäten folgende Organisationsformen von Relevanz:

– gemeinsame Tochterunternehmen im In- und Ausland

– Kooperationen auf vertraglicher Basis

– Know-how-Transfer/gegenseitiger Erfahrungsaustausch

– projektgebundene Zusammenarbeit

– gegenseitiger Bezug von Komponenten und Teilen.

Gemeinsame Tochterunternehmen (Joint Ventures) stellen die *engste Form freiwilliger Zusammenarbeit* von Unternehmen bei verbleibender rechtlicher Selbständigkeit der Muttergesellschaften dar. Faktisch werden alle für die Zusammenarbeit relevanten Teilbereiche wie zum Beispiel Einkauf/Beschaffung ausgegliedert und auf das gemeinsame Unternehmen übertragen, das nach der Erfüllung seines Zwecks aufgelöst werden kann. Hierbei ist es häufig sinnvoll, daß derjenige Partner, der in Bezug auf die zu verbindenden Tätigkeiten das größte Know-how und die weitgehendste Kompetenz besitzt, die alleinige Leitung/Systemführerschaft übernimmt. Neben der Aufbaustruktur des Kompetenz- und Know-how-Zentrums in Form eines gemeinsamen Tochterunternehmens, dessen Erfahrungen von den Partnern genutzt werden können, ist auch die Gestaltung der Beziehungen zu den Mutterunternehmen von Bedeutung. Die ausgelagerten Aktivitäten der Partner müssen sich klar von denjenigen der Mutterunternehmen trennen lassen. Die Zusammenarbeit wird durch Kapitalbeteiligungen der verbundenen Unternehmen am Gemeinschaftsunternehmen zusätzlich verstärkt und nach außen dokumentiert. Hierbei wird das Kriterium der Marktbeherrschung für die wettbewerbsrechtliche Überprüfung herangezogen.

Der Vorteil von Gemeinschaftsunternehmen liegt in der Schaffung eindeutiger Verhältnisse hinsichtlich Input/Output, bedingt durch eine klare Trennung des gemeinsamen Unternehmens von den einzelnen Muttergesellschaften der Partner. Im Vordergrund steht die Schaffung einer stabilen, organisatorisch eigenständig operierenden Einheit (Profit Center), wobei sich die organisatorischen Anpassungsmaßnahmen seitens der Partner in Grenzen halten. Die wesentlichen Nachteile dieser Form der zwischenbetrieblichen Zusammenarbeit sind der organisatorische

Gründungsaufwand sowie das von allen Partnern gemeinsam aufzubringende, gebundene Gründungskapital. Aus diesem Grund sollten Gemeinschaftsunternehmen lediglich bei strategisch langfristig angelegten Vorhaben gewählt werden.

Bei Kooperationen auf vertraglicher Basis werden die Rahmenbedingungen für die Durchführung von zwischenbetrieblichen Aktivitäten in einem *Kooperationsvertrag* schriftlich fixiert. Die wirtschaftliche Selbständigkeit wird unter Berücksichtigung gemeinsamer Zielsetzungen beibehalten. Ein derartiger Kooperationsvertrag ist ein rechtlich anerkannter Geschäftsplan, der die wesentlichen Kooperationszielsetzungen und – vereinbarungen beinhaltet. Auf der einen Seite intensivieren die Verträge die Kooperationsversprechungen und den gemeinsamen Kooperationswillen. Auf der anderen Seite schränken sie die Handlungsfreiheit der Partner, auf eventuelle Umweltveränderungen reagieren zu können, teilweise erheblich ein. Die Flexibilität kann erhöht werden, wenn bei der Festlegung der Vertragsinhalte Aspekte, die im Zeitverlauf einer Kooperation eintreten können, berücksichtigt werden. Grundsätzlich hängt die Bedeutung einzelner Vertragsaspekte von der spezifischen Kooperationssituation ab. Aus diesem Grund ist die Entwicklung einer allgemein gültigen Checkliste von Vertragsinhalten nicht möglich und auch nicht sinnvoll. Insgesamt bieten diese Kooperationen die Möglichkeit, bestimmte Tätigkeiten auf die hierfür spezialisierten Partner zu übertragen. Die anderen Partner werden somit von diesen Aufgaben entlastet, ohne daß bei entsprechenden Regelungen im Kooperationsvertrag spezifisches Know-how die Kooperation verläßt. Dies gilt auch für unternehmensübergreifende Einkaufstätigkeiten und das hierfür erforderliche Einkaufs-Know-how, beispielsweise über den Beschaffungsmarkt im allgemeinen und einzelne Marktsegmente im besonderen sowie über zukunftsorientierte Einkaufsstrategien.

Die Form der Zusammenarbeit beim *Know-how-Transfer* und beim gegenseitigen Erfahrungsaustausch ist grundsätzlich durch eine geringe organisatorische Verflechtungsintensität der Partner gekennzeichnet. Die Beteiligten vereinbaren einen gegebenenfalls *zeitlich befristeten Know-how-Austausch* zur Erzielung von Informationsvorteilen, der gegenseitige Lernbereitschaft voraussetzt. Die Auswertung und Verwendung der Informationen verlaufen vielfach unternehmensintern und eigenständig. Gegenseitige Verpflichtungen zur Offenlegung unternehmensinterner Ergebnisse bestehen nicht. Als Organisationsform für kooperative Aktivitäten eignet sich der Know-how-Pool insbesondere zum Auf- und Ausbau der eigenen Kompetenzen und Fähigkeiten. Dies gilt in erster Linie dann, wenn die Beteiligten über komplementäres Wissen verfügen. Für gemeinsame Einkaufsaktivitäten bietet sich der Erfahrungsaustausch beispielsweise im Hinblick auf die Erschließung neuer Beschaffungsmärkte und -quellen oder die Qualifikation von Lieferanten an.

Wollen Partner eine *zeitlich befristete und inhaltlich abgegrenzte Aufgabe* gemeinsam erfüllen, bietet sich die *projektgebundene Zusammenarbeit* an. Da Spezialisten oder einzelbetrieblich begrenzte Kapazitäten durch die kooperativen Tätigkeiten eine Angebotseinheit bilden, wird die Abwicklung größerer Projekte durchführbar. Nach der Realisierung der anfangs gestellten Aufgabe ist die Zusammenarbeit beendet.

Grundsätzlich ist die projektgebundene Zusammenarbeit für unternehmensübergreifende Einkaufsaktivitäten sinnvoll, um kurzfristige, auf einen bestimmten Sachverhalt bezogene Zielsetzungen zu realisieren. Hierzu zählen beispielsweise die Erzielung spezifischer Know-how-Vorteile im Einkauf sowie die Identifikation und Umsetzung kurzfristig realisierbarer, auf Volumenbündelung basierender Materialkostensenkungspotentiale.

Der gegenseitige Bezug von Komponenten und Teilen bietet sich für kooperative Einkaufstätigkeiten unter dem Gesichtspunkt eines zunehmenden Modular/System-Sourcing seitens zahlreicher europäischer Hersteller an. Der Trend geht eindeutig zum Bezug komplexerer und höherwertiger Bauteile. Diese müssen möglichst lagerfrei, reihenfolgengenau und Just-In-Time als Einheiten von System- und Modullieferanten angeliefert werden. Viele Zulieferer sehen in dieser Entwicklung eine Möglichkeit, den Anteil der von ihnen erbrachten Wertschöpfung zu erhöhen und hierdurch Umsatzsteigerungen zu erzielen. Durch den gegenseitigen Bezug von im Idealfall sich komplementär ergänzenden Komponenten und Teilen zu günstigen Konditionen kann den Kooperationspartnern ihrerseits das Angebot von kompletten Modulen an ihre Kunden erleichtert werden.

Die genannten Organisationsformen für Kooperationen im allgemeinen und für Einkaufskooperationen im besonderen führen zur Entstehung von *Netzwerken* mit komplexen Austauschbeziehungen. Im Mittelpunkt des ganzheitlichen Netzwerkansatzes stehen die Interaktionen arbeitsteiliger Prozesse. Generell resultiert aus der in einem Netzwerk zwischen den beteiligten Partnern herrschenden Arbeitsteilung eine gegenseitige Abhängigkeit. Somit ist das Phänomen der Interdependenz, d.h. die Mitbetroffenheit der anderen Netzwerkpartner von Veränderungen bei einem Netzwerkakteur, zentraler Bestandteil dieses Erklärungsansatzes für unternehmensübergreifende Kooperationsaktivitäten. Die strategische Dimension von Netzwerken wird von *Jarillo*[11] verdeutlicht, der in derartigen Netzwerken „*längerfristig orientierte, einen bestimmten Zweck verfolgende, relativ stabile Verflechtungen zwischen rechtlich selbständigen, wirtschaftlich jedoch zumeist abhängigen Unternehmen*" sieht.

Im Hinblick auf die Kriterien der Zweckorientierung sowie der rechtlichen Selbständigkeit der Partner stimmen die Netzwerk- und die Kooperationsdefinition überein. Unterschiedliche Ansichten bestehen hinsichtlich der wirtschaftlichen Abhängigkeit der beteiligten Unternehmen. Die Kooperationsdefinition verlangt in diesem Zusammenhang eine wirtschaftliche Selbständigkeit der Kooperationspartner, wohingegen der Netzwerkansatz wirtschaftliche Abhängigkeit zuläßt. Letztere ist folglich weder notwendige Voraussetzung für die Entstehung eines Netzwerkes, noch schließt sie die Netzwerkbildung aus. Somit kann die Kooperation als Sonderform eines Netzwerkes interpretiert werden.

Im Fall unternehmensübergreifender Einkaufsaktivitäten ist es durchaus sinnvoll, von einer zumindest teilweisen wirtschaftlichen Abhängigkeit der Partner zu sprechen. Dies gilt insbesondere im Rahmen einer vertikal ausgerichteten Zusammenarbeit zwischen Zulieferer und Kunde. Die gemeinsame Suche nach Rationalisierungs- und Kostensenkungspotentialen sowie die zunehmende Erhöhung des Wertschöpfungsanteils bezogener Produkte (Modular- bzw. System-Sourcing) intensiviert die vertikale Zusammenarbeit und führt zu einer frühzeitigen Integration des Zulieferers (Early-Supplier-Involvement). Je intensiver sich die Zusammenarbeit zwischen Kunde und Zulieferer gestaltet, desto mehr wird als Beschaffungsstrategie das sogenannte Single- oder Double-Sourcing dem Multiple-Sourcing vorgezogen. Hierdurch erhöht sich die wirtschaftliche Abhängigkeit der Partner. Ist beispielsweise der einzige Lieferant nicht lieferfähig, kann der Einkauf des Kunden nicht ohne weiteres auf einen anderen Lieferanten ausweichen. Ein anderes Beispiel für die wirtschaftliche Abhängigkeit von Unternehmen auf dem Beschaffungsmarkt ist ein oligopolistischer Beschaffungsmarkt mit nur wenigen Lieferanten wie zum Beispiel im Kunststoff- oder Chemiesektor. Sind die Ressourcen knapp, kann der Zulieferer Mengen zuteilen. Dies hat zur Folge, daß der Einkauf des Kunden seiner Aufgabe, den Bedarf von Güter und Dienstleistungen sicherzustellen, nicht mehr bzw. nur auf Kosten anderer Unternehmen nachkommen kann. Bedingt durch solche potentiellen wirtschaftlichen Abhängigkeiten der Partner kann der Netzwerkansatz der Analyse zwischenbetrieblicher Einkaufsaktivitäten dienen.

Aus netzwerktheoretischer Sicht eignen sich unter Berücksichtigung der rechtlichen Selbständigkeit der Partner insbesondere der Know-how-Transfer sowie der gegenseitige Bezug von Komponenten und Teilen als Organisationsformen kooperativen Vorgehens. Für gemeinsame Einkaufstätigkeiten ist in erster Linie der Know-how-Transfer, d.h. der Austausch von beschaffungsrelevanten Informationen und Wissensvorsprüngen, relevant.

Generell können Netzwerke als komplexe und funktionale Einheiten definiert werden, in denen komplementäre Ressourcen gebündelt werden. Die Kontakte zwischen den Netzwerkakteuren können sowohl formeller als auch informeller Art sein. Letztere entstehen zusätzlich zur beispielsweise in Projektform institutionalisierten Zusammenarbeit. Grundsätzlich werden Kontakte durch Stabilisierung bedingt durch wechselseitige Adaption sowie gegenseitiges Vertrauen verfestigt. Die Position eines Akteurs innerhalb eines Netzwerkes ist nicht starr, sondern dynamisch und kann sich somit jederzeit verändern. Im Falle eines ,,Einkaufsnetzwerkes" kann ein Partner zum Beispiel in Abhängigkeit von der Höhe seines Einkaufsvolumens unterschiedlichen Einfluß auf den Verlauf der unternehmensübergreifenden Aktivitäten haben. Je höher das Volumen und folglich sein Einkaufs-Know-how sind, desto ,,mächtiger" ist der Netzwerkpartner. Dies bezieht sich nur auf das jeweils betrachtete Produktspektrum. Bei anderen Produkten, die von diesem Partner lediglich in geringfügigem Umfang bezogen werden, ist sein Einfluß gleich wesentlich geringer.

Im allgemeinen handelt es sich bei strategischen Netzwerken um Formen der Zusammenarbeit zwischen den Extrempolen Markt und Hierarchie. Sie zielen auf die Realisierung gemeinsamer Wettbewerbsvorteile gegenüber nicht am Netzwerk beteiligter Unternehmen ab. Denkbar sind sogenannte *totale Netzwerke*, in denen zwischen allen Partnern Verbindungen bestehen. Realistischer sind jedoch *Cluster-Verbindungen*, die Netzwerke innerhalb von Netzwerken entstehen lassen, *hierarchische Verbindungen*, die auf Machtdifferentialen zwischen den einzelnen Partnern basieren, sowie *lineare Verbindungen*, die am Konzept der Wertschöpfungskette ansetzen. Im Hinblick auf einen Informationsaustausch bzw. Know-how-Transfer im Bereich Einkauf ist die Entstehung von Cluster-Verbindungen wahrscheinlich. Je nach Detaillierungsgrad der kooperativ bearbeiteten Waren können sich beispielsweise von der Rohstoffebene wie Stahl/Blech bis hin zu einzelnen Artikeln/Materialarten wie zum Beispiel „Stahlrohre rund" unterschiedliche Informationscluster bilden.

Generell sind alle Netzwerkbeziehungen zwischen den Partnern durch die Preisgabe teilweise erfolgskritischer Informationen, gegebenenfalls durch Personal- und Technologietransfer, sowie die Errichtung spezieller Organisationseinheiten und Informationssysteme zur Erleichterung der netzwerkweiten Koordination gekennzeichnet. In einem „Einkaufsnetzwerk" ist beispielsweise die Offenlegung von Zahlungs- und Lieferkonditionen notwendig, um gemeinsam durch Benchmarking oder Volumenbündelung in dieser Hinsicht Verbesserungen zu erzielen. Ist die Zusammenarbeit längerfristig ausgerichtet, gegebenenfalls mit dem Ziel der Errichtung einer gemeinsamen Einkaufsgesellschaft, ist zur Intensivierung des Know-how-Austausches sowie zum gegenseitigen Lernen ein kurzfristiger Austausch von Einkaufsmitarbeitern sinnvoll. Ferner ist die Etablierung von Einkaufskoordinatoren notwendig, um die unternehmensübergreifenden Einkaufstätigkeiten im Netzwerk als solches sowie in den einzelnen Cluster-Verbindungen aufeinander abzustimmen. Grundsätzlich ist der Erfolg von strategischen Netzwerken einerseits von der Organisation der Netzwerkbeziehungen und andererseits von der Fähigkeit, sich wechselnden Umweltsituationen anzupassen, abhängig. So ist eine Veränderung von Strukturen, Beziehungen und Positionen innerhalb eines Netzwerkes nur dann möglich, wenn die bestehenden Netzwerkbeziehungen offen und locker gestaltet sind. Lockere Verbindungen wie zum Beispiel der Know-how-Transfer oder der gegenseitige Bezug von Komponenten und Teilen haben zur Folge, daß auftretende Störungen bei einem Netzwerkakteur nicht gleichzeitig die gesamten Netzwerkbeziehungen gefährden. Die Risikostreuung zwischen den Partnern ist größer, und synergetische Effekte durch außerhalb des Netzwerks erworbene und in das Netzwerk hineingetragene Kenntnisse können entstehen. Dahingegen ist eine Anpassung an Umweltveränderungen wie beispielsweise technologischen Wandel auch bei Lieferanten oder veränderte Beschaffungsmarktstrukturen bei Vorhandensein rigider Strukturen nicht möglich. In diesem Zusammenhang ist generell das Dilemma von Anpassung und Anpassungsfähigkeit zu berücksichtigen. Dies besagt, daß die Netzwerkpartner, sobald sie vollkommen aneinander angepaßt sind, radikalen Veränderungen, die von außen auf das Netzwerk einwirken, nicht gewachsen sind. Bedingt durch die Adaption haben sie ihre Anpassungsfähigkeit an einem bestimmten Zustand verloren. Dies bedeutet für die Netzwerkakteure, daß sie zur Bewältigung von Umweltveränderungen Netzwerke mit nicht rigiden, lockeren Verbindungen zwischen den einzelnen Partnern errichten sollten. Im Bereich Einkauf zielt die Vernetzung mit anderen Unternehmen auf die Erhöhung der Einkaufskompetenz sowie die Erzielung von Skaleneffekten bedingt durch Volumenbündelung ab. Ein gegenseitiger Informationsaustausch führt zu einer wesentlich verbesserten Beschaffungsmarkttransparenz.

Die Ausführungen haben gezeigt, daß sowohl das Konzept der Wertkette als auch der Netzwerkansatz als theoretische Erklärungsansätze für Kooperationen herangezogen werden können. Das *Konzept der Wertkette* stellt grundsätzlich eher ein Beschreibungsinstrument dar und liefert weniger theoretisch fundierte Erklärungen. Hierbei dient die Wertkette als eine Art Raster, das bei der Verdeutlichung bestimmter Problembereiche hilfreich sein kann. Trotzdem ist die Bedeutung dieses Konzeptes nicht zu unterschätzen. In vielen Fällen führt erst eine detaillierte Betrachtung der einzelnen Wertaktivitäten dazu, daß sich die Unternehmen über wesentliche Synergiepotentiale in einzelnen Funktionsbereichen wie zum Beispiel dem Einkauf bewußt werden. Weiterhin dient die Wertkette als analytisches Instrument zur Gliederung eines Unternehmens in strategisch relevante Aktivitäten der Ermittlung von Kosten- und Differenzierungsvorteilen sowie auch von Schwächen anderer Unternehmen. Diese Vorgehensweise kann somit die Identifikation geeigneter Kooperationspartner erleichtern. Zusammenfassend gilt folglich, daß der Wertkettenansatz wichtige Hinweise für die Konfiguration von Kooperationen geben kann. Dies trifft insbesondere für die Auswahl der zu verknüpfenden Wertschöpfungsaktivitäten, d.h. die von der Zusammenarbeit betroffenen Funktionsbereiche, sowie für die horizontale oder vertikale Ausrichtung der Kooperation, also die Wahl von Partnern zu. Der *Netzwerkansatz* liefert in den seltesten Fällen theoretische Erkenntnisse, weist aber ein erhebliches Integrationspotential in Bezug auf das Konzept der Wertschöpfungskette auf. Dies bedeutet, daß er einen konzeptionellen Bezugsrahmen darstellt, innerhalb dessen auf die Erkenntnisse der Wertkettentheorie zurückgegriffen werden kann. So erleichtert beispielsweise das Konzept der Wertkette durch die Zerlegung der gesamten Wertschöpfungskette in einzelne primäre und unterstützende Tätigkeiten eine sinnvolle Spezialisierung der einzelnen Unternehmen auf diejenigen Aktivitäten, die Wettbewerbsvorteile versprechen. Hierbei bietet sich die Übertragung der anderen, nicht Wettbewerbsvorteile schaffenden Aktivitäten auf die anderen Partner im Netzwerk an. Auf diese Weise werden die Kompetenzen der Netzwerkakteure so effizient wie möglich gebündelt.

Zusammenfassend haben die obigen theoretischen Erläuterungen gezeigt, daß Kooperationen beispielsweise im Bereich Einkauf/Beschaffung als strukturelle Anpassungsstrategie von Unternehmen, insbesondere kleinerer und mittlerer Größe, zur Erhöhung der Wettbewerbsfähigkeit geeignet sind. Das Pilotprojekt „Einkaufskooperationen mittelständischer Unternehmen in Baden-Württemberg" (vgl. Kapitel 4) dient der Analyse, inwieweit sich Kooperationsvorteile tatsächlich realisieren lassen.

Anmerkungen

1 Kooperationserleichterungen für kleine und mittlere Unternehmen
2 Vgl. o. V.: Kooperationsfibel, S. 5
3 Vgl. Gerth: Zwischenbetriebliche Kooperation, S. 11 ff.
4 Vgl. Lewis: Strategische Allianzen, S. 352 ff.
5 Vgl. Porter: Wettbewerbsvorteile, S. 63 ff. und S. 74 f.
6 Vgl. Lensing/Sonnemann: Materialwirtschaft und Einkauf, S. 94 ff.
7 Vgl. o.V.: Kooperationsfibel, S. 24 f.
8 Vgl. Staudt: Kooperationshandbuch, S. 84 f.
9 Vgl. Porter: Wettbewerbsvorteile, S. 72 ff.
10 Vgl. Henkel: Akquisitionen und Kooperationen als strategische Alternative aus Sicht der deutschen Automobilindustrie, S. 10 ff.
11 Vgl. Jarillo: On Strategic Networks, S. 32

Literatur

GERTH, E., Zwischcnbetriebliche Kooperation, Stuttgart 1971.

HENKEL, C., Akquisitionen und Kooperationen als strategische Alternativen aus Sicht der deutschen Automobilindustrie, Dissertation Hochschule St. Gallen, Bamberg 1992.

JARILLO, C., On Strategic Networks, in: Strategic Management Journal, Vol. 9, 1988, S. 31-41.

LENSING, M./SONNEMANN, K., Materialwirtschaft und Einkauf, Wiesbaden 1995.

LEWIS, J., Strategische Allianzen, 1991.

O.V., Kooperationsfibel. Zwischenbetriebliche Zusammenarbeit: Chancen für den Mittelstand, 1976.

PORTER, M., Wettbewerbsvorteile: Spitzenleistungen erreichen und behaupten, Frankfurt am Main 1986.

STAUDT, E./TOBERG, M./LINNE, H./BOCK, J./THIELEMANN, F., Kooperationshandbuch: Ein Leitfaden für die Unternehmenspraxis, Stuttgart/Düsseldorf 1992.

3 Einkaufskooperationen aus kartellrechtlicher Sicht – Voraussetzungen und Möglichkeiten

Werner Kleinmann

3.1 Vorbemerkung

Kartellverträge oder kurz gesagt „Kartelle" haben meist einen etwas anrüchigen Ruf. Die öffentliche Meinung verbindet mit Verträgen, die Wettbewerbsbeschränkungen enthalten, etwas Negatives, nämlich einen Anschlag auf das System des freien Wettbewerbs, bis hin zur Gefährdung der Marktwirtschaft als Institution. Seit Inkrafttreten des „Gesetzes zur Bekämpfung der Korruption" vom 13.8.97[1] sind einzelne Kartellrechtstatbestände, nämlich der sog. Ausschreibungsbetrug, über den Ordnungswidrigkeitenbereich hinaus in den Rang kriminellen Unrechts erhoben worden und haben ihren Niederschlag in dem Straftatbestand des § 298 StGB gefunden. Das bedeutet eine neue Dimension: Vorwurf von sittlichem Unrecht anstelle eines Ordnungsverstoßes. Dies ist jedoch nur die eine Seite der Medaille. Zu der gebotenen Gesamtbetrachtung gehört andererseits auch die Einsicht, daß der Abschluß von Kartellverträgen für den Wettbewerb positiv sein kann, ja sogar geboten ist, um strukturelle Nachteile einzelner Marktteilnehmer auszugleichen. Die Idee des Wettbewerbs geht von einer ungefähr gleichen Marktstärke von Anbietern und Nachfragern aus, jeweils unter sich wie auch im Verhältnis zueinander. So wird das Gleichgewicht der Kräfte, die Balance von Angebot und Nachfrage, gewährleistet. Dies entspricht jedoch nicht immer der Realität, die teilweise durch ein starkes Ungleichgewicht der Marktteilnehmer gekennzeichnet ist. Hier setzt die positive Wirkung von Kartellverträgen an, die zwischen kleinen und mittleren Unternehmen geschlossen werden und damit dazu beitragen, bestehende Unterschiede auszugleichen und so dem idealen Modell des Wettbewerbs wieder näher zu kommen.

Dies ist auch der Hintergrund für die Bildung von Einkaufskooperationen. Hier schließen sich kleine und mittlere Unternehmen für einen Teilbereich zusammen, um unter teilweiser Aufgabe ihrer wirtschaftlichen Handlungsfreiheit ein größeres und damit für den Markt gewichtigeres Potential zu schaffen. Dies gilt in zweifacher Richtung: Die Stärkung des Potentials tritt zum einen im Verhältnis zu den Wettbewerbern auf derselben Marktseite ein. „Kleine und mittlere Unternehmen" verstärken ihre Position gegenüber größeren und großen Unternehmen. Darüber hinaus wirkt sich die mit der Kooperation verbundene Bündelung der Nachfrage auch in die Richtung der Marktgegenseite aus, also auf die Anbieter. Deren Abschlußalternativen und damit Handlungsspielraum verringern sich durch die Konzentrierung und Verengung auf der Nachfrageseite. Der Gesetzgeber verschließt sich dieser Einsicht nicht und privilegiert an verschiedenen Stellen kleine und mittlere Unternehmen in mehrfacher Hinsicht. Dies gilt für Mittelstandskartelle nach § 5 b GWB[2], für die Rechtsposition gegenüber marktbeherrschenden und marktstarken Unternehmen (§ 26 Abs.2 GWB), für die Fusionskontrolle. In diesen Zusammenhang gehört auch § 5 c GWB, eine Vorschrift des Kartellgesetzes, die unter bestimmten Voraussetzungen die Bildung von Einkaufskooperationen zuläßt, auch wenn diese an sich gegen das Kartellverbot des § 1 GWB verstoßende Wettbewerbsbeschränkungen enthalten. Gegenstand dieses Beitrags ist es, diese Voraussetzungen näher zu beschreiben und die Bereiche darzustellen, auf die sich Einkaufskooperationen legalerweise erstrecken können.

Die 6. GWB-Novelle[3] nimmt auf die gerade im Interesse des Wettbewerbs gebotene Privilegierung von Kooperationen kleiner und mittlerer Unternehmen Rücksicht. So sieht § 4 Abs.2 n.F. wiederum eine Freistellung für kleine und mittlere Unternehmen im Bereich des Einkaufs von Waren und der gemeinsamen Beschaffung von gewerblichen Leistungen vor. In Zeiten fortschreitender Konzentration kommt dieser Art von Kooperation besondere Bedeutung zu und trägt dazu bei, eine mittelständische Struktur von Unternehmen auf dem Markt nicht hoffnungslos ins Hintertreffen geraten zu lassen.

Das Europäische Kartellrecht (insbesondere Art.85 EGV) bleibt im folgenden außer Betracht. Dies vor allem deshalb, weil es infolge des Erfordernisses einer Kooperation von ,,kleinen und mittleren Unternehmen" meist an der nötigen ,,Spürbarkeit" fehlen wird und es sich in der Praxis (noch) überwiegend um rein nationale Einkaufskooperationen handelt. Der Begriff der Wettbewerbsbeschränkung ist im übrigen für Art.85 EGV ähnlich wie in § 1 GWB zu sehen. Als Freistellung kommt eine Entscheidung der EG-Kommission nach Art.85 Abs.3 EGV in Betracht.

3.2   Allgemeine kartellrechtliche Beurteilung von Wettbewerbsbeschränkungen auf der Nachfrageseite

Gestützt auf die Regierungsbegründung zum GWB 1952[4] wurde zunächst die Meinung vertreten, der Nachfragewettbewerb sei weniger schutzwürdig als der Wettbewerb auf der Angebotsseite.[5] Der Wettbewerb zwischen Nachfragern erhöhe die Preise, so daß dessen Beschränkung zu einer Senkung der Preise führe und damit dem Verbraucher nütze. Diese Meinung hat sich nicht durchgesetzt. Vielmehr entspricht es heute allgemeiner Auffassung, auch der Rechtsprechung, daß Schutzgegenstand des GWB der Wettbewerb als Institution[6] ist. Daher macht es aus dieser Sicht keinen Unterschied, ob eine Wettbewerbsbeschränkung der Anbieter oder der Nachfrager vorliegt. In beiden Fällen findet zumindest eine Beeinträchtigung des freien Spiels der Kräfte auf dem Markt statt. Folgerichtig ist die Vorschrift des § 1 GWB, der das allgemeine Kartellverbot enthält, in gleicher Weise auf Beschränkungen des Wettbewerbs zwischen Anbietern wie auch zwischen Nachfragern anwendbar.

Allerdings spielte bei Einführung des GWB das Problem einer Bündelung der Nachfrage keine praktische Rolle. Die Nachfrage war sehr zersplittert, so daß es in erster Linie darum ging, Beschränkungen auf der Anbieterseite zu verhindern. Infolge des Nachfrageüberhangs bestand ein Verkäufermarkt. Das Übergewicht der

Anbieter sollte nicht noch durch Wettbewerbsbeschränkungen dieser Marktseite verstärkt werden. Dementsprechend befaßten sich Kartellrechtspraxis und Wissenschaft über Jahre hinweg überwiegend mit der Anwendung des GWB auf die Anbieter. Dies änderte sich erst in den 70er-Jahren, als die Konzentration der Nachfrage, vor allem im Handel, zunahm.

3.3 Einführung des § 5 c GWB durch die 5. GWB-Novelle 1989 seit 1.1.1990[7]

3.3.1 Hintergrund und Entstehungsgeschichte

Auf der einen Seite beurteilte das Bundeskartellamt seit Jahren Einkaufskooperationen kleiner und mittlerer Unternehmen positiv und bejahte deren wettbewerbspolitischen Nutzen.[8] Auf der anderen Seite stand die kartellrechtliche Beurteilung, wonach die Zusammenfassung des Einkaufs auch ohne vertraglichen Bezugszwang einen Verstoß gegen § 1 GWB darstellt.[9] Diese Wertung hatte vor allem zur Folge, daß entsprechende vertragliche Regelungen zivilrechtlich unwirksam waren, ihre Praktizierung eine Ordnungswidrigkeit nach § 38 GWB darstellten und an sich mit Bußgeld hätten belegt werden können. Nur das Opportunitätsprinzip hinderte die Kartellbehörden daran, gegen die Einkaufskooperationen einzuschreiten, ein Rechtszustand, der allgemein als unbefriedigend angesehen wurde. Diese Spannung verstärkte sich durch die weitere Rechtsprechung. So bestätigte das Kammergericht in seinem grundsätzlichen Selex-Tania-Beschluß vom 26.2.86[10] die Auffassung, daß Einkaufskooperationen, die geeignet sind, die Marktverhältnisse für die Nachfrage nach bestimmten Produkten durch Beschränkung des Wettbewerbs zu beeinflussen, den Tatbestand des § 1 GWB erfüllen. Die Beschränkung des Nachfragewettbewerbs sei im Rahmen von § 1 GWB unabhängig davon tatbestandsmäßig, ob die Vertragspartner zueinander im Absatzwettbewerb stehen. Ebenso wenig komme es auf eine besondere Marktlage (Käufer- oder Verkäufermarkt) an. Das Kammergericht lehnt die ursprünglich herrschende Auffassung ab, Einkaufskooperationen seien nur dann wettbewerbsbeschränkend, wenn sie ihre Mitglieder für die Angebote der Zentrale einem ,,Bezugszwang" unterwerfen. Vielmehr könne der Wettbewerb zwischen Nachfragern auch durch weniger weitgehende Bindungen beschränkt werden. Das Gericht nimmt Wettbewerb zwischen Nachfragern an, wenn diese unabhängig voneinander nach Geschäftsabschlüssen mit der Anbieterseite streben. Jeder Nachfrager muß dann bei seinem Marktverhalten die Existenz weiterer Nachfrager berücksichtigen. Sein Handlungsspielraum wird eingeschränkt, Forderungen nach maximalen Preiszugeständnissen kann er nicht durchsetzen, weil der Anbieter auf andere Nachfrager ausweichen kann. Nachfragewettbewerb wirkt insofern preisstabilisierend, seine Beschränkung preismindernd. Wird diese Begrenzungswirkung herabgesetzt oder gar aufgehoben, so liegt eine Beschränkung des Nachfragewettbewerbs vor. Diese Folge tritt aber nicht nur dann ein, wenn kooperierende Nachfrager rechtlich oder faktisch einer Bezugspflicht unterworfen werden, sondern auch bei anderen Einkaufskooperationen, wenn sie den Anbietern durch eine Vereinheitlichung des Nachfrageverhaltens der Anschlußunternehmen Ausweichmöglichkeiten nehmen, die bei unbeschränktem Nachfragewettbewerb typischerweise bestehen.

In dieser Situation setzte das Bestreben ein, das Problem im Wege der Gesetzgebung zu lösen, vor allem unter dem Aspekt, die wettbewerbspolitisch erwünschten Kooperationen im Bereich der Nachfrage zu legalisieren. Schon die ersten Pläne für eine Neuregelung zielten darauf ab, jedenfalls im Kern die Legalisierungsmöglichkeit zu schaffen, wie sie heute in Gestalt des aktuellen § 5 c GWB besteht. So formulierten bereits die ,,Eckwerte für eine 5. Kartellgesetznovelle"[11] unter ausdrücklichem Hinweis auf den Selex-Tania-Beschluß des Kammergerichts:

,,... 4. Einkaufskooperationen

Um die kartellrechtliche Zulässigkeit von Einkaufskooperationen sicherzustellen, wird eine gesetzliche Regelung eingeführt, nach der das Kartellverbot des § 1 GWB nicht für Verträge und Beschlüsse gilt, die den gemeinsamen Einkauf ohne Bezugszwang zum Gegenstand haben, wenn die Kooperation dazu dient, die Wettbewerbsfähigkeit kleiner und mittlerer Unternehmen zu verbessern, und der Wettbewerb auf dem Markt nicht wesentlich beeinträchtigt wird ..."

Die vorgeschlagene Regelung verfolgte das Ziel, dem ,,strukturellen Nachteilsausgleich" für kleine und mittlere Unternehmen sowie der Wahrung und Verbesserung der Voraussetzungen für wirksamen Wettbewerb zu dienen.[12] Der ,,strukturelle Nachteilsausgleich" bezieht sich darauf, daß große Unternehmen auch für ihr Nachfrage- und Beschaffungsverhalten über Vorteile verfügen, die allein auf ihre Unternehmensgröße zurückzuführen sind. Hier besteht für kleine und mittlere Unternehmen ein Nachholbedarf, dessen Befriedigung der Gesetzgeber nicht unterbinden darf.

3.3.2   Endfassung von § 5 c GWB

Der Wirtschaftsausschuß[13] akzeptierte im Wesentlichen den Regierungsentwurf.[14] Allerdings erfolgte eine gewisse inhaltliche Erweiterung dergestalt, daß neben dem gemeinsamen Einkauf von Waren auch die Bündelung der Beschaffung gewerblicher Leistungen einbezogen wurde. Außerdem entfiel vor allem auf Betreiben des Rechtsausschusses des Deutschen Bundestags das zunächst vorgesehene Anmeldeverfahren. Die Kooperationen, welche den gesetzlichen Erfordernissen entsprechen, sind danach ohne Anmeldung oder gar Erlaubnis der Kartellbehörde wirksam.

§ 5c GWB erhielt folgende Fassung, die am 1.1.1990 in Kraft trat:[14]

,,§ 1 gilt nicht für Verträge und Beschlüsse, die den gemeinsamen Einkauf von Waren oder die gemeinsame Beschaffung gewerblicher Leistungen zum Gegenstand haben, ohne einen Bezugszwang für die beteiligten Unternehmen zu begründen, wenn dadurch der Wettbewerb auf dem Markt nicht wesentlich beeinträchtigt wird und der Vertrag oder Beschluß dazu dient, die Wettbewerbsfähigkeit kleiner oder mittlerer Unternehmen zu verbessern."

3.4   Freistellungsvoraussetzungen des § 5 c GWB im einzelnen

3.4.1   Verträge und Beschlüsse

Privilegiert wird der gemeinsame Einkauf von Waren und/oder die gemeinsame Beschaffung gewerblicher Leistungen. Diese Tätigkeiten müssen unmittelbar Gegenstand eines *Vertrags* oder *Beschlusses* sein. Dementsprechend wird häufig eine gemeinsame Gesellschaft gegründet mit dem Zweck, durch zwischenbetriebliche Zusammenarbeit beim Einkauf die Leistungsfähigkeit ihrer Gesellschafter zu fördern. Zugleich legen die Gesellschafter fest, daß sie die Vertragswaren gemeinsam einkaufen oder die vertraglich festgelegten gewerblichen Leistungen gemeinsam beschaffen. Nur muß darauf geachtet werden, daß kein genereller Bezugszwang besteht (dazu unten Ziff. 3.4.3). Zweckmässigerweise enthält der Kartellvertrag eine ausdrückliche Regelung etwa so, daß der individuelle Warenbezug oder die Beschaffung gewerblicher Leistungen durch den einzelnen Gesellschafter unberührt bleiben.

Der Kartellvertrag erfordert Schriftform nach § 34 GWB, es sei denn, es handelt sich um den Gesellschaftsvertrag zur Gründung einer GmbH, der der notariellen Beurkundung bedarf, die dann als stärkere Form das Schriftformerfordernis ebenfalls erfüllt.

3.4.2   Gemeinsamer Einkauf von Waren oder gewerblichen Leistungen

Die Worte „*gemeinsamer Einkauf von Waren oder gemeinsame Beschaffung gewerblicher Leistungen*" beschreiben die nach § 5c GWB freigestellten Tätigkeiten. Unter „Einkauf" sind alle Aktivitäten zu verstehen, die mit dem Vorgang der Beschaffung von Waren in den verschiedenen Phasen ihrer Durchführung verbunden sind. Er umfaßt alle Tätigkeiten, beginnend mit Marktbeobachtung sowie der Geschäftsanbahnung über die Geschäftsverhandlungen und den Geschäftsabschluß bis zur vollständigen Abwicklung einschließlich Lieferung. Somit gehören alle Aktivitäten von Kooperationen dazu, durch die eine Verbesserung der Markttransparenz oder die Festlegung der Konditionen für Beschaffungsgeschäfte der beteiligten Unternehmen erreicht oder beeinflußt wird, alle Abreden, durch die Konditionenverbesserungen den kooperierenden Unternehmen zufließen, sowie alle Gestaltungen, die den Warenfluß zum Kooperationsmitglied hin bestimmen. Einbezogen sind außer der Festlegung der Konditionen beim Abschluß auch Verrechnungsmodalitäten wie die Zentralregulierung und das Delkredegeschäft.[15]

Bereits die gemeinsame Verhandlungsführung der Nachfrager bringt auch für den Lieferanten zumindest organisatorische Vorteile: Er hat es anstelle einer Vielzahl von Einzelunternehmen mit einer zentralen Stelle zu tun. Verstärkt wird dieser Effekt, wenn eine gemeinsame Abrechnung für die kooperierenden Unternehmen, eine Inkassogemeinschaft und eine gemeinsame Haftung der Einkaufskooperation für die Mitgliedsunternehmen gegenüber dem Lieferanten hinzu kommen. Eine solche Ausgestaltung verstärkt den Bündelungseffekt für die sonst zersplitterte Nachfrage der einzelnen Unternehmen und macht sie für den Lieferanten auch insoweit zu einem einheitlichen Partner.

Gerade die Zentralregulierung spielt in der Praxis eine große Rolle, d.h. die mit der Lieferantenseite vereinbarte Regelung, wonach ausschließlich auf die gemeinsame Einkaufsgesellschaft fakturiert wird, nicht auf die einzelnen an der Kooperation beteiligten Unternehmen. Die damit meist verbundene Delkrederehaftung der gemeinsamen Gesellschaft erhöht die Attraktivität für den Lieferanten, dessen Risiko sich entsprechend mindert. Wegen ihrer wettbewerbsbeschränkenden Wirkung können auch solche Abmachungen über gemeinsames Inkasso für die Rechnungen bei den Gemeinschäftsbezügen, deren Zentralregulierung und die Delkredere-Haftung an sich unter der Kartellverbot des § 1 GWB fallen. Sie sind jedoch bei Erfüllung der Freistellungsvoraussetzungen wie andere Elemente des gemeinsamen Einkaufs der Anwendung des § 5 c GWB zugänglich. Letztlich entscheidet der Normzweck des § 5 c GWB über den Umfang der einzubeziehenden Tätigkeiten, d.h. die mögliche Verstärkung der Marktposition der kooperierenden Partner. Die ohne den gemeinsamen Einkauf bestehende Atomisierung der Nachfrage wird beseitigt oder zumindest abgemildert, so daß der sonst im Vergleich zu großen Unternehmen gegebene strukturelle Nachteil jedenfalls teilweise ausgeglichen wird.

Art und Umfang der gemeinsamen Aktivitäten sollen anhand einiger *Beispiele* verdeutlicht werden.

Gemeinsame Marktinformation und Feststellung von Bezugsmöglichkeiten

Relevante Marktdaten, insbesondere auch Konditionen für die in Frage stehenden Bezüge und Einkaufsgeschäfte der kooperierenden Unternehmen, werden gemeinsam ermittelt und für die Mitglieder der Kooperation transparent gemacht. Eine Mindermeinung[16] verneint hier bereits das Vorliegen einer Wettbewerbsbeschränkung, vor allem mit dem Hinweis, die Freiheit des Marktverhaltens der Unternehmen bleibe unberührt. Kein Marktteilnehmer sei gezwungen, sich des gemeinsamen Wissens zu bedienen oder aus diesem Wissen für sein Auftreten auf dem Markt Konsequenzen zu ziehen. Diese Auffassung hat sich nicht durchgesetzt. Sie entspricht insbesondere nicht der Praxis der Kartellbehörden und der Rechtsprechung, die auch in diesem Bereich zumindest von der Möglichkeit einer Wettbewerbsbeschränkung im Sinne von § 1 GWB ausgehen.[17] Auswirkungen auf den Wettbewerb der Anbieter sind unzweifelhaft. Die infolge der gemeinsamen Marktinformation bekannt gewordenen, für die Nachfrager günstigsten Konditionen bilden die Meßlatte für alle weiteren Geschäftsverhandlungen. Kein Anbieter würde es sich jedenfalls gegenüber den Teilnehmern der gemeinsamen Marktinformation mehr leisten können, ungünstigere Konditionen zu verlangen.

Aber auch auf seiten der Nachfrager liegt eine Wettbewerbsbeschränkung vor. Der günstigste Einkauf ist für jedes Unternehmen ein gut gehütetes Geheimnis und kann gegenüber seinen Wettbewerbern einen Wettbewerbsvorteil bedeuten. Gibt ein Unternehmen diesen Vorsprung preis, in dem es sein Wissen dem Wettbewerber über die gemeinsame Marktinformation zugänglich macht oder es von einer eigenen Ermittlung der günstigsten Konditionen absieht, so verzichtet es auf diesen Parameter im Wettbewerb. Mit diesem Argument der Beschränkung des Geheimwettbewerbs hat die Kartellrechtspraxis, insbesondere auch die höchstrichterliche Rechtsprechung[17], das Vorliegen einer Wettbewerbsbeschränkung bei Koordinierung der Marktinformation zwischen Wettbewerbern bejaht, jedenfalls dann, wenn Gegenstand individualisierende Daten sind, die einen Bezug zu konkreten Einzelgeschäften haben und über bloße Zusammenfassungen und Zusammenstellungen wie Statistiken, Überblicke über gewisse Zeiträume und ähnliches hinausgehen.

Somit besteht auch für den Bereich der gemeinsamen Marktinformation in Verbindung mit Einkaufskooperationen ein Freistellungsbedarf. § 5c GWB ist hierfür ohne Zweifel geeignet, wie sonst auch hier unter der Voraussetzung, daß alle gesetzlichen Merkmale gegeben sind.

Zur Vorbereitung des gemeinsamen Einkaufs können die Kooperationspartner bereits eine gemeinsame Marktbeobachtung vorsehen. Hier geht es darum, die Voraussetzungen und alternativen Möglichkeiten eines für die Käufer interessanten Abschlusses zu erkunden und zu sammeln. Nur wenn eine umfassende Markttransparenz geschaffen wird, besteht eine günstige Ausgangsposition für Verhandlungen. Es leuchtet ein, daß die gemeinsame Gesellschaft zur Beschaffung relevanter Marktdaten weit besser in der Lage ist als das einzelne Unternehmen, und zwar aus mehreren Gründen. Die Poolung von Mitteln, die die Kooperationspartner zu diesem Zweck zur Verfügung stellen, ermöglicht umfassendere Recherchen. Außerdem fließen die Einzelinformationen, über die die einzelnen Unternehmen verfügen, an einer Stelle zusammen und vervollständigen das Bild, bis hin zu einer weitreichenden Marktübersicht.

Gemeinsame Verhandlung und Tätigung von Geschäftsabschlüssen

Die Schaffung eines größeren Nachfragepotentials durch Bündelung der sonst getrennten Einzelnachfrage der Kooperationsmitglieder bildet den Kern des gemeinsamen Einkaufs und der gemeinschaftlichen Beschaffung. Dabei ist die gemeinsame Verhandlung von Geschäftsabschlüssen für die Mitglieder der Kooperation die notwendige Voraussetzung des gemeinschaftlichen Abschlußes eines Bezugsvertrags. Es macht keinen Sinn, einen gemeinsamen Vertrag über die Beschaffung von Waren oder gewerblichen Leistungen zuzulassen, nicht jedoch dessen einheitliche Vorbereitung und Verhandlung. Bei der Ausgestaltung der Verträge sind verschiedene Formen möglich. So kann eine gemeinsame Einkaufsgesellschaft Waren im eigenen Namen und auf eigene Rechnung kaufen und an ihre Mitglieder weiterverkaufen (sogenanntes Eigengeschäft). Häufig ist jedoch der Abschluß von Rahmenvereinbarungen (meist mit überregional bedeutenden Lieferanten). Darin eingeräumte Preisnachlässe kommen den Mitgliedsunternehmen unmittelbar oder mittelbar zu gute und bewirken eine deutliche Verbesserung ihrer Einkaufskonditionen. Die Lieferanten, mit denen solche Verträge geschlossen werden, kommen in eine entsprechende Lieferantenliste, aus der die Mitglieder ihre Vertragspartner für Lieferungen auswählen.

Zu weit, weil vom Erfordernis des „gemeinsamen Einkaufs" nicht mehr erfaßt, geht das Verbot einer individuellen Verhandlungsführung durch das einzelne Mitglied.[18] Ein solches Verbot bedeutet wegen des untrennbaren Zusammenhangs von Verhandlung und Abschluß, daß letztlich jeder individuelle Abschluß hinfällig würde. Dies wäre im wirtschaftlichen Ergebnis gleichbedeutend mit der Praktizierung eines Bezugszwangs, den das Gesetz ausdrücklich verbietet (dazu unten Ziff.3.3). Der Umstand, daß das Mitglied die Freiheit behält, mit diesem Lieferanten in keine Lieferbeziehung zu treten, wenn es auf den gemeinsamen Bezug keinen Wert legt, ändert nichts daran, daß die vom Gesetz mißbilligte Zwangslage vorliegt und damit die Freiheit des Mitglieds über Gebühr eingeschränkt wird. Eine andere Beurteilung hätte zur Folge, daß dieser Teil des Angebots von vornherein aus den Wahlmöglichkeiten des Nachfragers herausgenommen wäre und damit entfiele.

Schaffung einer gemeinsamen Einkaufsgesellschaft

§ 5 c macht keinen Unterschied bei der Frage, wie der gemeinsame Einkauf organisiert wird. Denkbar ist eine rein schuldrechtliche Verbindung der Kooperationsmitglieder, etwa auch nur für eine Ad-hoc-Kooperation, ohne Schaffung einer gemeinsamen Gesellschaft oder sonstigen Rechtsperson. Häufig wird ein rechtlich selbständiges Gemeinschaftsunternehmen errichtet, dessen Gegenstand den Zweck umfaßt, die Wettbewerbsfähigkeit ihrer Gesellschafter durch zwischenbetriebliche Zusammenarbeit beim Einkauf von Waren oder bei der Beschaffung gewerblicher Leistungen zu fördern.

Von welcher Organisationsform Gebrauch gemacht wird, hängt von Art und Umfang der Kooperation ab. Je weiter die Zusammenlegung des Einkaufs geht, um so mehr wird ein rechtlich selbständiges Gemeinschaftsunternehmen unerläßlich sein. Dies gilt besonders dann, wenn gemeinsame Eigengeschäfte beabsichtigt sind oder die Schaffung gemeinsamer Bereiche wie zentrale Fakturierung oder Delkrederehaftung. Für die kartellrechtliche Beurteilung steht, wie auch sonst, die Auswirkung der Kooperation auf den Wettbewerb und damit auf den Markt im Vordergrund, nicht so sehr die juristische, insbesondere vertragsrechtliche Ausgestaltung.

Wegen des Erfordernisses der Teilnahme von kleinen und mittleren Unternehmen wird sich die Frage der Fusionskontrolle auch bei Gestaltungen mit rechtlich selbständigen Gemeinschaftsunternehmen in der Regel nicht stellen. Allerdings kommt es bei der Feststellung der für die Zusammenschlußkontrolle relevanten Umsatzschwellen der beteiligten Unternehmen wie sonst nicht auf die von der Kooperation erfaßten Einkaufsvolumina an, sondern auf die Umsätze der Beteiligten im Absatzbereich.

Gemeinsame Organisation der Lieferungen

Auch hier läßt § 5 c GWB die verschiedensten Gestaltungen zu. Im Bereich der Eigengeschäfte einer gemeinsamen Einkaufsgesellschaft ist – neben dem Streckengeschäft – die Belieferung eines gemeinschaftlichen Zentrallagers möglich. Aus

Gründen der Rationalisierung wird jedoch die Direktbelieferung der Mitglieder häufiger sein, zumal wenn es sich um direkte Bestellungen des Mitglieds auf der Grundlage eines gemeinsamen Rahmenvertrags handelt.

Das Kartellrecht macht hier also keine bestimmten Vorgaben und überläßt die Ausgestaltung den wirtschaftlichen Erfordernissen und den Bedürfnissen eines reibungslosen Ablaufs.

Gemeinsame Fakturierung und Zentralregulierung

Häufig nimmt der Lieferant für die Warenbezüge der Mitglieder der Einkaufskooperation eine einheitliche Gesamtabrechnung gegenüber einer zentralen Einrichtung der Kooperation vor, welche auch die Bezahlung übernimmt. Die Mitglieder ihrerseits bezahlen die Rechnungen über die sie betreffenden gemeinsamen Bezüge an die Zentralstelle. Zum Teil tritt der Lieferant seine Forderungen gegen die einkaufenden Mitglieder treuhänderisch an die gemeinsame Einrichtung ab.

Hier handelt es sich um weitere Elemente der Bündelung einer sonst zersplitterten Nachfrage. Ein wettbewerbsbeschränkender Effekt im Sinne von § 1 GWB wird in der Regel damit verbunden sein, weil damit ein individuelles wettbewerbsrelevantes Verhalten in diesem Bereich entfällt. Jedoch stehen diese Funktionen im engen, zum Teil untrennbaren Zusammenhang mit dem gemeinsamen Einkauf und runden dessen Durchführung sinnvoll ab. Nur so ergibt sich auch für den Lieferanten ein Rationalisierungseffekt, der ihm die Zusammenarbeit und die Herstellung einer Geschäftsbeziehung zur Einkaufskooperation sinnvoll macht.

Aus diesen Gründen werden auch derartige Gestaltungen durch § 5 c GWB freigestellt. In der Praxis ist daher häufig eine Verpflichtung der Mitglieder der Kooperation vorgesehen, die Rechnungen über die Warenbezüge im Rahmen des Gemeinschaftseinkaufs an eine gemeinsame Inkassostelle zu bezahlen. Nach allgemeiner Auffassung liegt darin kein unzulässiger Bezugszwang (siehe unten Ziff. 3.4.3), sondern nur eine weitere Ausgestaltung des vom Gesetz zugelassenen gemeinsamen Einkaufs. Der damit bezweckte Ausgleich von strukturellen Nachteilen der kleineren und mittleren Unternehmen wird auch auf diese Weise gefördert.

Delkrederehaftung

Das gemeinsame Inkasso ist oft mit der Delkrederehaftung der Einkaufskooperation verbunden, ein weiteres Element der Bündelung der Nachfrage. Gerade im Blick auf kleine Mitglieder der Kooperation erfolgt hierdurch für den Lieferanten eine weitere Zusammenfassung, verbunden mit einem Wegfall des Ausfallrisikos. Für den Lieferanten ist dies eine Vergütung wert, welche die Profitabilität der Einkaufsgemeinschaft erhöht. Über die Rückvergütung an die Mitglieder ergeben sich wiederum Auswirkungen auf das Nachfrageverhalten und die Marktstellung des einzelnen Mitglieds, so daß bei Spürbarkeit dieser Wirkung § 1 GWB erfüllt sein kann, erst recht im Zusammenhang mit anderen Aktivitäten der Einkaufskoopera-

tion. Umgekehrt führt gerade diese enge Verbindung mit den eigentlichen Einkaufstätigkeiten der Kooperation dazu, deren Freistellung auch auf diese Abrechnungs-
modalität zu erstrecken.

Gemeinsame Förderung der Mitglieder, wie Schulung und Fortbildung

Umfaßt die Einkaufskooperation auch diese Bereiche, so fehlt es häufig an einer
Wettbewerbsbeschränkung der Mitglieder. Die gemeinsamen Maßnahmen sind in
der Regel wettbewerbsneutral, weil sie die wirtschaftliche Handlungsfreiheit der
beteiligten Unternehmen nicht einschränken. Die damit verbundene Stärkung der
Leistungs- und damit der Wettbewerbsfähigkeit des Mitglieds bedeutet sogar eine
Förderung des Wettbewerbs und ist daher erwünscht.

Wettbewerbsbeschränkungen sind kaum vorstellbar. Sollte sich das Kooperationsmitglied ausnahmsweise in seiner Handlungsfreiheit vertraglich beschränken, zum
Beispiel bei der Wahrnehmung anderer Schulungsmöglichkeiten, so fehlt es möglicherweise an der nötigen Marktbezogenheit. In jedem Fall käme hier auch die
Freistellung nach § 5 c GWB in Gestalt der ,,gemeinsamen Beschaffung gewerblicher Leistungen" in Betracht, wobei ein absoluter ,,Bezugszwang" zu vermeiden
wäre.

Gemeinsames Marketing und Gemeinschaftswerbung

Gegenstand und Umfang der Einkaufskooperation reichen häufig über den reinen
Beschaffungssektor hinaus und erfassen auch die Absatzseite der Mitglieder. Dies
wird vor allem im Handelsbereich der Fall sein, wenn also die an der Kooperation
beteiligten Unternehmen die gemeinsam eingekauften Produkte unverändert wei-
terveräußern. Hier kann es um die gemeinsame Erarbeitung von Absatzstrategien
gehen bis hin zur Schaltung von Gemeinschaftsanzeigen. Kartellrechtlich stellt sich
die Frage, ob solche Maßnahmen überhaupt Wettbewerbsbeschränkungen im Sinne
von § 1 GWB enthalten. Dies ist zu verneinen, wenn die Handlungsfreiheit des
Einzelnen dadurch nicht beschränkt wird, zum Beispiel keine vertragliche Beschränkung der eigenen Werbung vorliegt. In diesen Fällen bedarf es keiner Freistellung durch § 5 c GWB. Bei Bestehen einer Wettbewerbsbeschränkung ist Vorsicht geboten. Die hier in Frage stehenden Maßnahmen betreffen die Absatzseite,
während § 5 c GWB den gemeinsamen Einkauf privilegiert.[19] In aller Regel wird es
an dem für eine Rechtfertigung erforderlichen untrennbaren inneren Zusammenhang fehlen. Besonders gefährlich ist die Werbung mit gemeinsamen Preisangaben.
Hier wird häufig eine unzulässige Vereinbarung oder Abstimmung von Preisen
anzunehmen sein, es sei denn, es liegt eine Werbung mit unverbindlichen Preisemp-
fehlungen oder eine zulässige Mittelstandsempfehlung vor. Die Einkaufskooperation kann nicht als ,,Schutzschild" für weitere Wettbewerbsbeschränkungen auf dem
Absatzsektor dienen.

Gemeinsamer Sortimentsaufbau

Die Mitglieder der Kooperation legen unter sich Art und Umfang ihres Sortiments fest. Damit verzichten sie auf die Freiheit, ihr Warensortiment selbst zu bestimmen und sich je nach Gestaltung eines eigenen Programms einen Vorsprung vor den Wettbewerbern zu schaffen. Eine Wettbewerbsbeschränkung nach § 1 GWB liegt vor. Fraglich ist, ob eine Freistellung nach § 5 c GWB in Betracht kommt. Ein Zusammenhang mit dem Einkauf besteht in der Weise, daß das gemeinsam festgelegte Sortiment den Gegenstand der gemeinsamen Beschaffung bildet. Jedoch reicht die wettbewerbsbeschränkende Wirkung weit über den Einkauf hinaus und erfaßt auch die Absatzseite. Die Legalisierung des § 5 c GWB stellt diesen Bereich nicht frei[19]. Somit kommt hier nur eine Duldung durch die Kartellbehörde im Rahmen des Opportunitätsprinzips in Betracht, vor allem dann, wenn gemeinsame Vermarktungsaktivitäten dem Nachteilsausgleich dienen, zur Realisierung neuer Produktlinien oder innovativer Vertriebslinien führen, den Wettbewerb beleben und keine Preisbindungs- oder Preisbindungsersatzstrategien enthalten[13]. Maßstab für die Ausübung des Eingreifermessens der Behörde ist die Prüfung, ob die Beschränkung auf der Absatzseite Teil einer Gestaltung ist, die die Wettbewerbsposition der kleinen und mittleren Unternehmen gegenüber großen Marktteilnehmern stärkt.

3.4.3 *Kein Bezugszwang*

Das Gesetz verlangt ausdrücklich, daß die Einkaufskooperation für die kooperierenden Unternehmen *keinen Bezugszwang* vorsieht. Anderenfalls entfällt die Freistellung. Dieses Merkmal ist also strikt zu beachten, da sich die Unternehmen sonst innerhalb des Kartellverbots von § 1 GWB bewegen, sofern nicht die Spürbarkeit fehlt. Dies wird zum Beispiel angenommen, wenn sich der Bezugszwang auf einzelne, nach Warenart und Warenmenge definierte Einkaufsverträge bezieht.[20] Folge eines Verstoßes gegen § 1 GWB ist die zivilrechtliche Nichtigkeit einer entsprechenden Vereinbarung, unter Umständen sogar des gesamten Kooperationsvertrags. Zugleich liegt dann eine Ordnungswidrigkeit vor, verbunden mit der realen Gefahr eines Bußgeldes. Begründet wird das Verbot des Bezugszwangs mit Erfordernissen des Wettbewerbs. Danach ist die Zulassung eines Bezugszwangs für die Erreichung des Ziels der Kooperationen nicht erforderlich. Nach Auffassung des Gesetzgebers wäre er für den Wettbewerb überaus schädlich. Durch einen Bezugszwang könnte nämlich der Bewegungsspielraum der Kooperationsmitglieder eingeengt und die Machtposition der Kooperation gegenüber der Marktgegenseite übermässig gestärkt werden. Dieser unerwünschte Effekt soll von vornherein ausgeschlossen sein. Das Verbot des Bezugszwangs entspricht der Kartellrechtspraxis vor Einführung des § 5 c GWB. Auch in der Vergangenheit wurden Einkaufskooperationen mit Bezugszwang nicht toleriert.

Unter den Begriff des Bezugszwangs fallen zunächst alle *rechtlichen* Bezugsverpflichtungen, d.h. jede vertragliche Regelung, wonach die kooperierenden Unternehmen nur noch ausschließlich über die gemeinsame Gesellschaft Waren oder Leistungen beziehen dürfen. Gleiche Wirkung haben auch Vereinbarungen, die das

Verbot einer Doppelmitgliedschaft enthalten, d.h. es dem Unternehmen verbieten, sich an einer anderen Einkaufskooperation zu beteiligen. Ein solches Verbot geht über das legalisierte Ziel des gemeinsamen Einkaufs hinaus.

Dem rechtlichen Bezugszwang stehen gleich faktische Bindungen, die in ihren Wirkungen einer rechtlichen Bezugspflicht gleichkommen. Zu denken wäre etwa an die Verpflichtung eines an der Kooperation beteiligten Unternehmens, im Falle des direkten Eigenbezugs bei einem Lieferanten einen bestimmten Geldbetrag als „Entschädigung" an die gemeinsame Gesellschaft zu zahlen. Durch den Ausschluß des Bezugszwangs soll sichergestellt werden, daß die Kooperationsmitglieder in der Wahl ihrer Lieferanten frei bleiben. Daher können auch Regelungen ohne förmlichen Bezugszwang, die zum Beispiel Mindermengenaufschläge oder nach Umfang der Bezüge gestaffelte Deckungskostenbeiträge vorsehen, als Bezugszwang zu werten sein.[21]

Einzelregelungen, die zu keinem absoluten Bezugszwang führen, können gestattet sein, auch wenn sie spürbar sind. In Betracht kommt ein zeitlich befristeter Bezugszwang im Rahmen einer Markteintrittsunterstützung oder eines Franchising.[13]

Die wirtschaftliche *Sogwirkung*, die sich allein aus der Kooperationsteilnahme ergibt und zu einem weitgehenden Bezug über die Kooperation führt, wird von dem Begriff „Bezugszwang" nicht erfaßt.[22] Im allgemeinen dürfte der Bezug im Rahmen der Kooperation gegenüber dem direkten Alleinbezug günstiger sein, dies ist gerade das Ziel der Kooperation. Wenn die teilnehmenden Unternehmen diesen Vorteil ausnützen, so begründet dies keinen „Bezugszwang" im Sinne von § 5c GWB. Anderenfalls käme es zu einer „Bestrafung" der besonders erfolgreichen Einkaufskooperationen, denen es gelingt, ihre Mitglieder zu überzeugen und von parallelen Eigenbezügen Abstand nehmen zu lassen. Die wirtschaftliche Attraktivität des gemeinsamen Einkaufs muß somit für die Einschaltung der Gemeinschaftseinrichtung ursächlich sein, nicht irgendwelche Vertragsklauseln, die das Mitglied im Falle des Alleinbezugs außerhalb der Kooperation mit wirtschaftlichen Nachteilen belegen.

Ob das Verbot des Bezugszwangs aus wettbewerbspolitischer Sicht sinnvoll ist, muß mit Recht bezweifelt werden, zumal das Gesetz die Folgen einer totalen Sogwirkung der Einkaufskooperation ebenfalls hinnimmt. Auf diese Frage wird in Verbindung mit der 6. GWB-Novelle und der dort vorgenommenen Änderung dieses Tatbestandsmerkmals näher einzugehen sein (siehe unten Ziff. 3.6 und 3.7).

3.4.4 *Verbesserung der Wettbewerbsfähigkeit kleiner oder mittlerer Unternehmen*

Bei diesem Tatbestandsmerkmal kommt das Ziel von § 5c GWB, den Mittelstand zu fördern, am klarsten zum Ausdruck. Die Anlehnung an § 5b GWB ist nicht zu verkennen. Dabei geht es um den strukturellen Nachteilsausgleich für die kleinen und mittleren Unternehmen gegenüber Großunternehmen. Ein solcher Ausgleich setzt voraus, daß die Einkaufskooperation die Wettbewerbsfähigkeit der an ihr beteiligten Unternehmen verbessert. Das Gesetz selbst enthält keine Definition. Mit dem Merkmal „*kleine oder mittlere Unternehmen*" wird jedoch an einen Begriff angeknüpft, der bereits in den §§ 5b und 38 Abs.2 Nr.1 GWB sowie in anderem Zusammenhang in § 23a Abs.1 Nr.1 lit.a bzw. in anderer Formulierung in § 26 Abs.4 GWB enthalten war. Aus dieser Blickrichtung erschließt sich der Begriff. Schon der Wirtschaftsausschuß des Deutschen Bundestages hatte bei der Einführung von § 5b darauf hingewiesen, daß der Begriff „kleine und mittlere Unternehmen" eine Relation enthält, die sich aus der Stellung der betreffenden Unternehmen im Verhältnis zu ihren Wettbewerbern ergibt.[23] Dieser Vergleich mit den Konkurrenten, die auf dem gleichen sachlichen Markt tätig sind, ist auch für die Anwendung des § 5c GWB maßgeblich. Auf absolute Größenkriterien kommt es somit für die Definition der kleinen und mittleren Unternehmen nicht an. Zwar hat der Wirtschaftsausschuß des Deutschen Bundestages 1973 ausgeführt, der Begriff enthalte auch eine absolute Grenze, für die aus den Umsatzzahlen in den §§ 22 ff. GWB. Anhaltspunkte für die Kartellbehörde hergeleitet werden könnten. Jedoch kann aus dem Hinweis auf die §§ 22 ff. GWB keine eindeutig faßbare Größenvorstellung abgeleitet werden. Vor allem lassen sich angesichts der äußerst unterschiedlichen Marktvolumina in den verschiedenen Branchen absolute Größengrenzen wettbewerbspolitisch nicht überzeugend rechtfertigen. In diesem Sinn hat bereits die Regierungsbegründung zur 4. GWB-Novelle zu § 23a Abs.1 Nr.1 lit.a ausdrücklich abgelehnt, den Begriff durch eine absolute Umsatzgröße festzuschreiben und betont, daß es entscheidend auf die Relation ankommt.[24] Die relative Begriffsbestimmung hat zur Folge, daß auf verschiedenen Märkten die Grenze zwischen mittleren und großen Unternehmen bei ganz unterschiedlichen Umsatzzahlen verläuft. Mit der darin enthaltenen Flexibilität können die Besonderheiten der verschiedenen Produkte und Dienstleistungen sowie der jeweiligen Marktstruktur voll berücksichtigt und unangemessene Ergebnisse vermieden werden.

Diese Begriffsbestimmung entspricht dem Umstand, daß § 5 c GWB nicht die Aufgabe hat, eine absolut festgelegte, unter Umständen gesellschaftspolitisch erwünschte Unternehmensgröße zu fördern und zu erhalten. Vielmehr geht es darum, auf ein und derselben Wirtschaftsstufe die Chancengleichheit der Wettbewerber zu verbessern. Zwangsläufig muß sich dann die Auswahl der zu fördernden Unternehmen aus der Größe der auf dem jeweiligen Markt vorhandenen Wettbewerber orientieren. Dies führt zu der Folge, daß sich im Laufe der Zeit die Beurteilung ein und desselben Unternehmens verändern kann. So etwa dann, wenn es ursprünglich das größte Unternehmen auf dem Markt war, im Anschluß daran jedoch bisher kleinere Unternehmen sich zusammengeschlossen und so den bisher größten von der Größe her klar überholt haben. Auf diese Weise kann auch das früher „größte" Unternehmen bei entsprechender Veränderung der Wettbewerbsstruktur zum jetzt schutzwürdigen „kleinen oder mittleren" Unternehmen werden und so das Privileg des § 5c GWB für sich in Anspruch nehmen.

Nach allgemeiner Auffassung, auch des Bundeskartellamts, schließt die Fassung des § 5 c GWB nicht aus, daß sich auch im beschriebenen Sinn „große" Unternehmen an der Kooperation beteiligen[25]. Entsprechendes hat der Wirtschaftsausschuß des Deutschen Bundestages für § 5b GWB festgestellt[23]. Die Teilnahme von Großunternehmen setzt voraus, daß sie im jeweiligen Einzelfall dem Zweck dient, die Wettbewerbsfähigkeit der kleinen und mittleren Unternehmen zu verbessern. Dabei kommt es nicht allein auf die Sicht der Beteiligten, sondern entscheidend auf die objektive Eignung der Zweckerreichung an. Allerdings müssen bei dieser Konstellation die Auswirkungen der Kooperation auf die beteiligten kleinen und mittleren Unternehmen einerseits und auf das große Unternehmen andererseits genau geprüft werden. Gehört das große Unternehmen zur Spitzengruppe auf dem Markt, wird seine Beteiligung an der Kooperation in aller Regel ausscheiden. Sonst wäre der Zweck des Nachteilsausgleichs in Frage gestellt. Daß sich nämlich das große Unternehmen ohne Eigennutz nur zum Vorteil der kleinen und mittleren Unternehmen an der Kooperation beteiligt, ist kaum vorstellbar.

Das Gesetz verlangt keinen bestimmten Grad der Verbesserung der Wettbewerbsfähigkeit, also nicht etwa eine „erhebliche", „spürbare" oder „wesentliche" Verbesserung. Daher dürfte dieses Merkmal schon bei geringen Rationalisierungserfolgen rasch erfüllt sein und kaum Schwierigkeiten bereiten. Anders könnte es sich nur dann verhalten, wenn die kooperierenden Unternehmen zu einem völlig untauglichen Mittel greifen, das auf ihre Wettbewerbsfähigkeit keine Auswirkung hat. Im Regelfall werden die mit der Bündelung der Nachfrage verbundenen Vorteile, sei es bei den Preisen oder bei den Kosten des Einkaufs, sei es in dessen organisatorischem Ablauf, so groß sein, daß sie sich in irgendeiner Form auch in der Verbesserung der Wettbewerbsfähigkeit der beteiligten Unternehmen niederschlagen.

3.4.5 Keine wesentliche Wettbewerbsbeeinträchtigung auf dem Markt

Durch das Erfordernis, daß durch die Kooperation der *Wettbewerb* auf dem Markt *nicht wesentlich beeinträchtigt* werden darf, bestimmt § 5 c die Grenze der Freistellungsmöglichkeit in gleicher Weise wie § 5 b. Es stünde im Widerspruch zu dem Zweck der Vorschrift, die Voraussetzungen wirksamen Wettbewerbs zu erhalten und zu verbessern, wenn Kooperationen zugelassen würden, die den Wettbewerb wesentlich beeinträchtigen.[26] Diese Grenze der Zulässigkeit liegt unterhalb der Schwelle der Marktbeherrschung. Würden Einkaufskooperationen bis zur Erreichung der Marktbeherrschung zugelassen, so wäre dies gleichbedeutend mit einer weitgehenden Aufhebung des für Kartelle geltenden Verbotsprinzips. Für wirksamen Wettbewerb entstünden erhebliche Gefahren, insbesondere ein Trend zu größeren Einheiten bei den Einkaufskooperationen, bei ihren Konkurrenten und auf der Marktgegenseite sowie die Gefahr zunehmender Einschränkung der Wahlmöglichkeiten potentieller Kooperationsmitglieder. Auch der in § 5 c als Zweck enthaltene „Nachteilsausgleich" muß an der wesentlichen Beeinträchtigung des Wettbewerbs seine Grenze finden, soll es nicht zu einer Zementierung der Märkte kommen, die auch wettbewerbspolitisch unerwünscht wäre.

Wo die Grenze für eine bestimmte Kooperation auf einem Markt konkret verläuft, muß im Einzelfall festgestellt werden. Die wesentliche Beeinträchtigung des Wettbewerbs auf dem Markt ist im Rahmen einer Gesamtabwägung von quantitativen und qualitativen Gesichtspunkten zu bestimmen. Der Wirtschaftsausschuß des

Deutschen Bundestages sah in seinem Bericht bei der Einführung des § 5 b die kritische Grenze in der Regel bei einem Marktanteil von 10 bis 15 Prozent, wenn zum Beispiel Preise, Rabatte oder entsprechende Zahlungsbedingungen abgesprochen werden. Er betonte jedoch zugleich, daß es für die jeweilige Grenze beim Marktanteil entscheidend auf die Qualität der Beschränkung ankommt. Bei geringerer Intensität der Wettbewerbsbeschränkung hielt er durchaus höhere Marktanteile für zulässig. Starre, allgemein geltende Marktanteilsgrenzen kann es daher auch bei § 5 c nicht geben. Im Rahmen der notwendigen Gesamtabwägung kommt es maßgeblich auf die bei den einzelnen Kooperationen sehr unterschiedliche Gestaltung und interne Organisation sowie auf das wettbewerbliche Umfeld an. Dabei sind Besonderheiten der Nachfragerstellung zu berücksichtigen, ohne daß die kritische Grenze von vornherein niedriger anzusetzen wäre als bei der vom Wirtschaftsausschuß genannten quantitativen Groborientierung. Für den hier relevanten Marktanteil auf dem Nachfragemarkt ist von dem Umsatzvolumen auszugehen, das von der jeweiligen Kooperationszentrale durch ihre freistellungsbedürftige Tätigkeit beeinflußt wird, ohne daß die Gesamtbezüge der beteiligten Unternehmen völlig zu vernachlässigen wären. Auch der Umfang der freien Alleinbezüge spielt eine Rolle.

Der Markt, auf dem die Einkaufskooperation keine wesentliche Wettbewerbsbeeinträchtigung bewirken darf, ist nach allgemeinen Kriterien zu bestimmen.[27] Zunächst geht es um die Definierung des sachlich relevanten Marktes (Produktmarkt). Für Angebotsmärkte gilt das Konzept der funktionellen Austauschbarkeit aus der Sicht der Abnehmer. Danach sind

> „sämtliche Erzeugnisse, die sich nach ihren Eigenschaften, ihrem wirtschaftlichen Verwendungszweck und ihrer Preislage so nahestehen, daß der verständige Verbraucher sie als für die Deckung eines bestimmten Bedarfs geeignet in berechtigter Weise abwägend miteinander vergleicht und als gegeneinander austauschbar ansieht, marktgleichwertig."[28]

Für die Prüfung von Nachfragemärkten ist die „spiegelbildliche" Übertragung des für Angebotsmärkte entwickelten Konzepts der funktionellen Austauschbarkeit allgemein anerkannt.[29] Danach kommt es darauf an, welche Angebote aus der Sicht der Anbieter gegeneinander austauschbar sind. Verwendet wird dabei das Angebotsumstellungskonzept. Dies bedeutet, daß die Umstellungsmöglichkeiten der Anbieter den Umfang des Marktes bestimmen.

Weiter ist der räumlich relevante Markt zu definieren. Die Bestimmung erfolgt wie beim sachlich relevanten Markt nach der funktionellen Austauschbarkeit aus der Sicht des Anbieters. Im allgemeinen bildet die gesamte Bundesrepublik Deutschland den räumlich relevanten Markt. Er ist jedoch dann kleiner, wenn Wettbewerb über die Grenzen eines Gebiets hinaus aus objektiven oder subjektiven Gründen ausgeschlossen oder erheblich vermindert ist.

Liegt der relevante Markt sachlich und räumlich fest, so kommt es darauf an, ob die Einkaufskooperation den Wettbewerb auf diesem Markt wesentlich beeinträchtigt. Der Verlauf der Grenzen bestimmt sich im Einzelfall[14]. Dabei ist die Groborientierung des Wirtschaftsausschusses, die bei 10-15 Prozent Marktanteil liegt, zu berücksichtigen (siehe oben).

3.5 Verfahren

3.5.1 Freistellung kraft Gesetzes

Ursprünglich bestand die Absicht, ein Anmeldeverfahren einzuführen. Geplant war entsprechend § 5b GWB die Pflicht zur Anmeldung der Einkaufskooperation bei der Kartellbehörde, mit deren Möglichkeit, innerhalb einer Frist von 3 Monaten ab Anmeldung der Kooperation zu widersprechen. Ohne Widerspruch wäre sie dann nach Fristablauf wirksam geworden. Eine solche Regelung wurde auf Intervention des Rechtsausschusses des Deutschen Bundestages[30] nicht eingeführt. Vielmehr erfolgt die *Freistellung kraft Gesetzes*. Erfüllt die Einkaufskooperation die gesetzlichen Voraussetzungen, so ist sie ungeachtet vereinbarter Wettbewerbsbeschränkungen zivilrechtlich wirksam, ohne daß es einer Anmeldung oder sonstiger förmlicher Voraussetzungen bedarf.

Da es somit zu keiner Prüfung der Kooperation durch eine Kartellbehörde kommt, liegt das Risiko der Einhaltung des gesetzlichen Freistellungstatbestandes und damit der rechtlichen Wirksamkeit bei den Unternehmen.

Die Schriftform des § 34 GWB ist allerdings, wie schon erwähnt, zu beachten, d.h. der Vertrag über die Einkaufskooperation muß schriftlich niedergelegt und von den beteiligten Unternehmen unterzeichnet werden. Wie nach allgemeinen Regeln ersetzt dabei die strengere Form die mildere, zum Beispiel ist durch die notarielle Beurkundung des Gesellschaftsvertrags einer Einkaufs GmbH zugleich das Schriftformerfordernis erfüllt.

3.5.2 Mißbrauchsaufsicht

Die Einkaufskooperation unterliegt der *Mißbrauchskontrolle* durch die zuständige Kartellbehörde (§ 12 GWB). Die Behörde wird von Amts wegen oder auf Anregung eines Dritten tätig, zum Beispiel eines durch die Kooperation betroffenen Anbieters, der sich durch den gemeinsamen Einkauf nunmehr einer gebündelten Nachfrage gegenübersieht. Die Kontrolle durch die Behörde erfolgt am Maßstab der gesetzlichen Freistellungskriterien. Sind diese nicht erfüllt, so hat die Behörde das Recht und im Rahmen des Opportunitätsprinzips die Pflicht, die Kooperation zu untersagen, sofern nicht die kooperierenden Unternehmen die beanstandeten Wettbewerbsbeschränkungen von sich aus abmildern oder gegebenenfalls aufgeben. Vor einer Entscheidung wird das Kartellamt vor allem Unternehmen der betroffenen Marktgegenseite einschalten, also Anbieter, möglicherweise auch andere Nachfrager, wenn es darum geht, das Marktvolumen der zu prüfenden Kooperation festzustellen. Die Einschaltung der an der Kooperation beteiligten Unternehmen vor einer für sie negativen Entscheidung ergibt sich schon aus dem Gesichtspunkt des rechtlichen Gehörs.

3.6   Ausblick auf die 6. GWB-Novelle 1998 und deren neuen § 4 Abs.2

3.6.1   Mittelstandskartelle

Das 6. Gesetz zur Änderung des Gesetzes gegen Wettbewerbsbeschränkungen[3], das am 1. Januar 1999 in Kraft tritt, sieht einen neuen § 4, *Mittelstandskartelle*, mit folgendem Wortlaut vor:

„§ 4 Mittelstandskartelle

(1) Vereinbarungen und Beschlüsse, die die Rationalisierung wirtschaftlicher Vorgänge durch eine andere als die in § 3 bezeichnete Art der zwischenbetrieblichen Zusammenarbeit zum Gegenstand haben, können vom Verbot des § 1 freigestellt werden, wenn

    1. dadurch der Wettbewerb auf dem Markt nicht wesentlich beeinträchtigt wird und

    2. die Vereinbarung oder der Beschluß dazu dient, die Wettbewerbsfähigkeit kleiner oder mittlerer Unternehmen zu verbessern.

(2) § 1 gilt nicht für Vereinbarungen und Beschlüsse, die den gemeinsamen Einkauf von Waren oder die gemeinsame Beschaffung gewerblicher Leistungen zum Gegenstand haben, ohne einen über den Einzelfall hinausgehenden Bezugszwang für die beteiligten Unternehmen zu begründen, wenn die Voraussetzungen des Absatzes 1 Nr.1 und 2 erfüllt sind."

Der Abs.2 entspricht somit weitgehend dem derzeitigen § 5 c GWB. Die Ersetzung des Begriffs „Verträge" durch „Vereinbarungen" hat keine materielle Bedeutung, sondern übernimmt nur die Terminologie aus dem durch die Novelle in Anlehnung an Art.85 EG-Vertrag neu gefaßten § 1 (Kartellverbot).

Eine Änderung des Gesetzestexts ist beim Bezugszwang vorgesehen. Bisher knüpfte das Gesetz die Aufhebung des Kartellverbots an die tatbestandliche Voraussetzung „ohne einen Bezugszwang für die beteiligten Unternehmen zu begründen". Die neue Formulierung des § 4 lautet insoweit: „ohne einen über den Einzelfall hinaus gehenden Bezugszwang für die beteiligten Unternehmen zu begründen". Die Begründung zum Gesetzentwurf der Bundesregierung[3] versteht dies nur als „klarstellende Ergänzung" zur bisherigen Rechtslage. Die Bedeutung der geänderten Freistellungsvoraussetzung ist nicht ganz klar. Schon zur aktuellen Fassung des § 5 c GWB wird die Auffassung vertreten, einzelne, nach Warenart und Warenmenge bezeichneten Einkaufsverträge begründeten keine unter § 1 GWB fallende Wettbewerbsbeschränkungen[20]. Darüber hinaus wird auch sonst das Verbot des Bezugszwangs nicht absolut verstanden. Zumindest diese Bereiche sind künftig deutlicher als bisher, weil aus dem Gesetz selbst zu entnehmen, vom Kartellverbot freigestellt.

Darin erschöpft sich jedoch Sinn und Zweck der Neufassung nicht. Der Bezugszwang ist vielmehr in weiterem Umfang als bisher möglich und kann insoweit Gegenstand der Einkaufskooperation sein. Die Kartellrechtspraxis wird zeigen, wie weit künftig der Bezugszwang im einzelnen gehen darf. Ein genereller Zwang zum gemeinsamen Einkauf für das gesamte Bedarfspotential der beteiligten Unternehmen kann durch die Neuregelung nicht gemeint sein, und ist auch in der Zukunft nicht freigestellt. Andererseits wäre es zu eng, den Bezugszwang auch künftig nur für einzelne, nach Warenart und Warenmenge bezeichneten Verträge zuzulassen. Die Zulässigkeit liegt dazwischen. Erforderlich wird in jedem Falle sein, daß es gegenständlich auf Waren oder gewerbliche Leistungen bezogen und/oder zeitlich im Rahmen der Einkaufskooperation Bereiche gibt, bei denen ein rechtlicher Bezugszwang der beteiligten Unternehmen fehlt. Vor diesem Hintergrund ist daran zu denken, in der Satzung einer gemeinsamen Einkaufsgesellschaft von der Statuierung einer allgemeinen rechtlichen Bezugsbindung abzusehen und die Einführung ,,im Einzelfall" dem Beschluß der Gesellschafter zu überlassen. Bei Geltendmachung dieser Ermächtigung muß dann darauf geachtet werden, daß es nicht zu einem absoluten Bezugszwang der beschriebenen Art kommt, welche die Freistellung insgesamt gefährdet.

3.6.2 Verfahren

Die 6. GWB-Novelle sieht wie bisher für § 5 c GWB keine Erlaubnispflicht für Einkaufskooperationen nach § 4 Abs.2 n.F. vor. Die Kartellbehörde hat auch kein an eine Anmeldung der Unternehmen geknüpftes befristetes Widerspruchsrecht. Allerdings sind die beteiligten Unternehmen nach § 9 Abs.4 n.F. verpflichtet, Vereinbarungen und Beschlüsse der in § 4 Abs.2 bezeichneten Art bei der Kartellbehörde unverzüglich *anzumelden*. Die Anmeldung muß bestimmte Angaben und Unterlagen enthalten, wie Satzung oder Gesellschaftsvertrag. Weiter muß die Anmeldung über den betroffenen Wirtschaftszweig, vorgesehene institutionelle Ausschüsse sowie die gegenwärtigen Verrechnungs- und Außenumsätze der beteiligten Unternehmen Aufschluß geben. Änderungen der anzumeldenden Angaben sind alle zwei Jahre seit Anmeldung der Kartellbehörde von den beteiligten Unternehmen anzuzeigen. Es ist äußerst bedauerlich, daß das Gesetz mit der Einführung der Anmeldung und der Anzeige neue formale Hindernisse für Einkaufskooperationen einführt. Gerade für kleine und mittlere Unternehmen bedeutet dies eine deutliche Erschwerung der Kooperation. Wie an zahlreichen anderen Stellen wird auch hier deutlich, daß die Deregulierung weitgehend ein politisches Lippenbekenntnis ist und ohne Not neue bürokratische Hemmnisse errichtet werden.

Die Kartellbehörde erteilt zu den nach § 4 Abs.2 n.F. freigestellten Einkaufskooperationen auf Anfrage Auskunft, und zwar über den wesentlichen Inhalt der Vereinbarungen, insbesondere über die betroffenen Waren oder Leistungen, über den Zweck, über die beabsichtigten Maßnahmen und über Geltungsdauer, Kündigung, Rücktritt und Austritt (Einzelheiten siehe § 11 Abs.1 n.F.). Außerdem ist die Anmeldung von Vereinbarungen und Beschlüssen nach § 4 Abs.2 n.F. im Bundesanzeiger bekannt zu machen (§ 11 Abs.2 n.F.).

Wie bisher für Kooperationen nach § 5 c GWB sieht das Gesetz eine Mißbrauchsaufsicht vor (§ 12 Abs.1 n.F.). Soweit Vereinbarungen und Beschlüsse nach § 4 Abs.2 n.F. oder die Art ihrer Durchführung einen Mißbrauch darstellen, kann die Kartellbehörde den beteiligten Unternehmen aufgeben, einen beanstandeten Mißbrauch abzustellen, die Vereinbarungen oder Beschlüsse zu ändern oder sogar die Vereinbarungen und Beschlüsse verbieten.

3.7 Gesamtwürdigung

Zu begrüßen ist es, daß das Gesetz für den Bereich der Einkaufskooperationen kleiner und mittlerer Unternehmen die für den Wettbewerb positive Wirkung von Wettbewerbsbeschränkungen ausdrücklich anerkennt und insoweit durch die Legalisierung für die Beteiligten auch eine sichere zivilrechtliche Grundlage schafft. Allerdings bleibt die in der 6. GWB-Novelle[3] enthaltene Erweiterung der Zulässigkeit des Bezugszwangs auf halbem Wege stehen und führt ohne Not auch künftig zu Abgrenzungsschwierigkeiten. Um dem übergeordneten Ziel, nämlich dem Ausgleich struktureller Nachteile für kleine und mittlere Unternehmen besser zu entsprechen, wäre es vorzuziehen, auf die Einschränkungen bei der Zulassung des Bezugszwangs zu verzichten. Dies um so mehr, als die faktische Sogwirkung der Einkaufskooperation unzweifelhaft zu denselben Ergebnissen führen kann und das Gesetz dies hinnimmt. Gefahren für den Wettbewerb entstehen daraus nicht. Der Anwendungsbereich für kleine und mittlere Unternehmen stellt sicher, daß die Privilegierung den Bereich des Strukturausgleichs nicht verläßt. Vor allem verhindert das auch künftig geltende Verbot der wesentlichen Wettbewerbsbeeinträchtigung auf dem Markt in Folge der Kooperation eine in der Tat nicht erwünschte Erstarrung oder gar Zementierung des Marktes. Daher wäre dem Gesetzgeber hier mehr Mut zur Erweiterung des Rahmens zulässiger Einkaufskooperationen zu wünschen gewesen. Vielleicht bringt dies eine weitere Novelle in der Zukunft.

Anmerkungen

1 BGBl. I, 2038. vgl. dazu Kleinmann/Berg, BB 1998, 277 ff.

2 Gesetz gegen Wettbewerbsbeschränkungen i.d.F. vom 20.2.90, BGBl. I, 235, zuletzt geändert durch das Gesetz zur Bekämpfung der Korruption, Fn.1.

3 Gesetzentwurf der Bundesregierung, BT-Drs. 13/9720.

4 BT-Drs. II 1158.

5 So etwa Knöpfle, BB 1987, 1960.

6 vgl. Immenga/Mestmäcker, GWB-Kommentar, 2.Aufl.1992, Einleitung Rdnr.1 ff.

7 BGBl. I, 235.

8 vgl. zum Beispiel BKartA, TB 1978, 8.

9 Immenga/Mestmäcker, a.a.O., § 1, Rdnr.429 ff., 431. Allgemein zu diesen Fragen Dauner, Einkaufsgemeinschaften im Kartellrecht, 1988.

10 WuW/OLG 3737 ff.

11 WuW 1988, 753 ff.

12 Eckwerte für eine 5. Kartellgesetznovelle, a.a.O., 755.

13 Bericht des Bundestagsausschusses für Wirtschaft vom 1.12.89, BT-Drs. 11/5949, abgedruckt in WuW 1990, 360 ff.

14 Begründung des Regierungsentwurfs vom 30.5.89, BT-Drs. 11/4610, abgedruckt in WuW 1990, 332 ff.

15 Zum Tätigkeitsspektrum der Einkaufsgemeinschaften siehe Fritzsche, Die Auslegung des § 1 GWB und die Behandlung von Einkaufsgemeinschaften im Kartellrecht, FIW-Schriftenreihe, Heft 149, 1993, insbesondere S.93 ff.

16 So etwa Benisch, DB 1972, 1709, 1714.

17 Grundsätzlich dazu BGH, WuW/E 1337 ff., Aluminium-Halbzeug.

18 Ablehnend auch Fritzsche, Fn.15, a.a.O., 162.

19 Immenga/Mestmäcker, a.a.O., § 5 c, Rdnr.49.

20 Lutz, Münchener Vertragshandbuch, Bd.2, Handels- und Wirtschaftsrecht, 4.Aufl. 1997, 524.

21 Immenga/Mestmäcker, a.a.O., § 5 c, Rdnr.52.

22 Allgemeine Auffassung, siehe zum Beispiel Bechtold, Kartellgesetz, Kommentar, 1993, § 5 c, Rdnr.2.

23 BT-Drs. 7/765,3.

24 BT-Drs. 8/2136, 21.

25 Immenga/Mestmäcker, a.a.O., § 5 c, Rdnr.40 mit Nachweisen. Ebenso die allgemeine Meinung zu § 5 b GWB.

26 Siehe im einzelnen Begründung zum Regierungsentwurf vom 30.5.89, Fn.14.

27 Einzelheiten siehe Kleinmann/Bechtold, Kommentar zur Fusionskontrolle, 2.Aufl. 1989, § 22, Rdnr.8 ff.

28 So schon Kammergericht, WuW/E 1995 f., Handpreisauszeichner, und ständige Rechtsprechung, siehe auch Merkblatt des Bundeskartellamts zur Fusionskontrolle.

29 Siehe etwa Bechtold, a.a.O., § 22, Rdnr.15.

30 WuW 1990, 364.

Literatur

BECHTOLD, R., Kartellgesetz GWB, Kommentar, München 1993.

BENISCH, W., Zur kartellrechtlichen Beurteilung der kooperativen Marktinformation, in: Der Betrieb 1972, 1709 ff.

BUNDESGERICHTSHOF, WuW/E BGH 1337 ff., Aluminium-Halbzeug.

DAUNER, J., Einkaufsgemeinschaften im Kartellrecht, Baden-Baden 1988.

ECKWERTE FÜR EINE 5. KARTELLGESETZNOVELLE, WuW 1988, 753 ff.

FRITZSCHE, J., Die Auslegung des § 1 GWB und die Behandlung von Einkaufsgemeinschaften im Kartellrecht, FIW-Schriftenreihe Heft 149, 1993.

IMMENGA, U./MESTMÄCKER, E.-J., GWB, Kommentar zum Kartellgesetz, 2.Auflage, München 1992.

KAMMERGERICHT, WuW/E OLG 3737 ff., Selex-Tania.

KLEINMANN, W./BECHTOLD, R., Kommentar zur Fusionskontrolle, 2.Auflage, Heidelberg 1989.

KLEINMANN, W./BERG, W., Änderungen des Kartellrechts durch das ,,Gesetz zur Bekämpfung der Korruption" vom 13.8.1997, in: Betriebs-Berater 1998, 277 ff.

KNÖPFLE, R., Ist der Nachfragewettbewerb ebenso schutzwürdig wie der Angebotswettbewerb?, in: Betriebs-Berater 1987, 1960.

LUTZ, H., in: Münchener Vertriebshandbuch, Bd.2, Handels- und Wirtschaftsrecht, 4.Auflage, München 1997.

REGIERUNGSENTWURF zum GWB 1952, Bundestags-Drucksache II/1158.

REGIERUNGSENTWURF zur 4. GWB-Novelle, Bundestags-Drucksache 8/2136.

REGIERUNGSENTWURF zur 5. GWB-Novelle, Bundestags-Drucksache 11/4610.

REGIERUNGSENTWURF zur 6. GWB-Novelle, Bundestags-Drucksache 13/9720.

TÄTIGKEITSBERICHT DES BUNDESKARTELLAMTS, TB 1978, Bundestags-Drucksache 8/2980.

WIRTSCHAFTSAUSSCHUSS DES DEUTSCHEN BUNDESTAGS, Bundestags-Drucksache 7/765.

WIRTSCHAFTSAUSSCHUSS DES DEUTSCHEN BUNDESTAGS, Bundestags-Drucksache 11/5949.

4 Einkaufskooperationen mittelständischer Unternehmen in Baden-Württemberg

Andreas R. Voegele / Sylvia Schindele

4.1 Die Projektidee

Veränderte Wettbewerbsbedingungen sowie eine zunehmende Wettbewerbsintensität erfordern derzeit strukturelle Anpassungsmaßnahmen zahlreicher Unternehmen. Insbesondere kleine und mittelständische Zulieferer sind von dem *Strukturwandel*, der unter anderem aus rückläufigen Absatzmärkten, vorhandenen Überkapazitäten sowie einem internationalen Kostendruck resultiert, betroffen. Ihre Marktposition ist aufgrund mangelnder Nachfragemacht besonders gefährdet. Nur wenn es gelingt, sich erfolgreich von anderen Unternehmen zu differenzieren, kann die Wettbewerbsfähigkeit erhalten werden. Gerade Großunternehmen sind vielfach darauf angewiesen, daß durch Kreativität und Begeisterung für zukünftige Herausforderungen die mittelständische Industrie sowie auch Kleinunternehmen überlebensfähig bleiben. Es erweist sich häufig als falscher Weg, wenn kleinere Unternehmen durch die Nachfragemacht von einigen Großunternehmen „ausgeplündert" und somit an Investitionen in zukunftsträchtige Entwicklungen gehindert werden.

Im allgemeinen basieren *Wettbewerbsvorteile* auf einer höheren Innovationsgeschwindigkeit, Lieferbereitschaft, Flexibilität sowie Informationsbereitschaft. Die Erzielung dieser Wettbewerbsvorteile erfordert sowohl neue unternehmensinterne als auch -übergreifende Konzeptionen. Insbesondere letztere Kooperationsausprägungen, die sich grundsätzlich auf verschiedene Funktionsbereiche eines Unternehmens erstrecken können, spielen bei existenzsichernden Strukturveränderungen von mittelständischen Unternehmen eine zentrale Rolle. Im Hinblick auf eine erfolgreiche Kooperationsdurchführung sind Dokumentationen beispielsweise über Kooperationsformen in den Funktionsbereichen Forschung und Entwicklung, Produktion, Marketing oder Vertrieb in größerem Umfang vorhanden als über eine zwischenbetriebliche Zusammenarbeit im Bereich Einkauf/Beschaffung. Bedingt durch fehlende Kooperationserfahrungen werden die Erfolgsaussichten von Einkaufskooperationen häufig als fragwürdig eingestuft.

Daß Einkaufskooperationen funktionieren und auch zum Erfolg führen, zeigt das *Pilotprojekt „Einkaufskooperationen mittelständischer Unternehmen in Baden-Württemberg"*, das Anfang 1994 startete und nach 18monatiger Laufzeit Ende 1995 erfolgreich abgeschlossen wurde. Die Idee dieses Verbundprojektes zielte im wesentlichen darauf ab, Kooperationsfähigkeit durch aktives Handeln zu erwerben. Initiatoren des Projektes waren die Autoren, die in Ulli Arnold von der Universität Stuttgart schnell einen Projektpartner fanden.

Nachdem die Idee geboren war, wurden umfangreiche Gespräche mit leitenden Mitarbeitern des Ministeriums für Wirtschaft, Mittelstand und Technologie Baden-Württemberg geführt. Aufgrund der überzeugenden Konzeption erklärte sich das Wirtschaftsministerium Baden-Württemberg bereit, das Pilotprojekt im Rahmen der Gemeinschaftsinitiative ,,Wirtschaft und Politik" als Verbundprojekt sowohl finanziell als auch ideell zu fördern.

4.2 Kooperationsmanagement: Projektinhalte und -ergebnisse

Nach der sehr schwierigen, letztendlich jedoch erfolgreichen Akquisition von geeigneten Kooperationspartnern (vgl. Kapitel 4.3.1) und einer detaillierten Terminplanung des Gesamtprojektes stand das Kooperationsmanagement im Mittelpunkt der Aktivitäten.

Dieses Kooperationsmanagement beinhaltete die Teilphasen Projektplanung, Durchführung und Erfolgsbeurteilung (vgl. Abbildung 1).

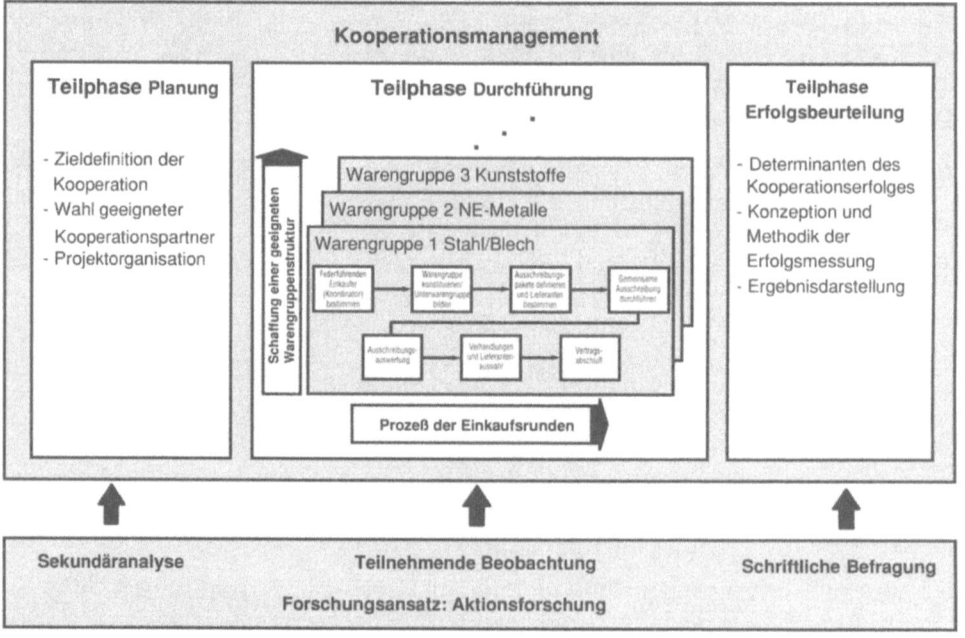

Abbildung 1: Kooperationsmanagement

4.2.1 Die Projektplanung

Im Vordergrund der Projektplanungsphase standen

- die Definition der Projektziele und des zu erwartenden Nutzens sowie

- die Akquisition der Kooperationspartner (vgl. Kapitel 4.3.1).

Unter *Zielen* sind anzustrebende Sollzustände zu verstehen. An ihnen sind alle Projektaktivitäten auszurichten und der Erfolg am Ende des Projektes zu messen (Soll-Ist-Vergleich). Die Art der Zielformulierung entscheidet wesentlich über den Umfang der Projektunterstützung durch die Teilnehmer. Generell ist das Zielsystem als hierarchisches Beziehungssystem mit vertikaler Zielbildung und zunehmender Konkretisierung des Zielinhaltes zu verstehen. Dies bedeutet, daß die Ziele der Kooperationspartner im Einkauf von den Zielen des Auftraggebers abgeleitet werden müssen. Wichtig ist eine möglichst weitgehende inhaltliche Übereinstimmung der Ziele auf jeder Ebene der Zielpyramide (Zielkompatibilität). Entscheidungsträger und ausführende Stellen müssen wissen, in welchem Zusammenhang ihre individuellen Tätigkeiten mit den Projektzielsetzungen stehen.

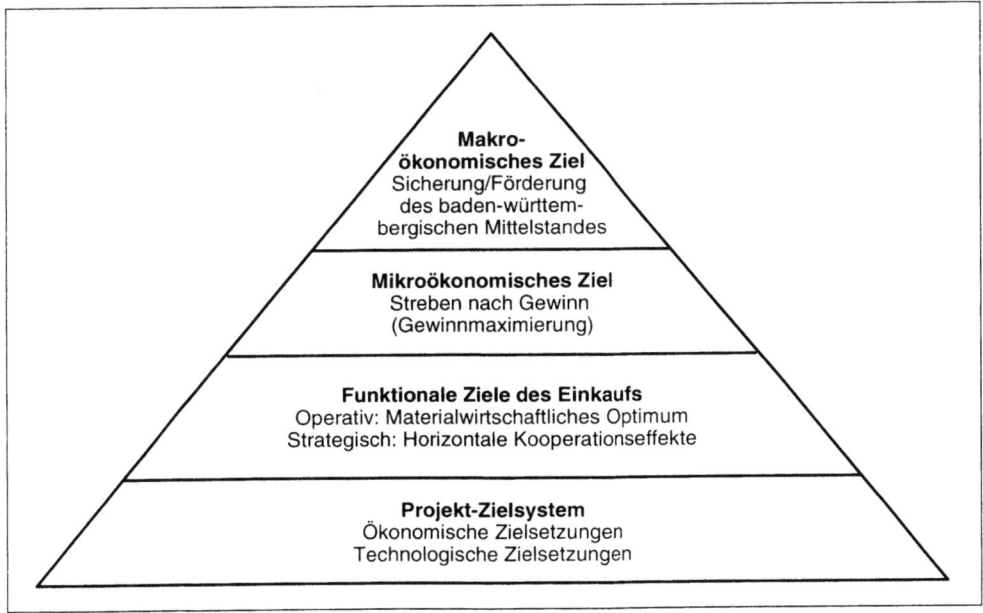

Abbildung 2: Zielpyramide

Übergeordnetes *makroökonomisches Ziel* der baden-württembergischen Wirtschaftspolitik ist die Sicherung und die Erhöhung der Wettbewerbsfähigkeit der Wirtschaft. Ein zunehmender Wettbewerbsdruck in zahlreichen Schlüsselindustrien wie z.B. der Automobilindustrie oder im Maschinenbau erfordert insbesondere von kleineren und mittelständischen Zulieferern, die in Baden-Württemberg zahlreich vorhanden sind, unverzüglichen Handlungsbedarf, um die Wettbewerbsfähigkeit und somit Arbeitsplätze zu erhalten.

Ureigenstes Ziel von Unternehmen ist das Streben nach Gewinn bzw. die Gewinnmaximierung (*mikroökonomisches Ziel*). Dieses Ziel wird in Teilzielen des Unternehmens, die die einzelnen Wertschöpfungsprozesse betreffen, näher konkretisiert. Im Funktionsbereich Einkauf/Beschaffung zählt das sogenannte materialwirtschaftliche Optimum zu den relevanten operativen Teilzielen. Hierunter ist die richtige Menge, in der richtigen Qualität, zur richtigen Zeit, am richtigen Ort und zu vergleichsweise niedrigen Kosten zu verstehen. Als strategische Ziele sind neben verbesserter Innovationsfähigkeit insbesondere die Realisierung vertikaler und horizontaler, auf kollektivem Handeln basierender Kooperationseffekte zu nennen.

Die ökonomischen und technologischen Projektzielsetzungen werden hier nicht näher betrachtet. Sie werden im Zusammenhang mit den Erfolgsfaktoren von Einkaufskooperationen (vgl. Kapitel 4.3) ausführlich erläutert.

4.2.2   Die Projektdurchführung

Voraussetzung für die Durchführung einzelner Einkaufsrunden im Rahmen der Projektrealisierung war die Schaffung einer geeigneten Warengruppenstruktur. Eine Warengruppe resultiert hierbei aus der Zentrierung von Beschaffungsobjekten. Ziel ist es, durch die Bündelung von Einkaufsvolumina möglichst gleichartige Materialbedarfe zu bestimmen. Die Ermittlung einer für die gemeinsame Bearbeitung geeigneten Warengruppenstruktur erforderte im Vorfeld sorgfältige und detaillierte Überlegungen im Hinblick auf die Bündelungsfähigkeit der Einkaufsvolumina und den hiermit verbundenen Synergieeffekten. Auf Basis der Erhebung der Materialbedarfe mit entsprechenden Volumina bei den Kooperationspartnern wurden letztendlich vom Kernteam 29, mit Hilfe einer ABC-Analyse priorisierte Warengruppen bestimmt (vgl. Tabelle 1).

Jeder Kooperationspartner konnte sich für die Teilnahme an den für ihn relevanten Warengruppen eigenständig entscheiden. Die Bearbeitung der einzelnen Warengruppen erfolgte in den auf diese Weise entstandenen Warengruppenteams.

Tabelle 1: Im Projektumfang enthaltene Warengruppen mit Prioritäten

Warengruppe	Priorität
1 Stahl/Blech	A
2 NE-Metalle	A
3 Kunststoffe	A
4 Gußteile	A
5 Zerspanungsteile	A
6 Stanz-, Zieh- und Biegeteile	A
7 Schmiedeteile	B
8 Fließpressteile	B
9 Sinterteile (Metall)	C
10 Elektro- und Elektronikbauteile	A
11 Elektronikmaterialien/-bedarf (Instandhaltung)	C
12 Pumpen/Motoren/Elektromotoren	C
13 Dichtungen	C
14 Gummiformteile	C
15 Schläuche	B
16 DIN- und Normteile (inkl. Lager)	A
17 Chemikalien/Oberflächenbehandlung	A
18 Werkzeuge	A
19 Betriebsstoffe	A
20 Schweißmaterial	C
21 Verpackung	B
22 Transport	A
23 Arbeitsschutz	C
24 Entsorgung	C
25 Bürobedarf	C
26 Druckerzeugnisse	C
27 Datenverarbeitung	C
28 Lohnbearbeitung	A
29 Dienstleistungen	B

Um die Projektarbeit, die von den beteiligten Partnern zusätzlich zum operativen Tagesgeschäft durchgeführt wurde, zeitlich zu begrenzen, wurde beschlossen, sich zunächst auf die Bearbeitung ausgewählter, mit Priorität A versehener Warengruppen zu konzentrieren. Dies führte in einem ersten Schritt zu einer aktiven Arbeit in fünf Warengruppen, die etwa ein halbes Jahr später durch weitere fünf Warengruppen ergänzt wurden (vgl. Abbildung 3). In einem dritten Schritt einigten sich die Kooperationspartner dann auf die Bearbeitung weiterer fünf Warengruppen. Hierbei handelte es sich lediglich bei den Warengruppen Elektro- und Elektronikbauteile, Chemikalien/Oberflächenbehandlung sowie Lohnbearbeitung um noch zu bearbeitende A-Warengruppen. Ansonsten wurde im dritten Schritt mit einer aktiven Arbeitsaufnahme von C-Warengruppen begonnen.

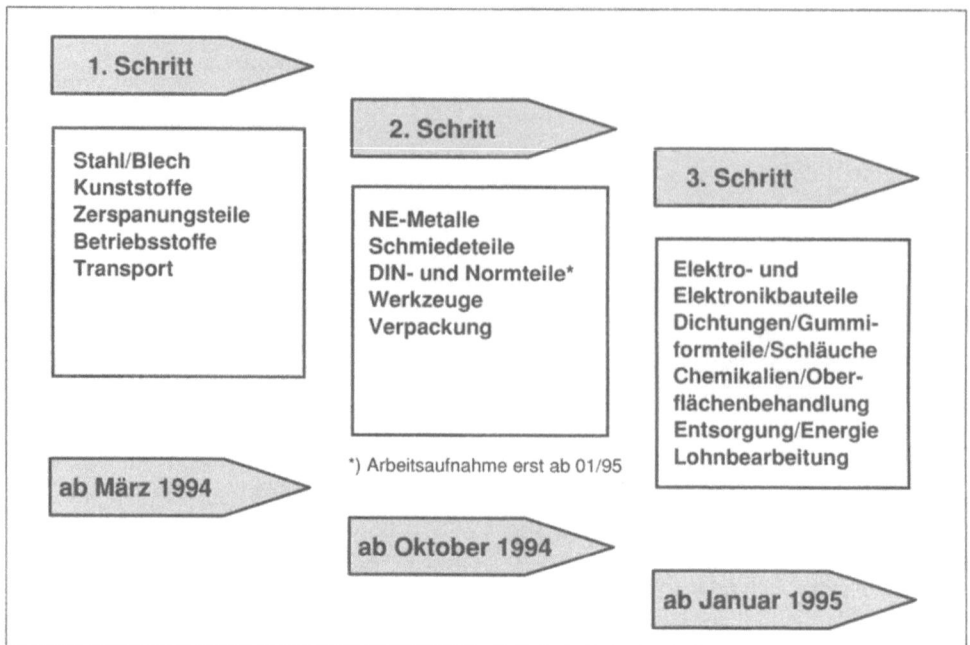

Abbildung 3: Zeitstruktur der bearbeiteten Warengruppen

Der Anteil des im Rahmen des Projektes betrachteten Einkaufsvolumens wurde durch die schrittweise Bearbeitungsvorgehensweise sukzessive von 38 Prozent auf 63 Prozent und letztendlich auf 86 Prozent erhöht.

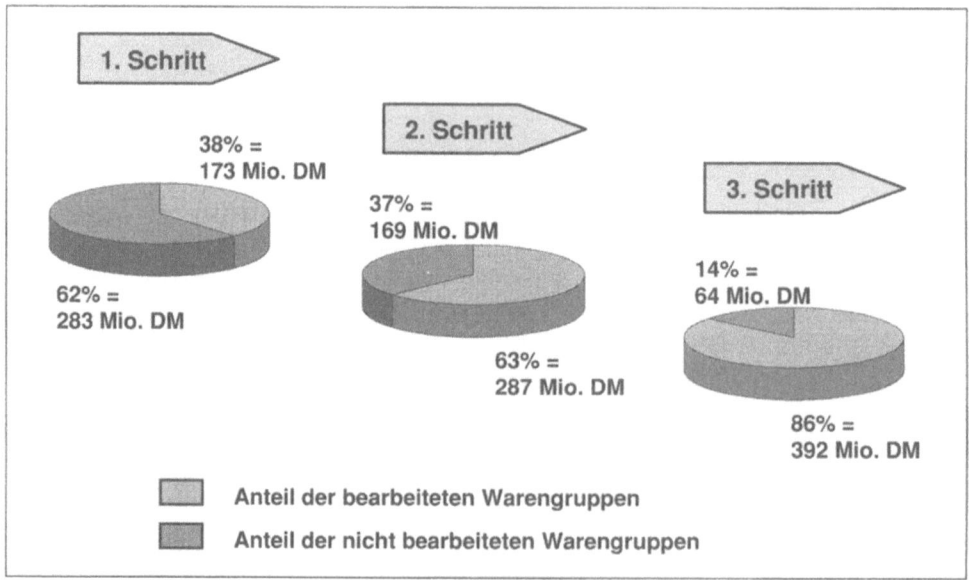

Abbildung 4: Umfang der bearbeiteten Warengruppen

Die Einkaufsrunden gliederten sich in *sieben einzelne Prozeßschritte.* Diese Abgrenzung der einzelnen Schritte diente der analytischen Durchführung der Realisationsphase und war in erster Linie rein theoretischer Natur. In der Praxis ließen sich die Teilschritte nicht so exakt voneinander trennen, sondern wiesen vielfach Überschneidungen auf. Diese sieben Prozeßschritte werden in den nachstehenden Ausführungen näher erläutert.

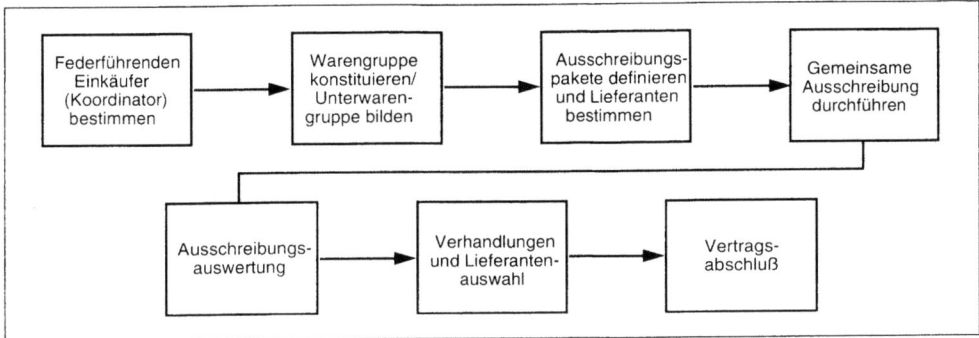

Abbildung 5: Struktur der Prozeßschritte

Prozeßschritt 1: Bestimmung des federführenden Einkäufers (Koordinators)

Die aktive Teilnahme der Kooperationspartner setzte die Integration des Einkaufs-Know-hows der jeweiligen Einkaufsleiter und ihrer Mitarbeiter in das Projekt voraus. Aus diesem Grund war bei der auf der Basis von Warengruppen erfolgten Strukturierung der Projektarbeit die Benennung verantwortlicher Einkäufer unabdingbar. Mit Hilfe einer ABC-Analyse der Einkaufsvolumina der Projektpartner je Warengruppe wurde dasjenige Unternehmen ermittelt, welches in die einzelnen Warengruppe das größte Volumen einbrachte. Die Projektleitung schlug diesen Partner jeweils als *Koordinator* vor, da mit einem im Vergleich zu anderen Kooperationspartnern hohen Einkaufsvolumen eine entsprechend höhere Einkaufskompetenz assoziiert wurde. Diese Vorgehensweise bei der Bestimmung der Warengruppenkoordinatoren führte zur Entstehung sogenannter *Beschaffungsobjekt-Markt-Kompetenzzentren.* Hierdurch wurden die Marktinformationen derjenigen Projektteilnehmer, die bedingt durch ihre niedrigen Bedarfsvolumina mangelnde Markttransparenz besaßen, erheblich verbessert. Die letztendliche Ernennung der Koordinatoren erfolgte durch das Kernteam.

Die Koordinatorenfunktion umfaßte die Gesamtverantwortung für eine Warengruppe. Diese beinhaltete auch die Präsentation der Ergebnisse der Warengruppenarbeit im Lenkungsausschuß. Hierdurch wurden die Kooperationspartner intensiv in die Projektarbeit eingebunden. Die Koordinatorenfunktion belief sich teilweise auf über 25 Prozent des gesamten Projektaufwandes pro beteiligtem Unternehmen. Von der Projektleitung wurden die Koordinatoren umfassend während der gesamten Projektlaufzeit unterstützt.

Prozeßschritt 2: Konstituierung der Warengruppen/Unterwarengruppen

Mit der *Konstituierung* begann die aktive Warengruppenarbeit. Ziel dieses Prozeßschrittes war eine detaillierte Untergliederung der in einer Warengruppe aggregierten Materialbedarfe der Projektteilnehmer. Bei der Bildung der Unterwarengruppen erfolgte eine Konzentration auf die Bedarfsgruppen mit folgenden Merkmalen:

– hohe Bedeutung für möglichst viele Kooperationspartner

– möglichst hohe Homogenität der einzelnen Bedarfe zur Erzielung von Skaleneffekten basierend auf Volumenbündelung

– möglichst hoher Beitrag zur Erreichung der Projektzielsetzungen.

In einigen Warengruppen wurden die Unterwarengruppen weiter spezifiziert in Materialgruppen und Untermaterialgruppen. Anhand der beispielhaften Darstellung der Strukturierung der Warengruppe Stahl/Blech können diese vier Strukturierungsebenen gut nachvollzogen werden.

Tabelle 2: Substruktur der Warengruppe Stahl/Blech

Warengruppe	Unterwarengruppe	Materialgruppe	Untermaterialgruppe
1 Stahl/Blech	1.1 Walzprodukte (kalt)	1.1.1 Kaltband 1.1.2 Spaltband blank 1.1.3 Spaltband elo-verzinkt 1.1.4 Tafelblech elo-verzinkt 1.1.5 Galfan sendz.-verz., verzinnt 1.1.6 Tafelblech sendz.-verzinkt 1.1.7 Tafelblech blank	
	1.2 Walzprodukte (warm)	1.2.1 Warmband 1.2.2 Warmgewalztes Tafelmaterial	
	1.3 Stabstahl (kalt/warm)		
	1.4 Nichtrostende Stähle	1.4.1 Nichtrostender Bandstahl 1.4.2 Nichtrostendes Stahlblech 1.4.3 Nichtrostender Stabstahl	
	1.5 Stahlrohre	1.5.1 4-kant 1.5.2 rund	1.5.2.1 DIN 2391 nahtlos 1.5.2.2 DIN 2393 geschweißt 1.5.2.3 DIN 2448 nahtlos dickwandig 1.5.2.4 DIN 2458 nahtlos geschweißt 1.5.2.5 DIN 2394 geschweißt
	1.6 Werkzeugstahl		

In der Regel erfolgte die Konstituierung durch eine gemeinsame Sitzung der an der aktiven Bearbeitung der Warengruppe interessierten Kooperationspartner. Die Ermittlung geeigneter Unterwarengruppen setzte die Sammlung aller Materialbedarfsarten, die bei den einzelnen Projektteilnehmern unter dem Begriff der jeweiligen Warengruppe subsummiert wurden, voraus. Der Vergleich dieser Bedarfsarten und die Bündelung homogener Einkaufsvolumina führte letztendlich zu einer Unterwarengruppenstruktur, die eine kooperative Bearbeitung als sinnvoll erscheinen ließ. Eine Konzentration auf relativ rohstoffnahe Bedarfsarten einer niedrigen Stufe der Wertschöpfungskette erhöhte die Vergleichbarkeit einzelner Beschaffungsobjekte und somit die Möglichkeit von Volumenbündelungen. Im Projektverlauf stellte sich weiterhin heraus, daß sich Dienstleistungen aufgrund ihrer Homogenität ebenfalls sehr gut für die Realisierung volumensbedingter Skaleneffekte und hiermit verbundener Kosteneinsparungspotentiale bei den Zulieferern eignen. Der kooperative Einkauf komplexer Baugruppen (Modular-Sourcing) sollte erst durchgeführt werden, wenn erste Erfahrungen bezüglich des unternehmensübergreifenden Beschaffungsprozesses vorlagen.

Da die Arbeitsaufnahme nicht simultan in allen 29 Warengruppen erfolgte, konnten bei der Konstituierung der Warengruppen der zweiten Einkaufsrunde bereits die in der ersten Einkaufsrunde gesammelten Erfahrungen genutzt werden. Dieser Erfahrungskurveneffekt bei der Festlegung der Arbeitsschwerpunkte reduzierte notwendige Abstimmungssitzungen und somit den erforderlichen Zeitaufwand der Kooperationspartner.

Prozeßschritt 3: Definition der Ausschreibungspakete und Bestimmung der Lieferanten

Die Durchführung einer *Ausschreibung* setzte die Erfassung detaillierter Daten über die Bedarfe in den einzelnen Unterwarengruppen voraus. Diese beinhalteten unter anderem Informationen über das Mengengerüst, benötigte Qualitäten, Abruflose, Beschaffungskonditionen sowie Vorzugslieferanten. Die Datensammlung erfolgte mit Hilfe einheitlicher Erfassungsbögen, die in den einzelnen Waren- bzw. Unterwarengruppen von den Kooperationspartnern erarbeitet wurden. Die standardisierte Datenerfassung erleichterte die Aggregation der einzelnen Bedarfe der Projektteilnehmer. Diese Bedarfsaggregation hätte wesentlich effizienter durchgeführt werden können, wenn bereits bei allen Projektpartnern moderne Informations- und Kommunikationstechnologien, beispielsweise in Form einer Datenfernübertragung (DFÜ), vorhanden gewesen wären. Vielfach war die erforderliche Hardwareausstattung, wie zum Beispiel für eine Kopplung geeignete Modems im Beschaffungsbereich der Projektteilnehmer, nicht gegeben. Die hierfür notwendigen Investitionen lohnen sich jedoch nur, wenn eine langfristig orientierte Kooperationsform, beispielsweise in Form einer Einkaufsgesellschaft, institutionalisiert wird.

Die Bestimmung derjenigen Lieferanten, die im Rahmen der Ausschreibung berücksichtigt werden sollten, bildete einen weiteren Bearbeitungsschwerpunkt innerhalb dieses Prozeßschrittes. Die Bündelung des Einkaufs-Know-hows der Warengruppenmitglieder im Hinblick auf verschiedene Lieferanten erhöhte die Informationsbasis jedes einzelnen Kooperationspartners. Im Endeffekt wurden kooperationsbedingt wesentlich mehr Lieferanten bei der gemeinsamen Ausschreibung berücksichtigt als bei einem individuellen Vorgehen. Dies galt auch für ausländische Zulieferer, wobei die Nutzung derartiger Bezugsquellen stark von der Materialbedarfsart sowie der angestrebten Qualität abhing. Insbesondere in den Warengruppen Stahl/Blech, Kunststoffe und Zerspanungsteile erfolgte ein intensiver Informationsaustausch über Global-Sourcing-Aktivitäten.

Im Hinblick auf die Durchführung gemeinsamer Ausschreibungen bildete die Warengruppe *Werkzeuge* eine Ausnahme. Bedingt durch die hohe Spezifität und Know-how-Abhängigkeit der Bedarfsarten innerhalb dieser Warengruppe wurde von Beginn an keine gemeinsame Ausschreibung angestrebt. Statt dessen wurde ein umfassender und systematischer Informationsaustausch über alle relevanten Werkzeugbauer anvisiert. Hierfür verabschiedeten die Warengruppenteilnehmer auf Vorschlag des Koordinators einen Lieferantenfragebogen, der an die Werkzeuglieferanten aller Kooperationspartner verschickt wurde. Die Auswertung dieser Fragebogenrückläufe führte zu einer umfassenden, 170seitigen Lieferantendokumentation mit 1. 900 Einzelinformationen über 38 Werkzeugbauer.

Eine gemeinsame Nutzung von *Lohnbearbeitern* war ebenfalls nicht sinnvoll, da in diesem Bereich jeder Auftrag sehr kundenspezifisch ist und folglich keine auf Volumenbündelung basierende Skaleneffekte erzielt werden können. Statt dessen strebten die Projektpartner ein Benchmarking der verschiedenen, vor Kooperationsbeginn gültigen Preisniveaus an. Dazu wurde eine schriftliche Umfrage bei den Projektteilnehmern durchgeführt. Die Auswertung dieser Erhebung beinhaltete eine Auflistung von Stundensätzen für Kunststoff- und Metallverarbeitung sowie Montage, die im Projektzeitraum von den Kooperationspartnern bezahlt wurden. Mit Hilfe dieser Preisinformationen konnten die Projektteilnehmer individuelle Preisvergleiche durchführen und somit ihre Verhandlungsposition verbessern.

Im Vordergrund der Unterwarengruppe *Strom/Gas* innerhalb der Warengruppe Betriebsstoffe stand lediglich ein Tarifvergleich, da regionale Monopole der Energieversorgungsunternehmen einen gemeinsamen Bezug unmöglich werden ließen. Die Projektpartner stellten den Moderatoren ihre Strom- und Gasverträge zur Verfügung, die die Grundlage für einen Tarifvergleich bildeten. Dieser beinhaltete 18 Stromverträge mit ca. elf Tarifen und ca. 380 Einzeldaten sowie acht Gasverträge mit sieben Tarifen und ungefähr 50 Einzelpositionen. Ergänzt wurde der Tarifvergleich durch ein Exposé des Instituts für Energiewirtschaft und Rationelle Energieanwendung (IER) der Universität Stuttgart. Diese umfassenden Beschaffungsmarktinformationen dienten als Grundlage für die Verbesserung der individuellen Verhandlungspositionen der Kooperationspartner.

Prozeßschritt 4: Gemeinsame Ausschreibung durchführen

Im Rahmen des Projektes wurden 12 umfassende gemeinsame *Ausschreibungen* durchgeführt. Die betroffenen Warengruppen sowie der Umfang der jeweiligen Ausschreibung können der folgenden Tabelle entnommen werden.

Tabelle 3: Ausschreibungen

Warengruppe	Ausschreibung	Umfang
Stahl/Blech	Kaltband	80 Einzelpositionen an 19 Lieferanten
	Stahlrohre	95 Einzelpositionen an 12 Lieferanten
NE-Metalle	Aluminiumbänder unplattiert	62 Einzelpositionen an 10 Lieferanten
Kunststoffe	Kunststoffgranulate	250 Einzelpositionen an 6 Lieferanten
Zerspanungsteile	Zerspanungsteile	150 Einzelpositionen an 26 Lieferanten
Schmiedeteile	Schmiedeteile	20 Einzelpositionen an ca. 5 Lieferanten
Betriebsstoffe	Technische Gase	35 Einzelpositionen an 13 Lieferanten
DIN- und Normteile	Abstands-, Sicherungs- und Verbindungs- elemente	302 Einzelpositionen an 9 Lieferanten
Verpackung	Wellpappe in Rollen	19 Einzelpositionen an 3 Lieferanten
Transport	Inland	81 Seiten mit detaillierter Einzelsendungsaufschlüsselung an 47 Speditionen/Transportdienstleister
	Ausland	20 Destinationen an 30 Speditionen/ Transportdienstleister
	Luftfracht	14 Destinationen an 9 Luftfrachtspediteure

Die hohe Anzahl der Einzelpositionen und die Anzahl der an den einzelnen Ausschreibungen beteiligten Lieferanten verdeutlicht den erheblichen Zeit- und Arbeitsaufwand, der mit der Erstellung dieser Ausschreibungen verbunden war. Die erforderlichen Ausschreibungsunterlagen wurden in der Regel vom Koordinator in Zusammenarbeit mit den Moderatoren und jeweiligen Einkaufsspezialisten aus dem Kernteam erstellt. Die Ausschreibung erfolgte unter dem Namen des koordinierenden Projektpartners unter Hinweis auf die Kooperation. Die Namen der anderen Kooperationspartner wurden jedoch erst bei den sich an die Ausschreibung anschließenden Verhandlungen preisgegeben. Durch umfangreiche zentrale, d.h. gemeinsam durchgeführte, Ausschreibungen konnte vor allem durch die Vermeidung von Doppelarbeit die Prozeßeffizienz erhöht werden.

Prozeßschritt 5: Ausschreibungsauswertung

Eine gemeinsame Ausschreibung war nur dann sinnvoll, wenn alle Kooperationspartner über die Ergebnisse vorab detailliert informiert waren. Die Angebote der Lieferanten wurden vom jeweiligen Warengruppenkoordinator in Zusammenarbeit mit den Moderatoren zentral erfaßt und ausgewertet. Die *Angebotsauswertungen* enthielten neben den Konditionen der Zulieferer auch die bisherigen Preise und Lieferkonditionen der Kooperationspartner. Diese Informationen dienten einem Konditionenbenchmarking zwischen den Projektteilnehmern. Jeder Kooperationspartner konnte seine Preise und Lieferbedingungen mit denjenigen anderer Partner vergleichen. Die Erfassung der mit den gemeinsamen Ausschreibungen verbundenen Konditionenvorteile (Einsparungspotential durch Volumenbündelung) erfolgte mit Hilfe eines standardisierten, von den Moderatoren und Kernteammitgliedern gemeinsam erarbeiteten Erfolgsmeßkonzeptes, das später im Detail erläutert wird.

Prozeßschritt 6: Verhandlungen und Lieferantenauswahl

Zwischen Angebotsabgabe und Vertragsabschluß fanden *Verhandlungen* mit dem oder den potentiellen Lieferanten statt. Vielfach ließen sich Angebots- und Verhandlungsphase nicht exakt voneinander abgrenzen. So wurden teilweise bereits vor der Unterbreitung eines Angebotes durch die Lieferanten Kontakte zu den Kooperationspartnern aufgenommen, um beispielsweise Unklarheiten bei der Ausschreibung zu beseitigen oder einfach vorab die Chancen für einen Zuschlag zu ermitteln. Verhandlungen wurden letztendlich mit denjenigen Lieferanten geführt, deren Angebote für die Projektteilnehmer im Hinblick auf die Realisierung von Einsparungspotentialen sowie die Erzielung von kooperationsbedingten Synergieeffekten interessant erschienen. Hierbei existierten drei verschiedene Verhandlungsmöglichkeiten.

1. Möglichkeit: Einzelverhandlungen

Die Notwendigkeit einzelner, von den Kooperationspartnern individuell durchgeführter Verhandlungen konnte aus folgenden Verhandlungssituationen resultieren:

– Aufgrund des sehr heterogen strukturierten Bedarfs der einzelnen Kooperationspartner war eine gemeinsame Verhandlung nicht möglich. Dies führte beispielsweise in den Warengruppen Stahl/Blech, Zerspanungsteile und NE-Metalle zu individuell durchgeführten Einzelverhandlungen zwischen den Lieferanten und den Projektpartnern. Lediglich bei der Bearbeitung von Auslandsmärkten wie zum Beispiel Osteuropa wurde im Rahmen von Global-Sourcing-Aktivitäten für ausgewählte Referenzartikel wie beispielsweise spezifische Zerspanungsteile unternehmensübergreifend zusammengearbeitet.

– Lieferanten weigerten sich, ein für die Einkaufskooperation gültiges Angebot abzugeben. Dies war in erster Linie bei stark oligopolistisch geprägten Beschaffungsmärkten mit nur wenigen Anbietern der Fall. Ein typisches Beispiel für diese Verhaltensweise war die Unterwarengruppe „Technische Gase". Von den Kooperationspartnern einzeln durchgeführte Verhandlungen wurden jedoch intensiv vorbereitet, indem die Projektbeteiligten ihre Einkaufskonditionen miteinander austauschten. Aus dieser Informationstransparenz resultierte eine Stärkung der Verhandlungsposition der jeweiligen Kooperationspartner. Somit konnten Vertragsverbesserungen zugunsten der Projektteilnehmer beim Lieferanten leichter durchgesetzt werden.

2. Möglichkeit: Gemeinsame Verhandlungen, ergänzt durch individuelle
       Verhandlungen

Unter gemeinsamen Verhandlungen sind solche Verhandlungen zu verstehen, die stellvertretend für alle interessierten Kooperationspartner von einem oder mehreren Projektbeteiligten durchgeführt wurden. Das Ergebnis dieser kooperativen Vorgehensweise konnte je nach Bedarf in Absprache mit den Lieferanten individuell ergänzt werden. Ein klassisches Beispiel für eine derartige Vertragsgestaltung liefert die Warengruppe „Transport". Die Kooperationspartner einigten sich nach gemeinsamen Verhandlungen auf für die einzelnen Unterwarengruppen (z.B. Paketdienst, Stückgut, Luftfracht etc.) geeignete Spediteure. Diese erhielten ein umfangreiches zukünftiges Aufgabenprofil, das teilweise individuelle zusätzliche Dienstleistungen, deren Erbringung für einzelne Projektpartner unabdingbar war, beinhaltete.

3. Möglichkeit: Gemeinsame Verhandlungen mit intensiver Integration der
       Lieferanten

Eine frühzeitige Integration der Zulieferer in den Beschaffungsprozeß der Kooperationspartner bereits vor Vertragsverhandlungen (Early-Supplier-Involvement) bedeutete die Realisierung von Rationalisierungspotentialen unter Nutzung des Zulieferers-Know-hows. So wurde beispielsweise innerhalb der Warengruppe „Kunststoffe" erfolgreich der Versuch unternommen, durch eine intensive Zusammenarbeit mit dem Lieferanten bereits in der Entwicklungsphase dessen Kompetenz für eine Materialumstellung auf kostengünstigere Materialien zu verwenden.

Zusammenfassend wurden folglich *zwei Wirkungsmechanismen* genutzt, um die Verhandlungsposition der Projektpartner gegenüber ihren Lieferanten zu verbessern: Einerseits wurde durch die *direkte Bündelung der Einkaufsvolumina*, verbunden mit einem gemeinsamen Marktauftritt, eine erhöhte Marktmacht signalisiert (Verschiebung der Marktseitenverhältnisse). Andererseits konnte allein durch den *Austausch von Informationen* über die jeweiligen Einkaufskonditionen ein Knowhow Vorsprung gegenüber den Lieferanten aufgebaut werden.

Prozeßschritt 7: Vertragsabschluß

Der Beschaffungsprozeß endete mit dem eigentlichen *Vertragsabschluß* zwischen Abnehmer, d.h. in diesem Fall den Kooperationspartnern, und dem Lieferanten. In dem betrachteten Pilotprojekt wurden auch bei gemeinsam durchgeführten Verhandlungen Einzelverträge abgeschlossen. Diese Tatsache ist sowohl auf die bedingt durch den Projektcharakter zeitliche Befristung der Einkaufskooperation als auch auf deren nicht vorhandene eigene Rechtspersönlichkeit zurückzuführen. Bei bilateralen, unternehmensübergreifenden Einkaufsaktivitäten zwischen den Kooperationspartnern übernahm in Einzelfällen ein Partner eine Art Handelsfunktion für das andere Unternehmen. Die gemeinsame Bestellung erfolgte hierbei direkt über einen Projektteilnehmer, der die entsprechenden Bedarfsgüter dann an den anderen Kooperationspartner weiterlieferte.

Gemeinsame Verträge zwischen mehreren Kooperationspartnern und den Lieferanten sind insbesondere bei längerfristig angelegten kooperativen Einkaufsaktivitäten sinnvoll, die im Extremfall zur Gründung einer Einkaufsgesellschaft führen können. Im Rahmen des Pilotprojektes gemeinsam abgeschlossene Verträge, die den einzelnen Kooperationspartnern signifikante Vorteile bei ihren Einkaufskonditionen bieten, werden nach Aussage der Projektteilnehmer auch nach Projektende noch Gültigkeit haben. In diesen Fällen wird die unternehmensübergreifende Zusammenarbeit zwischen den Partnern selbständig aufrechterhalten und gegebenenfalls weiter intensiviert.

4.2.3 Die Erfolgsbeurteilung

Die dritte Phase des Kooperationsmanagements beinhaltete die *Projektkontrolle*, d.h. die Erfolgsbeurteilung. Hierbei stand die Erfassung der im Rahmen des Kooperationsprojektes erzielten Ergebnisse sowie deren Bewertung im Hinblick auf ihren Zielerreichungsgrad im Vordergrund.

Die Erfolge des Pilotprojektes entstanden sowohl *direkt*, d.h. im Rahmen der aktiven, strukturierten Warengruppenarbeit, als auch *indirekt* aufgrund informeller, größtenteils bilateraler insbesondere dem Informationsaustausch dienender Kontakte zwischen den Kooperationspartnern (vgl. Abbildung 6).

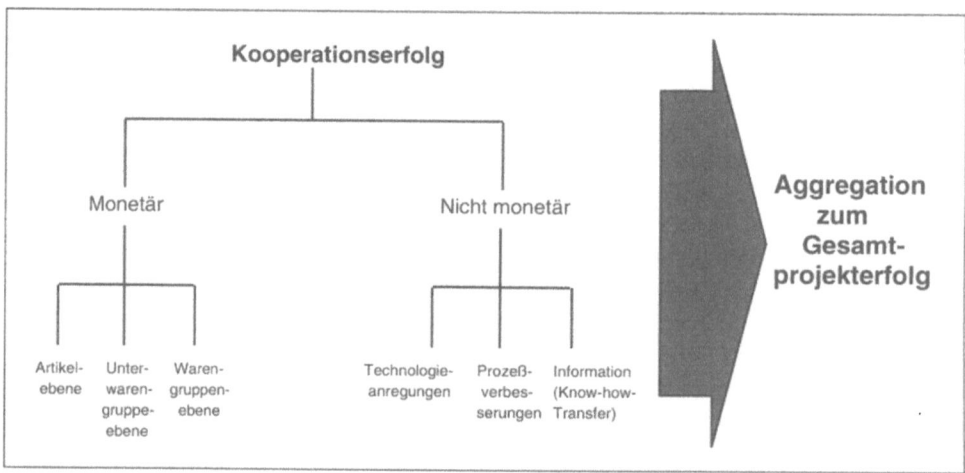

Abbildung 6: Determinanten des Kooperationserfolges

Der *direkte Projekterfolg* ließ sich nur teilweise monetär bewerten. Meßbare Abweichungen konnten relativ problemlos durch einen Vergleich der Artikelpreise vor und nach der Durchführung zwischenbetrieblicher Einkaufstätigkeiten ermittelt werden. Hierbei war die Aggregation einzelner Artikel über die Unterwarengruppen- bis zur Warengruppenebene sinnvoll.

Zum direkten Kooperationserfolg, der nicht monetär bewertbar war, zählten in erster Linie Technologieanregungen, Prozeßverbesserungen und Informationstransparenz. Technologische Anregungen betrafen sowohl die Wahl alternativer Inputfaktoren als auch allgemein fertigungstechnologische, mit Investitionen verbundene Anregungen.

Die detaillierte Ermittlung der oben genannten Determinanten des Kooperationserfolges erforderte ein von allen Projektteilnehmern akzeptiertes Erfolgsmeßkonzept, das vier Erfassungsebenen unterscheidet (vgl. Abbildung 7). Diese Ebenen differieren hinsichtlich ihres Strukturierungsgrades. Dieser beinhaltet die Kontrollhäufigkeit, die quantitative Meßbarkeit sowie den Detaillierungsgrad der Erfolgsmessung.

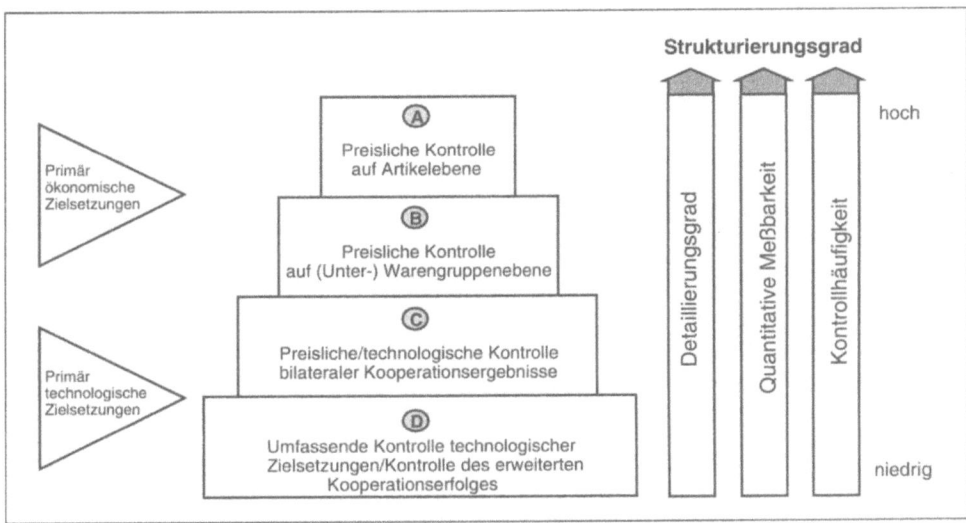

Abbildung 7: Erfassungsebenen des Erfolgsmeßkonzeptes

Ebene A umfaßt die preislichen Erfolge, die bei einzelnen Artikeln erzielt wurden. So wurden im Rahmen der offiziell kooperativ durchgeführten Ausschreibungen über 1.100 Artikelpositionen betrachtet. Deren komplette Integration in die Erfolgsermittlung erschien nicht sinnvoll. Aus Praktikabilitätsgründen wurden je (Unter-) Warengruppe zwei bis drei Referenzartikel, sogenannte „Leading Goods" von den Kooperationspartnern in Zusammenarbeit mit den Koordinatoren ausgewählt. Derartige Artikel sind in ihrer Beschaffenheit repräsentativ für die jeweilige (Unter-) Warengruppe und weisen in der Regel einen hohen Anteil am Gesamtbedarf auf.

Durch einen Vergleich der Ist-Preise der Kooperationspartner vor Projektbeginn mit dem durch die unternehmensübergreifenden Einkaufsaktivitäten erzielten Preis wurde eine Differenzbildung möglich, die als Kooperationsergebnis interpretiert werden konnte. Der für die Differenzbildung herangezogene, vor Kooperationsbeginn gültige Benchmarkpreis war sinnvollerweise der niedrigste Preis der Projektteilnehmer. Bedingt durch die eindeutige Abgrenzung und Erfassung der Meßkriterien war die quantitative Meßbarkeit des Kooperationserfolges auf dieser

Erfassungsebene sehr hoch. Dies galt auch für die Kontrollhäufigkeit. Nach Abschluß der Einkaufsaktivitäten in jeder (Unter-) Warengruppe wurde der entsprechende preisliche Projekterfolg ermittelt.

Die *Erfassungsebene B* des Erfolgsmeßkonzeptes beinhaltete die preisliche Kontrolle auf (Unter-) Warengruppenebene. Hierfür wurde bei den betroffenen Kooperationspartnern ein aggregiertes Preisniveau für jede (Unter-) Warengruppe bestimmt. Die Datenerfassung erfolgte bei den Projektteilnehmern mit Hilfe einer Meßskala, auf der die einzelnen Warengruppenteilnehmer das durch das Kooperationsprojekt erzielte Preisniveau der Warengruppe im Vergleich zu ihrem eigenen Preisniveau von 1993 (=100 Prozent) einschätzten. Mit Hilfe von Sekundärquellen (z.B. Verbände, BME-Marktspiegel) konnte ein Referenzpreisniveau ermittelt werden. Die Differenz zwischen dem im Rahmen des Pilotprojektes erzielten Preisniveau als Mittelwert aus den Einzelangaben der Kooperationspartner und dem Marktpreisniveau wurde als Projekterfolg interpretiert. Die Messung erfolgte für jede Warengruppe separat. Somit ist die Erfassungsebene B wie auch Ebene A durch einen relativ hohen Detaillierungsgrad gekennzeichnet.

Die *Erfassungsebene C* diente der Ermittlung von preislichen und technologischen Projekterfolgen bilateraler Zusammenarbeit. Hierunter waren diejenigen kooperativen Einkaufsaktivitäten zu verstehen, die von den Kooperationspartnern zusätzlich zu innerhalb einer Warengruppe formalisierten gemeinsamen Tätigkeiten durchgeführt wurden. Die Bestimmung dieser Erfolgsdimension konnte lediglich auf individuellen Urteilen der Projektteilnehmer basieren, da sich die bilaterale Zusammenarbeit einer direkten Beobachtung durch die Projektleitung entzog. Durch eine schriftliche Befragung der Kooperationspartner mit Hilfe eines standardisierten Fragebogens wurden im Pilotprojekt diese Urteile einmalig am Projektende erhoben.

Mit der *Ebene D* wurde eine umfassende Kontrolle des Erreichungsgrades technologischer Zielsetzungen sowie die Erfassung des erweiterten Kooperationserfolges anvisiert. Im Vordergrund der Erfolgsbetrachtung standen hier, wie bereits teilweise in Ebene C, qualitative Projektergebnisse. Diese basieren widerum auf individuellen, mit einem standardisierten Fragebogen am Projektende abgefragten Erfolgsbewertungen der Partner.

Im folgenden wird der Projekterfolg entsprechend den oben erläuterten vier Erfassungsebenen in Verbindung mit dem Zielsystem des Pilotprojektes dargestellt. Im Vordergrund der Betrachtungen stehen hierbei ausgewählte (Unter-) Warengruppen, die zu signifikanten Ergebnissen führten oder andere, beispielsweise marktspezifische Besonderheiten aufwiesen.

Zur Analyse der monetären Ergebnisse der Ebenen A und B ist jeweils die Erläuterung der verwendeten Referenzartikel und des aggregierten Preisniveaus notwendig.

Innerhalb der Warengruppe *Stahl/Blech* wurden zum Beispiel für die Materialgruppe Kaltband drei Referenzartikel mit Werkstoffbezeichnung, Abmessung und Jahresbedarf ausgewählt. Die betroffenen Kooperationspartner nannten für jeden dieser

Referenzartikel den Preis vor Kooperationsbeginn sowie den neuen, auf der Zusammenarbeit beruhenden Preis. Die Auswertung führte zu folgenden Ergebnissen:

Tabelle 4: Projektergebnisse der Materialgruppe Kaltband

Referenzartikel	Differenz zwischen altem und neuem Preis (in Prozent)	Marktpreisniveau (Quelle: Klöckner, Basis: 1993)
Referenzartikel 1	–6%	+24%
Referenzartikel 2	+13%	+23%
Referenzartikel 3	–26%	+14%

Die Gegenüberstellung der im Rahmen der Einkaufskooperation erzielten Preisdifferenzen mit den Preisinformationen eines unabhängigen Stahlhandelshauses zeigt deutlich die projektspezifischen Einsparungen. Dies gilt insbesondere für Referenzartikel eins und drei. In beiden Fällen konnte der Einkaufspreis kooperationsbedingt reduziert werden, obwohl beim allgemeinen Marktpreis ein Anstieg zu verzeichnen war. Die Preiserhöhung bei Referenzartikel zwei lag aufgrund der unternehmensübergreifenden Einkaufsaktivitäten unter der Erhöhung des allgemeinen Marktpreisniveaus.

Die Beurteilung des Gesamtpreisniveaus der Warengruppe Stahl/Blech bestätigt die bei der Materialguppe Kaltband festgestellte, auf der Einkaufskooperation beruhende Realisierung von Materialkosteneinsparungen. So betrug der Durchschnittswert aller Nennungen der betroffenen Projektteilnehmer 108 Prozent (Basis 1993 = 100 Prozent, vgl. Abbildung 8).

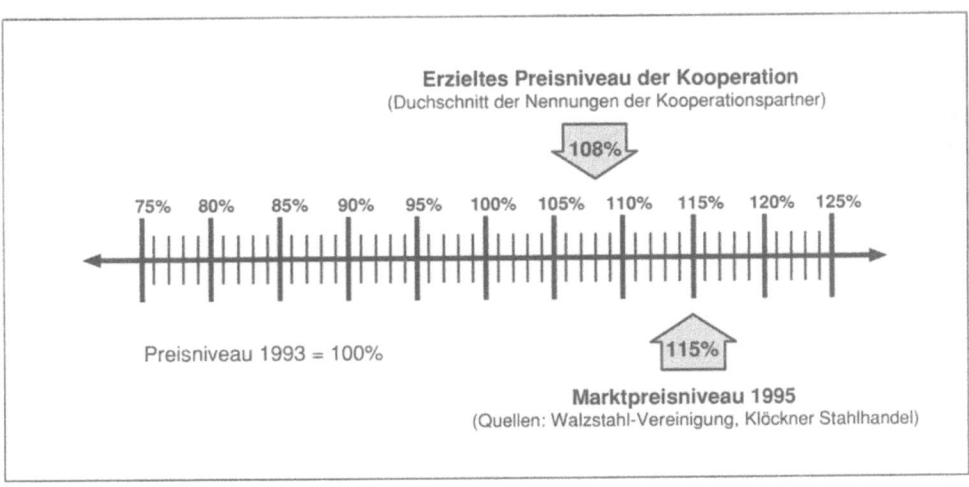

Abbildung 8: Preisniveau der Warengruppe Stahl/Blech

Das ermittelte Marktpreisniveau lag mit 115 Prozent sieben Prozentpunkte über dem Kooperationspreisniveau. Preiserhöhungen konnten somit innerhalb dieser Warengruppe von den Projektpartnern zumindest teilweise abgefangen werden.

Die Bestimmung des Marktpreisniveaus erfolgte mit Hilfe verschiedener unabhängiger Quellen: So wurde aus dem Preisindexrundschreiben der Walzstahl-Vereinigung Düsseldorf vom 6. Februar 1995 und Preisinformationen der Firma Klöckner Stahlhandel (Würzburg) vom 9. März 1995 ein gemischter Preisindex für den gesamten Bereich Stahl/Blech von ca. 110 Prozent berechnet. Im Rahmen des Projektes wurden in der Warengruppe Stahl/Blech insbesondere die Material- bzw. Unterwarengruppen Kaltband und Stahlrohre aktiv bearbeitet, die jedoch nur eine Teilmenge des im Großhandelsindex erfaßten Preisniveaus darstellen. Auf Basis der von der Firma Klöckner zur Verfügung gestellten Preisinformationen konnte jeweils ein eigener Indexwert für Kaltband und Stahlrohre errechnet werden. Diese Teilindizes wurden mit Hilfe des Anteils der beiden Positionen an der gesamten Warengruppe Stahl/Blech gewichtet und in den oben genannten gemischten Stahl/Blech-Gesamtpreisindex integriert. Die Folge war ein aus verschiedenen Sekundärquellen ermitteltes und auf die Projektarbeit zugeschnittenes Marktpreisniveau von 115 Prozent.

Die Untersuchungen hinsichtlich des Projekterfolges konzentrierten sich innerhalb der Warengruppe *NE-Metalle* auf die Unterwarengruppe Aluminium-Bänder unplattiert. Der bereits bei den ausgewählten Referenzartikeln festgestellte Preisanstieg wurde durch die Entwicklung beim Gesamtpreisniveau bestätigt. Während der Projektlaufzeit gab es immer wieder drastische Preissteigerungen im Bereich Aluminium. Viele Angebote der Lieferanten waren vielfach nur für sehr kurze Zeit (z.B. zwei Wochen) gültig. Mengen wurden teilweise sogar von den Lieferanten zugeteilt. Steigende kooperationsbedingte Nachfragemengen führten bei den Anbietern sehr häufig zu Preiserhöhungen.

Das Marktpreisniveau der Warengruppe NE-Metalle lag in der ersten Jahreshälfte von 1995 um 27 Prozent über dem Preisniveau von 1993 (vgl. Abbildung 9). Als Berechnungsgrundlage dienten Preisinformationen des BME-Marktspiegels 1/1995 sowie der Firma Klöckner Stahlhandel vom 9. März 1995.

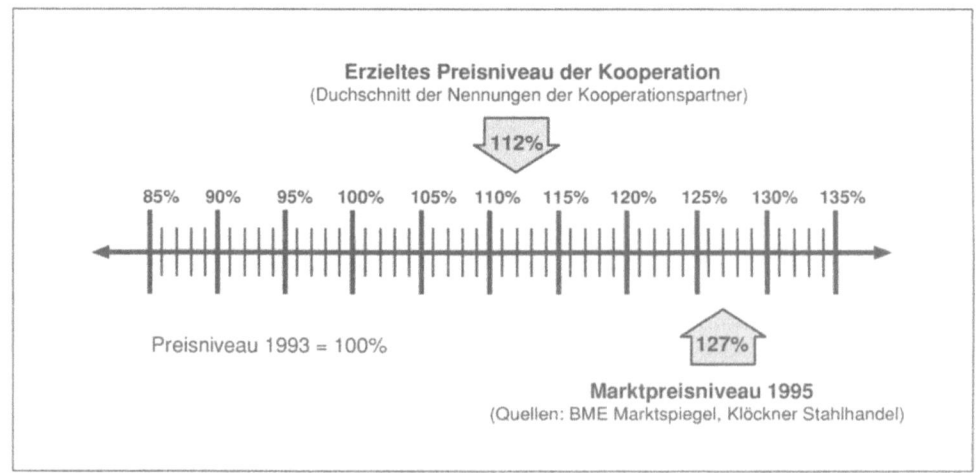

Abbildung 9: Preisniveau der Warengruppe NE-Metalle

Die obige Abbildung zeigt deutlich, daß die Einkaufskooperationsaktivitäten eine Reduzierung der marktbedingten Preiserhöhungen ermöglichten.

Aus den Preissteigerungen der Rohstoffe Stahl/Blech und NE-Metalle resultierten Preiserhöhungen in der Warengruppe *Zerspanungsteile*, da diese Materialien als Inputfaktoren für derart zeichnungsgebundene, in der Regel kundenindividuelle Einzelteile dienten. Das kooperationsbedingte Gesamtpreisniveau lag lediglich 4 Prozent unter dem Marktpreisniveau (Quelle: Firma Aeroquip, vgl. Abbildung 10).

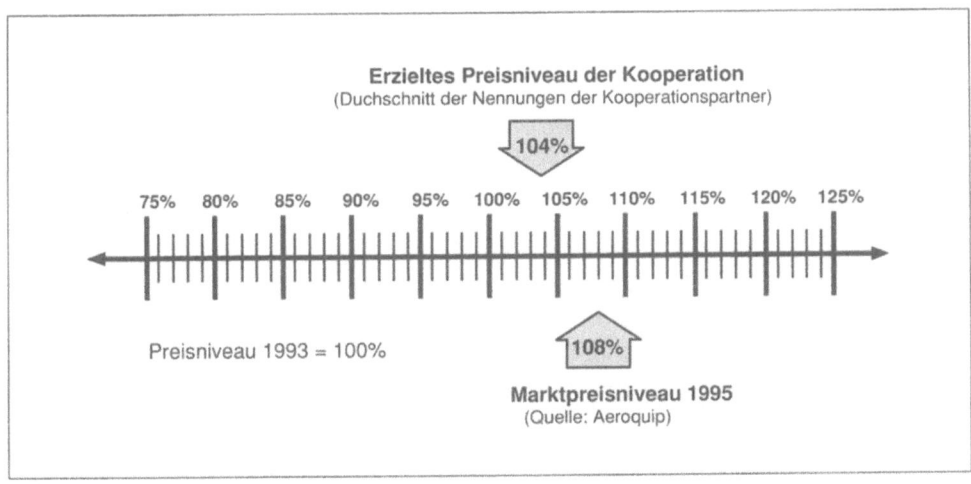

Abbildung 10: Preisniveau der Warengruppe Zerspanungsteile

Die relativ niedrigen Kosteneinsparungen basieren auf der Tatsache, daß bedingt durch die individuelle Zeichnungsgebundenheit der untersuchten Zerspanungsteile nur geringe Mengendegressionseffekte erzielt werden konnten.

Die Bearbeitung der Warengruppe *Betriebsstoffe* konzentrierte sich neben der Untersuchung von Schmierstoffen sowie einem Tarifvergleich im Bereich Strom/Gas auf die Unterwarengruppe *Technische Gase*. Aufgrund eines fehlenden gemeinsamen, d.h. für die Kooperation gültigen, Angebotes standen hier Einzelverhandlungen der Projektteilnehmer mit den Lieferanten im Vordergrund. Die relativ hohe Homogenität der Materialbedarfe der einzelnen Kooperationspartner führte zur Identifikation von Referenzartikeln, die von zahlreichen Projektteilnehmern bezogen wurden. So einigten sich die Partner für die Projekterfolgsermittlung auf die Materialien Argon 5.0 flüssig, Sauerstoff Typ 52 bzw. 50/52 und Stickstoff flüssig. Durch die unternehmenübergreifenden Einkauftätigkeiten wurden in dieser Warengruppe Preissenkungspotentiale bis zu 47 Prozent erzielt. Dementsprechend lag auch das Gesamtpreisniveau der Warengruppe Betriebsstoffe mit 89 Prozent deutlich unter dem Preisniveau von 1993 (=100 Prozent) sowie unter dem aus Daten der Firma Linde (15.3.1995) ermittelten Marktpreisniveau von 99 Prozent.

Für die Warengruppe *Transport* war eine Bestimmung von Referenzartikeln nicht möglich, da die Betrachtung von Einzelaufträgen nicht durchführbar war. Untersucht wurden aggregierte Transportvolumina von Unterwarengruppen wie beispielsweise Stückgut oder Paketdienst bzw. verschiedene Destinationen. Insgesamt gelang es mit der Kooperation, das bedingt durch die Liberalisierung des Transportmarktes im Rahmen der europäischen Harmonisierung mit 90 Prozent ohnehin schon niedrige Marktpreisniveau mit 89 Prozent minimal zu unterschreiten.

Als Sekundärquelle zur Ermittlung des allgemeinen Marktpreisniveaus dienten Informationen des Bundesverbandes Spedition und Lagerei e.V. Die absolute Kostenersparnis summierte sich bei allen Kooperationspartnern auf über 500 TDM pro Jahr.

Zusammenfassend kann der preisliche Erfolg des Einkaufskooperationsprojektes eindeutig positiv bewertet werden, auch wenn es nicht immer gelungen ist, die in den Projekterwartungen geplanten Preisreduzierungen von jeweils 15 Prozent der Einkaufsvolumina zu realisieren. Die obigen Ausführungen zeigen jedoch deutlich, daß in einzelnen Warengruppen signifikante Preissenkungen erzielt wurden. Diese Einsparungen waren in erster Linie auf kooperationsbedingte Mengendegressionseffekte zurückzuführen. Diese Effekte fielen umso höher aus, je homogener die Bedarfe der Projektteilnehmer waren. Von negativer Auswirkung auf den Erfolg der Projektaktivitäten erwies sich in einigen Warengruppen wie z.B. Stahl/Blech oder Kunststoffe die während der Projektlaufzeit verbesserte Konjunkturlage. Ressourcenknappheiten auf vorgelagerten Rohstoffmärkten führten im Vergleich zum Vorjahr zu erheblichen Preissteigerungen und somit zu ungünstigen, von den Kooperationspartnern nicht zu beeinflussenden exogenen Rahmenfaktoren.

Die Ebene C des Erfolgsmeßkonzeptes diente der Erfassung des auf bilateralen Beziehungen beruhenden Kooperationseffektes. Diese entstanden zusätzlich zur formalisierten Projektarbeit durch direkte Kontakte der Kooperationspartner, die sowohl technologische als auch ökonomische Themenstellungen beinhalteten. So institutionalisierte sich während der Projektlaufzeit ein dichtes Netzwerk je zweiseitiger auf gegenseitigem Vertrauen basierender Informations- und Kommunikationsbeziehungen. Dieser Informationsaustausch wurde und wird auch weiterhin von allen Kooperationspartnern intensiv gepflegt. Von den Projektteilnehmern wurden unter anderem folgende Informationsinhalte genannt:

– Allgemeine Beschaffungsmarktinformationen/Markttendenzen

– Preisentwicklungen (insbesondere bei Edelstahl, Kaltband und NE-Metalle)

– Materialsituationen und -substitutionen

– Qualität vorhandener Lieferanten sowie bisherige Erfahrungen mit diesen Lieferanten

– potentielle Lieferanten im In- und Ausland

– günstige Transportwege

– Probleme der Sondermüllentsorgung

– Informationen bezüglich Kundenanforderungen und Audits.

Im einzelnen beinhalteten die bilateralen Kontakte über einen reinen Informationsaustausch hinaus weitere unternehmensübergreifende Tätigkeiten:

– Arbeitsteilige Beschaffungsaufgaben (z.B. gemeinsame Beschaffungsmarktforschung und Lieferantensuche)

– Übernahme von Beschaffungsaufgaben durch einen Projektpartner kooperativ für andere

– Zusammenarbeit im Bereich der Logistik.

Eine Bewertung dieser vielfach bilateralen Informationsbeziehungen durch die Projektpartner auf einer Skala von eins (sehr nützlich) bis fünf (wenig nützlich) führte zu einem durchschnittlichen Nutzenwert von 1,7. Dies bedeutet eine äußerst positive Einschätzung der Kommunikations- und Informationsaktivitäten zwischen den Kooperationspartnern.

Zur umfassenden Ermittlung des Projekterfolges war in Ebene D die Bewertung des Erreichungsgrades aller in den Ebenen A bis C noch nicht betrachteten Projektzielsetzungen notwendig. Neben der Überprüfung derartiger Ziele diente die Ebene D der Untersuchung sogenannter „weicher Erfolgsfaktoren", die nicht direkt monetär meßbar sind. Schließlich wurde eine allgemeine Beurteilung des Projektgesamtnutzens für die Kooperationspartner angestrebt.

Als Basis für die Erfolgsmessung diente eine fünfstufige, bipolare Skala (vgl. Abbildung 11) mit verbaler Beschreibung aller Antwortabstufungen.

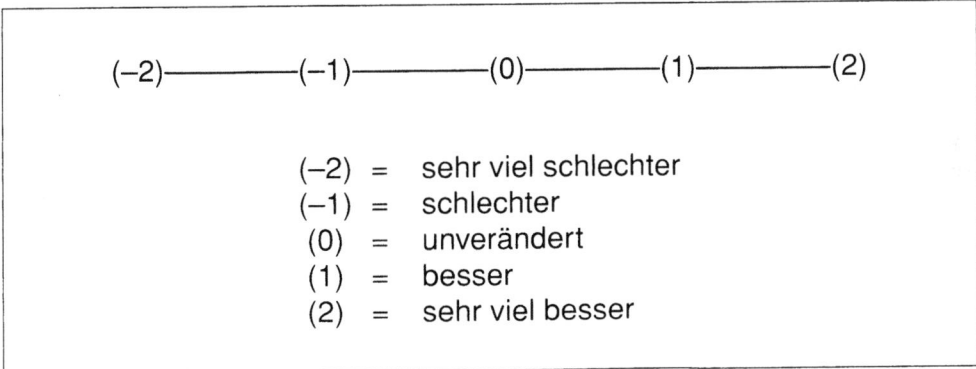

Abbildung 11: Meßskala der Ebene D

Mit der Skala wurde die Situation der Partner nach Projektabschluß mit der Situation vor Projektbeginn verglichen. Im Vordergrund dieses Meßverfahrens stand die subjektive Messung des Zielerreichungsgrades.

Die Darstellung der Projektergebnisse orientierte sich an den einzelnen, im Projektantrag formulierten Zielsetzungen.

1. Qualität der Einsatzgüter

Die Frage nach der Qualität betraf sowohl die Qualität der Inputfaktoren, die im Rahmen der Einkaufskooperation beschafft und direkt bewertet wurden, als auch die Qualität des Endproduktes. Die zunehmende Bedeutung der Qualität für die eigene Wettbewerbsfähigkeit zeigte sich in der heute bereits selbstverständlichen Zertifizierung nach DIN ISO 9 000 ff. sowie in beispielsweise von vielen Automobilherstellern individuell durchgeführten Zuliefereraudits.

Von den Kooperationspartnern wurde die qualitative Veränderung der Inputfaktoren als unverändert eingestuft (Skalawert = Null). Dies galt auch für die Qualität der Endprodukte sowie die Qualitätskosten. Diese Auswertung bestätigt einen bereits vor Kooperationsbeginn hohen Qualitätsstandard der Projektteilnehmer, der durch kooperative Einkaufsaktivitäten nicht weiter verbessert werden konnte.

2. Verbesserung der Prozeßeffizienz

Im Vordergrund dieser Zielsetzung stand die Vermeidung von Doppelarbeiten im Beschaffungsprozeß der Kooperationspartner. Im Projekt wurden neben den Kernprozessen Ausschreibung, Verhandlung und Vertragsabschuß die ex-ante-Prozesse Beschaffungsmarktforschung, Lieferantensuche und Lieferantenbewertung sowie der ex-post-Prozeß Reklamationswesen unterschieden. Gemäß der Projekterfolgsbewertung durch die Kooperationspartner konnte der Aufwand beim Abschluß von Einkaufsverträgen mit den Lieferanten sowie im Reklamationswesen durch die unternehmensübergreifenden Aktivitäten der Partner nicht verringert werden. Dagegen konnten insbesondere die Lieferantensuche (Skalawert = 0,57) sowie Ausschreibungen (Skalawert = 0,29) kooperationsbedingt effizienter durchgeführt werden. Auch die Beschaffungsmarktforschung sowie die Lieferantensuche wurde nach Aussage der Projektteilnehmer durch ein gemeinsames Vorgehen und eine hiermit verbundene Kompetenzbündelung gegenüber einem Alleingang verbessert (Skalawert jeweils = 0,14).

3. Transparenz der Beschaffungsmärkte

Für die Beurteilung der Transparenz war eine Unterscheidung zwischen Kenntnissen über neue, innovative Beschaffungsprodukte sowie über die Lieferantenstruktur sinnvoll. Aus diesem Grund wurden diese beiden Kenntnisbereiche für jede einzelne bearbeitete Warengruppe getrennt bewertet.

Tabelle 5: Beurteilung der Transparenz der Beschaffungsmärkte

Warengruppe	Produkttransparenz (Mittelwert der Nennungen der Kooperationspartner)	Lieferantentransparenz (Mittelwert der Nennungen der Kooperationspartner)
Stahl/Blech	+0,50	+0,75
NE-Metalle	+0,13	+0,57
Kunststoffe	+0,38	+0,50
Zerspanungsteile	+0,14	+0,57
Schmiedeteile	±0,00	±0,00
Elektro-/ Elektronikbauteile	±0,00	±0,00
Dichtungen	±0,00	±0,00
DIN- und Normteile	+0,33	+0,33
Chemikalien	±0,00	+0,50
Werkzeuge	+0,29	+0,43
Betriebsstoffe	+0,33	+0,17
Verpackung	+0,43	+0,50
Transport	+1,00	+1,13
Entsorgung/Energie	+0,33	+0,33
Lohnbearbeitung	+0,17	+0,17

Die obige Tabelle zeigt deutlich, daß ein gegenseitiger Informationsaustausch über Lieferanten kurzfristig genutzt und hierdurch die Transparenz über die Lieferantenstruktur verbessert werden konnte. Ferner bestätigte dieses Auswertungsergebnis die zu Projektbeginn formulierte Ausgangshypothese, daß kleine und mittelständische Unternehmen vielfach die Beschaffungsmärkte bedingt durch fehlende personelle und strukturelle Kapazitäten nicht so effizient bearbeiten können wie Großunternehmen. Diese größenbedingten Nachteile können durch Kooperationen reduziert bzw. vollständig beseitigt werden. Die deutlichen Bewertungsunterschiede zwischen den einzelnen Warengruppen basieren teilweise auf der oligopolistischen Struktur einiger Beschaffungsmärkte, in denen die wenigen großen Anbieter allen Projektpartnern weitgehend bekannt waren und somit ein Informationsaustausch keine zusätzlichen Know-how-Vorteile zur Folge hatte. Im Hinblick auf die Markttransparenz neuer, innovativer Produkte ist zu berücksichtigen, daß die Wahl eines neuen, alternativen Inputfaktors eine Materialsubstitution bedeutet, die vielfach bedingt durch detaillierte Spezifikationen des Kunden für das Endprodukt nur mit sehr langfristigem zeitlichen Vorlauf durchführbar ist. Aus diesem Grund konnten Materialsubstitutionen im Rahmen des eher kurzfristig ausgerichteten Pilotprojektes in den meisten Fällen nicht vorgenommen werden. Vor diesem Hintergrund sind die relativ niedrigen Werte im Bereich der Produkttransparenz zu interpretierten.

3. Sortimentsoptimierung

Der eher langfristige Charakter einer Sortimentsoptimierung spiegelt sich in den Ergebnissen der Erfolgsbeurteilung wider. So konnten bei der Substitution von Materialien sowie der technologischen Optimierung des Materialsortiments aufgrund der Einkaufskooperation lediglich geringfügige Verbesserungen (+ 0,13) erzielt werden. Langfristig werden jedoch vor allem bedingt durch das im Rahmen des Projektes geschaffenen Netzwerkes bilateraler Kontakte derartige Substitutionseffekte erwartet.

4. Verbesserung der Marktposition

Mit der Einkaufskooperation wurde eine Verbesserung der Beschaffungsmarktposition der am Pilotprojekt beteiligten kleinen und mittelständischen Unternehmen angestrebt. Insbesondere größenbedingte Wettbewerbsnachteile bei Einkaufsaktivitäten galt es zu kompensieren. Die Bewertung der Verhandlungsposition gegenüber den Lieferanten nach Projektende mit +0,38 verdeutlicht, daß aufgrund der Kooperation eine relativ gute Verbesserung der ursprünglichen Situation vor Projektbeginn erzielt werden konnte. Zur Bewertung der Verhandlungsposition wurden in erster Linie folgende Faktoren genannt:

- Einkaufsvolumen (Menge, Umsatz)

- Markttransparenz

- Markt-/Wettbewerbssituation der Partner

- Qualitätsanforderungen

- ,,weiche Faktoren" der Zusammenarbeit (z.B.Vertrauen).

Des weiteren waren die Kooperationspartner der Meinung, daß sich das grundsätzliche Verhältnis zu den Lieferanten (Mittelwert aller Nennungen = +0,13) durch das Projekt leicht verbessert, die technologische Zusammenarbeit jedoch nicht verändert (0,00) hat.

5. Global-Sourcing-Aktivitäten

Im Rahmen des Projektes wurde versucht, bei möglichst vielen Ausschreibungen auch ausländische Lieferanten zu berücksichtigen. Für ein Drittel der Kooperationspartner resultierte aus den unternehmensübergreifenden Einkaufsaktivitäten eine Ausweitung der Global-Sourcing-Aktivitäten. Die Hälfte der Projektteilnehmer nannte diesbezüglich keine Veränderungen gegenüber ihrer Situation vor Projektbeginn. Dennoch hat sich nach Aussage der Kooperationspartner die Position auf den internationalen Beschaffungsmärkten projektbedingt verbessert (Wert: +0,40).

6. Auslagerung von Dienstleistungen

Ähnlich wie bei der Materialsubstitution handelt es sich bei der Auslagerung von Dienstleistungen um längerfristige Themenstellungen. Deshalb konnten im Rahmen des Kooperationsprojektes lediglich Anregungen für Dienstleistungsverlagerungen gestartet werden, die jedoch teilweise zu ersten Erfolgen führten. Als Beispiel kann hier die papierlose Materialversorgung bei C-Teilen durch den Einsatz moderner Informations- und Kommunikationstechnologien genannt werden.

7. Technologische Zielsetzungen

Die Beurteilung einzelner technologischer Zielsetzungen durch die Projektteilnehmer führte zu folgendem Ergebnis:

Tabelle 6: Erfolgsbeurteilung technologischer Zielsetzungen

Technologieziel	Stand (Mittelwert der Nennungen der Kooperationspartner)
Simultaneous Engineering/Early-Supplier-Involvement	+0,25
Konzentration auf Kernkompetenzen	+0,13
Modular-Sourcing	+0,13
Substitution von Einsatzmaterialien und Technologien	±0,00
Einsatz moderner Informations- und Kommunikationstechnologien	+0,13

Die genannten Werte zur Erfolgsbeurteilung der Erreichung der Technologieziele sind durchweg positiv und signalisieren somit eine Verbesserung der Technologieposition der Projektteilnehmer. Dies gilt insbesondere für die frühzeitige Einbindung von Lieferanten in Forschungs- und Entwicklungstätigkeiten (Simultaneous Engineering).

8. Gesamtnutzen

Die Bewertung des Gesamtnutzens des Projektes „Einkaufskooperationen mittelständischer Unternehmen in Baden-Württemberg" fiel bei allen beteiligten Unternehmen *positiv* aus. Der Mittelwert aller Nennungen lag unter Berücksichtigung verschiedener einzelner Faktoren bei *0,81*.

Besonders häufig wurden von den Kooperationspartnern folgende zwei Faktoren genannt:

– Informationsaustausch und Offenheit aller Teilnehmer

– Markt-/Lieferanten-/Preistransparenz.

Beide Faktoren sind eng miteinander verknüpft. Die neu gewonnene Transparenz der Teilnehmer hinsichtlich Lieferanten, Preisen und sonstiger Transaktionsbedingungen basiert eindeutig auf dem Kooperationsprojekt und bildet eine wesentliche

Voraussetzung für erfolgreiche Beschaffungsaktivitäten. Informationen über leistungsfähige Lieferquellen sichern die kostengünstige Versorgung von Unternehmen und erhöhen somit in jedem Fall die Wettbewerbssituation der Projektpartner.

Ein nicht vorhandener direkter Wettbewerb der beteiligten Unternehmen auf den Absatzmärkten verbessert die Vertrauensbasis zwischen den einzelnen Partnern und hat folglich eine positive Auswirkung auf den Erfolg kooperativer Aktivitäten. Auf der anderen Seite wurde die Heterogenität der Teilnehmer bezüglich ihres Beschaffungsprogramms neben der verschlechterten Marktsituation während der Projektlaufzeit als negativer Einflußfaktor für den Gesamtprojekterfolg genannt. So erschwerte die teilweise fehlende Homogenität der Produktprogramme die anvisierte Mengenbündelung zur Erzielung von Preissenkungen. Die genannten verschlechterten Bedingungen auf den Beschaffungsmärkten lagen außerhalb des Einflußbereichs von Projektleitung und -teilnehmern. Die insgesamt positive Projektbeurteilung zeigt letztendlich, daß Einkaufskooperationen ein geeignetes Mittel zur Verbesserung der Wettbewerbssituation von kleinen und mittelständischen Unternehmen sind.

4.3   Faktoren erfolgreicher Zusammenarbeit in Einkaufskooperationen

Im Nachhinein betrachtet erfordert die erfolgreiche Durchführung von Einkaufskooperationen im wesentlichen die Berücksichtigung von *neun Erfolgsfaktoren* (vgl. Abbildung 12), die nachfolgend im Detail beschrieben werden.

Abbildung 12: Die wichtigsten Erfolgsfaktoren für Einkaufskooperationen

4.3.1 Geeignete Kooperationspartner

Die Wahl der richtigen Kooperationspartner setzt ein strategisches und systematisches Vorgehen voraus. Um diesem Anspruch gerecht zu werden, muß zu Beginn der Partnersuche ein entsprechendes Anforderungsprofil abgeleitet werden, das die Idealvorstellungen der Partner beinhaltet und als Such- und Selektionsrahmen die Grundlage für den anschließenden Suchvorgang bildet. An dessen Ende erfolgt die Partnerbewertung sowie die endgültige Partnerauswahl. Grundsätzlich enthält das Anforderungsprofil Aussagen zur Kompetenz, der Kompatibilität und dem Engagement der Partner. Im Hinblick auf die Kompetenz muß insbesondere auf Komplementarität der Ressourcen und einzubringenden Wertschöpfungsaktivitäten geachtet werden. Sich ergänzende Fähigkeiten der Kooperationspartner erhöhen die gemeinsame Kooperationskompetenz. Ferner ist eine grundsätzliche Symmetrie der Interessen der Partner für den Kooperationserfolg unabdingbar. Das notwendige Maß an Kompatibilität bzw. Übereinstimmung von unternehmenspolitischen Interessen wird auch häufig als „Fit" bezeichnet. Man unterscheidet hier den *strategischen* und kulturellen *Fit*. Ersterer beschreibt die notwendige Harmonie von Unternehmenszielen und -strategien. Hierdurch wird Konflikten innerhalb der Zusammenarbeit im Vorfeld der Kooperation vorgebeugt. So dient ein strategischer Fit der Vermeidung von Misstimmungen oder Vertrauensverlusten bedingt durch eine asymmetrische Nutzung strategischer Ressourcen. Der *kulturelle Fit* zielt auf die Werte und Normen des sozialen Systems „Unternehmen" ab, die das Verhalten von Mitarbeitern nachhaltig beeinflussen. Die menschliche Dimension der Kooperation muß im Partnerprofil unbedingt berücksichtigt werden. Es hat sich in der Praxis häufig gezeigt, daß der kulturelle Fit wesentliche Bedeutung erlangt, wenn ein ursprünglich vorhandener strategischer Fit bedingt durch externe Einflüsse an Stabilität verliert. Weiterhin führt eine Kooperation nur dann zum Erfolg, wenn die Kooperationspartner bereit sind, Zeit, Energie und Ressourcen für die Partnerschaft zu „opfern". Aus diesem Grund muß sichergestellt sein, daß die unternehmensübergreifende Zusammenarbeit für alle Partner wesentlicher Bestandteil einer zentralen Wachstumsstrategie ist.[1]

Im Fall des Pilotprojektes „Einkaufskooperationen mittelständischer Unternehmen in Baden-Württemberg" gestaltete sich die *Akquisition* von teilnehmenden Unternehmen problematisch und sehr zeitaufwendig. Da Referenzen und Ergebnisse ähnlicher, erfolgreich abgeschlossener Projektvorhaben nicht als Argumentationshilfe zur Verfügung standen, konnte eine systematische, theoretisch ideale Vorgehensweise bei der Partnerselektion nicht verfolgt werden. Vielmehr galt es, einer Art „Teufelskreis" zu entrinnen. So machten die meisten am Projekt interessierten Unternehmen ihre Teilnahme von der Zusage einer finanziellen Förderung durch das Wirtschaftsministerium Baden-Württemberg abhängig. Dieses wiederum wollte die Fördermittel aber erst nach dem Commitment einer ausreichenden Anzahl von Projektteilnehmern zusagen. Letztendlich gelang es jedoch entsprechend den vom Wirtschaftsministerium vorgegebenen Restriktionen wie Hauptsitz, Mittelstand und Branchen, 13 mittelständische Unternehmen aus den Branchen Automobilzulieferindustrie, Maschinenbau und Metallverarbeitung mit Hauptsitz in Baden-Württemberg für das Projekt zu gewinnen. Der Umsatz der akquirierten Unternehmen lag zwischen 50 und 350 Millionen DM. Hierbei handelte es sich beispielsweise um die Hersteller von

- hydraulischen und pneumatischen Steuerungen
- unterschiedlichsten Dichtungen und Lagern
- Dachtransportsystemen und Anhängevorrichtungen
- Karosserieteilen aus Metall und Kunststoff
- elektromechanischen Bauelementen
- diversen Stanz- und Ziehteilen etc.

Die Kontaktaufnahme mit potentiellen Partnern erfolgte generell unter Nutzung persönlicher Beziehungen der Autoren, durch die Einschaltung des VDA als Kontaktvermittler sowie die Verwendung allgemeiner Unternehmensverzeichnisse. Generell hat sich bei der Akquisition gezeigt, daß diejenigen Unternehmen, die erst einmal einen Gesprächstermin mit den Autoren vereinbart hatten, zu 95 Prozent von einer Teilnahme überzeugt werden konnten. In diesen Akquisitionsgesprächen wurde der Projektantrag mit den Inhabern/Vorständen/Geschäftsführern und Einkaufsleitern erläutert. Die erfolgreiche Akquisition dieser Unternehmen war unter anderem darauf zurückzuführen, daß bereits im Projektantrag *ökonomische* und *technologische Zielsetzungen* formuliert wurden (vgl. Abbildung 13). Grundsätzlich ist bei der Formulierung von Kooperationszielen vor Beginn von unternehmensübergreifenden Tätigkeiten zu beachten, daß derartige Ziele häufig sehr vielfältig sind, so daß in den meisten Fällen nicht nur ein Ziel für die Kooperationsbildung ausschlaggebend ist, sondern ein komplettes ,,Zielsystem" mit zahlreichen komplexen Interdependenzen.

Ökonomische Zielsetzungen	Technologische Zielsetzungen
• Erhöhung der Prozeßeffizienz durch Spezialisierung einzelner Beschaffungsaufgaben	• Simultaneous Engineering/Early Supplier Involvement
• Bildung von Kompetenzzentren und Erhöhung der Transparenz auf den Beschaffungsmärkten	• Konzentration auf die Kernkompetenzen
• Optimierung des Materialsortiments und Erschließung von direkten Vorteilen bei den Einkaufskonditionen	• Modular Sourcing
• Verschiebung der traditionellen "Marktseitenverhältnisse"	• Substitution von Einsatzmaterialien und Technologien
• Verstärkung von Global-Sourcing-Aktivitäten	• Einsatz moderner Informations- und Kommunikationstechnologien
• Verstärkung des Einkaufs von Dienstleistungen	

Abbildung 13: Ökonomische und technologische Zielsetzungen

Das Kooperationsprojekt bot zum Beispiel die Möglichkeit, daß die beteiligten Unternehmen bestimmte Einkaufs- und Beschaffungsaufgaben wie

– Beschaffungsmarktforschung

– Abschluß von Rahmenverträgen

– Lieferantenbewertung

– Anfragesystematik

– Angebotsauswertung etc.

für einzelne, fest definierte Bedarfsarten jeweils einem Unternehmen übertrugen. Hierduch werden Spezialisierungseffekte erreicht, die sich insbesondere in *Prozeßeffizienz* und Vermeidung von Doppelarbeit auswirkten.

Ferner bietet die angestrebte Spezialisierung einzelner Unternehmen auf bestimmte Materialbedarfe die Möglichkeit, bedarfsspezifische *Kompetenzzentren* zu institutionalisieren und somit das Know-how über Beschaffungsmärkte zu erhöhen. Schwer zugängliche Innovationspotentiale in den Beschaffungsmärkten werden vielfach besser genutzt, es entsteht auf diese Weise eine Art Kompetenzverbund, der sich im günstigsten Fall zu einem gegenseitigen strategischen Lernen erweitert und dadurch die Wettbewerbsfähigkeit verbessert. Im Vordergrund steht hierbei eine wechselseitige Kompetenzdelegation. Dies bedeutete für das Pilotprojekt ,,Einkaufskooperationen'', daß jeder Kooperationspartner Einkaufskompetenzen an denjenigen Partner abtrat, welcher die höchste Kompetenz aufwies. Von wesentlicher Bedeutung war folglich die Integration komplementärer Kenntnisse und Erfahrungen im Einkauf. Eine wichtige Aufgabe des modernen Beschaffungsmanagements besteht in der *Optimierung der Materialsortimente.* Angestrebt wird eine Standardisierung und Normung einzelner Materialbedarfe und damit einhergehend eine Reduzierung der Variantenzahl. Bedingt durch Bedarfsabstimmungen und Mengenbündelungen der am Kooperationsprojekt beteiligten Unternehmen ließen sich so direkte Vorteile (,,Enonomies of Scale'') in den Einkaufskonditionen erzielen. Im Rahmen des Konzeptes der Wertkette von Porter[2] spricht man in diesem Zusammenhang von der Ausnutzung materieller Verflechtungspotentiale. Diese resultieren aus der Möglichkeit, Wertaktivitäten zum Beispiel im Einkauf, gemeinsam mit anderen Unternehmen durchzuführen und somit externe Synergieeffekte durch Volumenbündelung zu realisieren.

Des weiteren bieten unternehmensübergreifende Aktivitäten im Einkauf die Möglichkeit, Risiken durch Kosten- und Investitionsaufteilungen zu minimieren. Durch die Zusammenarbeit der Partner wird das Einkaufs-Know-how erhöht, wodurch Fehler häufig im Vorfeld reduziert und somit kosten- und zeitintensive Korrekturmaßnahmen vermieden werden. Letztere sind insbesondere angesichts eines zunehmenden Zeitwettbewerbs von großer Bedeutung. Diese Risikominimierungsfunktion unternehmensübergreifender Aktivitäten im Einkauf ist vor allem bei der *Verstärkung von Global-Sourcing-Tätigkeiten* relevant. Die Bearbeitung ausländischer Märkte wird angesichts der Internationalisierungstendenzen im Wettbewerb zunehmend wichtiger. Ziel der Kooperationspartner muß es sein, die Vorteile zu nutzen, die sich durch die Erhöhung des Anteils an international beschafften Gütern ergeben.

Ein weiterer ökonomischer Vorteil von Einkaufskooperationen liegt in der *Verschiebung der traditionellen „Marktseitenverhältnisse"*, die aus einer stärkeren Spezialisierung auf bestimmte Materialbedarfe und der damit verbundenen Mengenbündelung der Kooperationspartner resultiert. Für mittelständische Unternehmen bedeutet dies eine Stärkung der Verhandlungsposition gegenüber den Lieferanten. Dieser Vorteil wird besonders wirksam bei Lieferanten, die auch mit Großabnehmern in Geschäftsbeziehung stehen.

Als letztes ökonomisches Ziel wurde vor Projektbeginn die *Verstärkung des Einkaufs von Dienstleistungen* genannt, da sich die Zielsetzungen nicht nur auf die Realisierung von Vorteilen, die die Materialbedarfe der Kooperationspartner betreffen, beschränken dürfen. Zusätzlich wurde im Rahmen des Pilotprojektes angestrebt, den Einkauf von Dienstleistungen in den Bereichen Forschung und Entwicklung, Logistik, Datenverarbeitung, Werkzeugbau etc. zu verstärken. Hierdurch wurden auch in diesen Bereichen Verbundvorteile erzielt.

Neben den jeweiligen Beschaffungsabteilungen müssen auch die technischen Subsysteme, insbesondere die F&E-Abteilungen der Unternehmen, in ein Kooperationsprojekt integriert werden. Zielkriterium ist die simultane Durchführung sowohl unternehmensinterner als auch -externer Prozesse. Die Lieferanten müssen frühzeitig in die internen Beschaffungsprozesse integriert werden *(Early-Supplier-Involvement)*. Hierdurch wird sichergestellt, daß das technologische Know-how der Lieferanten bestmöglichst genutzt wird. Des weiteren wird es für mittelständische Unternehmen zunehmend wichtiger, sich auf die eigentlichen technologischen *Kernkompetenzen zu konzentrieren* und Sekundäraktivitäten auszulagern. In diesem Fall wird der Wertschöpfungsanteil der Lieferanten bis hin zum Bezug umfangreicher Module *(Modular-Sourcing)* erhöht. Die zentrale Frage im Zusammenhang mit Outsourcing lautet: Was ist das bestmögliche Verhältnis zwischen den intern zu beherrschenden und zu verantwortenden Aktivitäten einerseits und den von Externen zu erbringenden Teilaufgaben andererseits. Ausgangspunkt ist der vom Wettbewerb hervorgerufene permanente Druck zur Kostensenkung sowie zur Flexibilitätserhöhung zum Beispiel in Form verbesserter Anpassungen an Belastungsschwankungen. Durch die im Pilotprojekt untersuchten kostengünstigen Zukaufsalternativen wurden für die beteiligten Unternehmen neue Wege geöffnet und wettbewerbswirksame Neupositionierungen ermöglicht. In vielen Fällen ist es für die Kooperationspartner vorteilhaft, sich gemeinsam auf weniger Lieferanten zu konzentrieren, um insbesondere bei hoher Wertigkeit der Produkte und hohem Einkaufsvolumen organisatorische Schnittstellen zur vorgelagerten Wertschöpfungsstufe zu reduzieren. Ausgelöst durch die Identifikation neuer, kostengünstiger Ressourcen in bestimmten Materialgruppen war es für die Projektteilnehmer teilweise sinnvoll, bisher verwendete *Inputfaktoren zu substituieren*. Hierfür erforderliche Modifikationen der Prozeßabläufe wurden durch die erzielten Materialpreisreduktionen und die verbesserte Produktqualität häufig überkompensiert. Weitere Wettbewerbsvorteile erzielten die Projektpartner durch den *Einsatz moderner Infor-*

mations- und Kommunikationstechnologien im Beschaffungsbereich. Mit Hilfe von integrierten, technologischen Datenverarbeitungs- und Übertragungssystemen (DFÜ) konnten die Vorteile von Modular- und Global-Sourcing sowie von Early-Supplier-Involvement wesentlich effizienter genutzt werden. Der schnelle und gemeinsame Datenaustausch zum Beispiel auf Basis des branchenunabhängigen und international verbreiteten Übertragungsstandards EDIFACT unterstützt zudem die Erlangung kooperativer Einkaufsvorteile sowie die Reduzierung von Organisationskosten in den beteiligten Unternehmen. Gerade für mittelständische Unternehmen läßt sich der mit der Einführung dieser Technologien verbundene hohe finanzielle und strukturelle Aufwand oft nur im Rahmen von Kooperationsprojekten rechtfertigen.

Bei der Akquisition war das Aufzeigen eines für alle Teilnehmer vergleichbaren direkten *Nutzens aus der aktiven Projektmitarbeit* (Win-win-Situation) hilfreich. Hierzu zählten beispielsweise:

–   Einkaufspreisreduzierungen
    Es wurde eine Kostensenkung von ca. 15 Prozent des betreffenden beeinflußbaren Einkaufsvolumens angestrebt.

–   Überwindung struktureller Nachteile
    Durch die Erzielung von Größenvorteilen basierend auf der Bündelung von Einkaufsvolumen wurde die Überwindung von strukturellen Nachteilen beabsichtigt.

–   Unternehmensübergreifende Koordination von Einkaufsaktivitäten
    Durch die Einkaufskooperation sollte der Ausbau zu Systemlieferanten insbesondere in der Automobilzulieferindustrie ermöglicht werden.

–   Handlungsempfehlungen
    Diese sollten unternehmensinterne Maßnahmen, zukünftige Kooperationsaktivitäten sowie die Verbesserung der Zusammenarbeit zwischen Zulieferer und Abnehmer betreffen. Als Beispiele seien hier die Themen Lieferantenintegration und Komplexitätsabbau durch Variantenreduzierung genannt.

–   Know-how-Transfer
    Die Bündelung des Einkaufs-Know-hows aller Kooperationspartner sollte der Erhöhung der gemeinsamen Einkaufskompetenz dienen.

–   Gewinnung neuer Beschaffungsquellen und -märkte
    Durch einen Erfahrungsaustausch zwischen den Partnern über bisherige Lieferanten und Beschaffungsmärkte sowie durch gemeinsame, auf neue Beschaffungsquellen und -märkte ausgerichtete Aktivitäten sollten insbesondere in Deutschland und Europa neue Beschaffungsmöglichkeiten aufgezeigt und genutzt werden.

–   Bildung von Kompetenzzentren
    Hierdurch sollte Doppelarbeit vermieden und der Spezialisierungseffekt erhöht werden.

– Verbesserung der Wettbewerbsfähigkeit/Standortsicherung
  Eine aus Einkaufskooperationen resultierende Kostensenkung führt insbesondere bei kleinen und mittelständischen Unternehmen zur Verbesserung der Wettbewerbsfähigkeit sowie -position und somit langfristig zur Standortsicherung.

Die Identifikation von gemeinsamen Zielsetzungen und zu erwartenden Ergebnissen bereits vor Projektbeginn ermöglicht eine zielgerichtete Projektarbeit, führt von Anfang an zu einem gewissen Zusammengehörigkeitsgefühl der Kooperationspartner und steigert vor allem die Motivation und das Engagement der Teilnehmer.

Das Projekt „Einkaufskooperationen" wird mit 13 Kooperationspartnern als Großgruppenprojekt bezeichnet. Zu derartigen Großgruppenkooperationen zählen im allgemeinen Bündnisse zwischen sieben und mehr Partnern, die sich in erster Linie für eine horizontal ausgerichtete Zusammenarbeit eignen. Allerdings ist im Zusammenhang mit der Anzahl der Kooperationspartner zu beachten, daß mit zunehmender Gruppengröße die Unüberschaubarkeit wächst. Der einzelne Partner fühlt sich dann vielfach in Bezug auf eine Beeinflußung des Gruppengeschehens ohnmächtig. Probleme können häufig nicht mehr in direktem Kontakt gelöst werden. So lassen sich beispielsweise bei zwölf Mitgliedern Temine noch einzeln abstimmen. Dahingegen muß bei weit mehr als 20 Partnern der Termin festgelegt werden, unabhängig davon, ob jeder Beteiligte zu diesem Zeitpunkt verfügbar ist. Auf der anderen Seite nimmt das Identifikationsgefühl gegenüber Nichtgruppenangehörigen bei einer umfangreicheren Kooperationsgröße zu. So haben die Partner das Gefühl zu einer quantitativ starken Gruppe zu gehören und somit mächtig und einflußreich zu sein. Bei einer unternehmensübergreifenden Zusammenarbeit, bei der gemeinsame Entscheidungen direkt umgesetzt werden, scheint die optimale Zahl zwischen 10 und 18 Partnern zu liegen.[3]

Das Ziel von horizontalen Großgruppenverbindungen ist – wie im betrachteten Pilotprojekt „Einkaufskooperationen" – die gegenseitige Stärkung der Wettbewerbsfähigkeit gegenüber Dritten. Im Vordergrund steht vielfach die Bündelung von Ressourcen und Kompetenzen. Hierdurch wird insbesondere eine Marktmacht mit Kosten- und/oder Umsatzvorteilen aufgebaut und Zugang zu internationalen Märkten erzielt, sofern sich keine kartellrechtlichen Einschränkungen ergeben. Letztere konnten im betrachteten Projekt nicht geltend gemacht werden, da das Projekt in der durchgeführten Form aus folgenden Gründen *kartellrechtlich zulässig* war:

– Es bestand keine *rechtliche Verpflichtung* für die Kooperationspartner, ihren Bedarf ganz, zu einem bestimmten Prozentsatz oder in einigen bestimmten Artikeln durch einen Gemeinschaftseinkauf zu decken (Bescheide des Bundeskartellamts vom 8./9. Februar und 27./28. März 1962, § 5c GWB). Insbesondere letzterer zielt auf die Verbesserung der Wettbewerbsfähigkeit kleiner oder mittlerer Unternehmen durch kooperative Tätigkeiten.

– Auf die Mitglieder des Projektes wurde *kein Druck* wie zum Beispiel Androhen des Ausschlusses oder ähnlicher Nachteile zur Deckung ihres Bedarfs im Gemeinschaftseinkauf ausgeübt (§ 25 Abs. 2 GWB).

- Die Teilnehmer des Einkaufskooperationsprojektes konnten *Geschäfte mit Nichtkooperationsmitgliedern ausschließen* und die Mitgliederzahl begrenzen. Ebenso war die Verpflichtung zur Nennung der Kooperation bei gemeinsamen Ausschreibungen zulässig.

- Auch im *EU-Recht* bestehen keine Bedenken gegen Einkaufskooperationen wie das betrachtete Pilotprojekt, wenn durch derartige Kooperationen Rationalisierungseffekte im weiteren Sinne angestrebt werden, die die Leistungsfähigkeit kleiner und mittlerer Unternehmen stärken (Art. 85 Abs. 3 EWG-Vertrag).

Im allgemeinen sind Kooperationen zwischen Wettbewerbern in der mittelständischen Industrie allein schon deshalb sinnvoll, da in diesen Fällen vielfach relativ homogene Produktprogramme und folglich ähnliche Bedarfe vorhanden und somit Bedarfsbündelungen wesentlich einfacher durchzuführen sind als bei heterogenen Produktspektren.

4.3.2 Externe Moderatoren

Kleinere und mittelständische Unternehmen sind traditionell sehr stark vom Unabhängigkeitsstreben geprägt. Dies ist zunächst ein durchaus positives Zeichen unternehmerischen Selbstbehauptungswillens im Schumpeterschen Sinne. So ist der unbeugsame Wille, im Wettbewerb alleine und ohne fremde Hilfe bestehen zu wollen und zu können, eine wesentliche Ursache für die Innovationsfreude und -fähigkeit vieler Unternehmer. Andererseits hat dieser ausgeprägte Unabhängigkeitsdrang zur Folge, daß die für den Erhalt der Wettbewerbsposition vielfach notwendige *Kooperationsfähigkeit und -willigkeit* bei mittelständischen Unternehmen im allgemeinen sehr gering ist. Kooperationsfähigkeit muß häufig gelernt und erprobt werden. Sie stellt sich nicht automatisch ein, denn der Aufau von Kooperationsbeziehungen ist „kein Routinejob". In den meisten Unternehmen gibt es kein gesichertes Wissen über die Bewältigung des Managements und der Organisation unternehmensübergreifender Zusammenarbeit. Dies gilt insbesondere für kleinere und mittelständische Unternehmen. So scheitert die Durchführung kooperativer Tätigkeiten beispielsweise häufig daran, daß die Notwendigkeit der Offenlegung vertraulicher Daten die Unternehmen aus Angst vor einem Know-how-Abfluß und dem Verlust von Wettbewerbsvorteilen zurückschrecken läßt. Des weiteren sind Kapazitäten zur Durchführung von Kooperationen vielfach nicht vorhanden. Dabei weisen gerade kleinere Unternehmen in vielen Fällen eine höhere Flexibilität, Dynamik und mehr unternehmerischen Enthusiasmus auf als größere Betriebe. Bedingt durch fehlende Overheads sowie nicht vorhandene umfangreiche bürokratische und hierarchische Führungssysteme können Entscheidungen schneller getroffen und Anpassungen an Markt- und Umweltveränderungen relativ kurzfristig vorgenommen werden. Somit sind wichtige Voraussetzungen für das gemeinsame Treffen von Entscheidungen mit Kooperationspartnern insbesondere bei mittelständischen Unternehmen gegeben. Durch die Integration von externen Forschern und Beratern können diese Bedenken beseitigt werden.

Im betrachteten Projekt wurde die *Moderatorenfunktion* von Andreas R. Voegele von Roland Berger & Partner und Ulli Arnold von der Universität Stuttgart wahrgenommen. Beide Moderatoren haben sich auf die Bearbeitung der Bereiche Beschaffung, Materialwirtschaft, Einkauf und Logistik spezialisiert.

Zu den Aufgaben der Moderatoren/Katalysatoren zählte unter anderem die *zentrale Bündelung* und *Anonymisierung* vertraulicher Daten sowie die Zurverfügungstellung von Kapazitäten mit spezifischem Know-how. Hierbei beinhaltete die Anonymisierung von Daten im Pilotprojekt sowohl eine interne vertrauliche Behandlung von Daten, insbesondere aufgrund gewährter Sonderkonditionen, als auch eine von allen betroffenen Kooperationspartnern gemeinsam getroffene Entscheidung über die externe Verwendung der Daten. Ferner diente die Anonymisierung der Vermeidung geschönten Datenmaterials aus falscher Scham, sich vor den anderen Projektteilnehmern bloßzustellen. Eine weitere wichtige Aufgabe der externen Moderatoren lag in der *Koordination* der von den Kooperationspartnern arbeitsteilig erstellen Leistungen sowie in der Ausrichtung der unternehmensübergreifenden Einkaufsaktivitäten auf die vor Projektbeginn formulierten gemeinsamen Ziele. Denn im Zusammenhang mit kooperativen Tätigkeiten sollte unbedingt beachtet werden, daß eine schlecht koordinierte Gemeinschaft schnell zu Differenzen und Streitigkeiten führen kann, die letztendlich das Ende gemeinsamer Aktivitäten hervorrufen. Zum Abschluß des Projektes wurde von den Moderatoren ein umfassendes *Erfolgsmeßkonzept* zur Ermittlung des qualitativen und quantitativen Nutzens entwickelt und umgesetzt.

4.3.3 Professionelles Projektmanagement

Ein professionelles Projektmanagment erfordert die aktive Mitarbeit von Entscheidungsträgern auf höchster Managementebene. Im Projekt „Einkaufskooperationen" wurde deshalb ein *Lenkungsausschuß* gebildet, in dem die Inhaber/Vorstände/ Geschäftsführer sowie das Ministerium für Wirtschaft, Mittelstand und Technologie Baden-Württemberg als Auftraggeber vertreten waren. Dieses Gremium traf einerseits Entscheidungen, die für den Projektfortgang relevant waren, und fungierte andererseits beim Auftreten von Konflikten mit hoher Eskalationsstufe als oberste Schlichtungsstelle. Die Institutionalisierung eines aktiven Konfliktmanagements ist grundsätzlich unabdingbar, da kooperative Verbindungen keine statischen Gebilde sind. Es handelt sich vielmehr um einen mit vielen Unsicherheiten behafteten fortlaufenden Prozeß der Verhandlung und Konsensfindung, der nur bedingt plan- und beherrschbar ist. Unerwartet auftretende Konflikte zwingen die Kooperationspartner häufig zu Änderungen ihrer bisherigen Vereinbarungen. Erfolgreiche Verbindungen zeichnen sich durch ein aktives Konfliktmanagement aus, das Diskrepanzen als Erfahrungen versteht, die letztendlich zu Innovationen befähigen können. Hierbei ist das Ziel, Konflikte auf einer möglichst niedrigen Eskalationsstufe zu identifizieren und destruktive Konflikte zu beseitigen.[4]

Im Pilotprojekt „Einkaufskooperationen" waren Konflikte im allgemeinen von untergeordneter Bedeutung. Falls diese doch vorhanden waren, konnten sie in den in Zeitabständen von drei bis vier Monaten stattfindenden Lenkungsausschußsitzungen beseitigt werden. Diese Sitzungen dienten in erster Linie der Information der Entscheidungsträger über den aktuellen Projektstatus. Des weiteren oblag den Mitgliedern des Lenkungsausschusses als Art Mentoren die Unterstützung der positiven Entwicklung des Kooperationsprojektes.

Das unter dem Lenkungsausschuß angesiedelte Projektteam setzte sich aus einer Projektleitung und einem Kernprojektteam zusammen. Die *Projektleitung* fungierte als Ansprechpartner für die Mitglieder des Lenkungsausschusses und übermittelte die Projektergebnisse des Kernprojektteams an den Lenkungsausschuß. Ferner oblag der Projektleitung die Aufgabe, die Projektarbeit zu forcieren, neue Ideen zu initiieren und den Projektfortschritt zu controllen. Bei sich anbahnenden Konflikten traten die Projektleiter als Koordinatoren mit Schlichtungsfunktion auf.

Im *Kernprojektteam* waren neben den Projektleitern/Moderatoren die Unternehmen des Kooperations-Pilotprojektes mit verantwortlichen Ansprechpartnern zur Datenerhebung, Einkaufsrunde etc. vertreten. In der Regel waren dies die Einkaufsleiter der beteiligten Unternehmen. Bei Spezialfragestellungen wurden darüber hinaus Spezialisten wie zum Beispiel Versandleiter, F&E-Leiter etc. in das Projekt integriert. Sie trafen sich zwischen den einzelnen Lenkungsausschußsitzungen regelmäßig zur aktiven kooperativen Bearbeitung ausgesuchter Warengruppen. Diese Arbeitstreffen wurden vielfach von den Projektleitern moderiert. Für die Durchführung des Kooperations-Pilotprojektes erforderliche Datenerhebungen wurden von entsprechenden Verantwortlichen in den einzelnen Unternehmen vorgenommen. Die Daten wurden dann an die externen Katalysatoren/Moderatoren gemeldet und von diesen zentral weiterverarbeitet.

Grundsätzlich muß bei der Etablierung einer geeigneten Projektorganisation beachtet werden, daß Mitarbeiter in Projektteams, die mit aktiven Kooperationsaufgaben betraut sind, mit umfassender Verantwortung und weitreichenden Kompetenzen für die anliegenden operativen Entscheidungen ausgestattet sind. Sie müssen die ihnen obliegenden Aufgaben gegebenenfalls auch gegen den Willen einzelner Kollegen durchsetzen können. Diese Voraussetzung für erfolgreiche unternehmensübergreifende Tätigkeiten war im Pilotprojekt erfüllt.

Aus einem *Expertenpool* aus Wissenschaft und Wirtschaft wurden je nach Bedarf weitere externe Experten hinzugezogen. Dies war beispielsweise bei der Erhebung allgemeiner Marktpreisniveaus im Rahmen der Durchführung des Projekt-Erfolgsmeßkonzeptes der Fall.

Ein professionelles Projektmanagement beinhaltet neben der Etablierung einer geeigneten Projektorganisation auch die Festlegung eines detaillierten *Zeitplans* für die effiziente Durchführung des zeitlich begrenzten Kooperationsprojektes (vgl. Abbildung 14). Dieser enthielt im betrachteten Einkaufspilotprojekt die Arbeitsschritte vor Projektbeginn, die einzelnen Schritte der Durchführung des Pilotprojektes sowie einzelne Phasen zur Bewertung des Projektes. Des weiteren wurden die Zeiträume für die Diffusion des Kooperationsmodells (Ideentransfer, Seminarkonzept) sowie für Publikationen und die projektbegleitenden Aktivitäten bereits zu Projektbeginn im Zeitplan festgelegt.

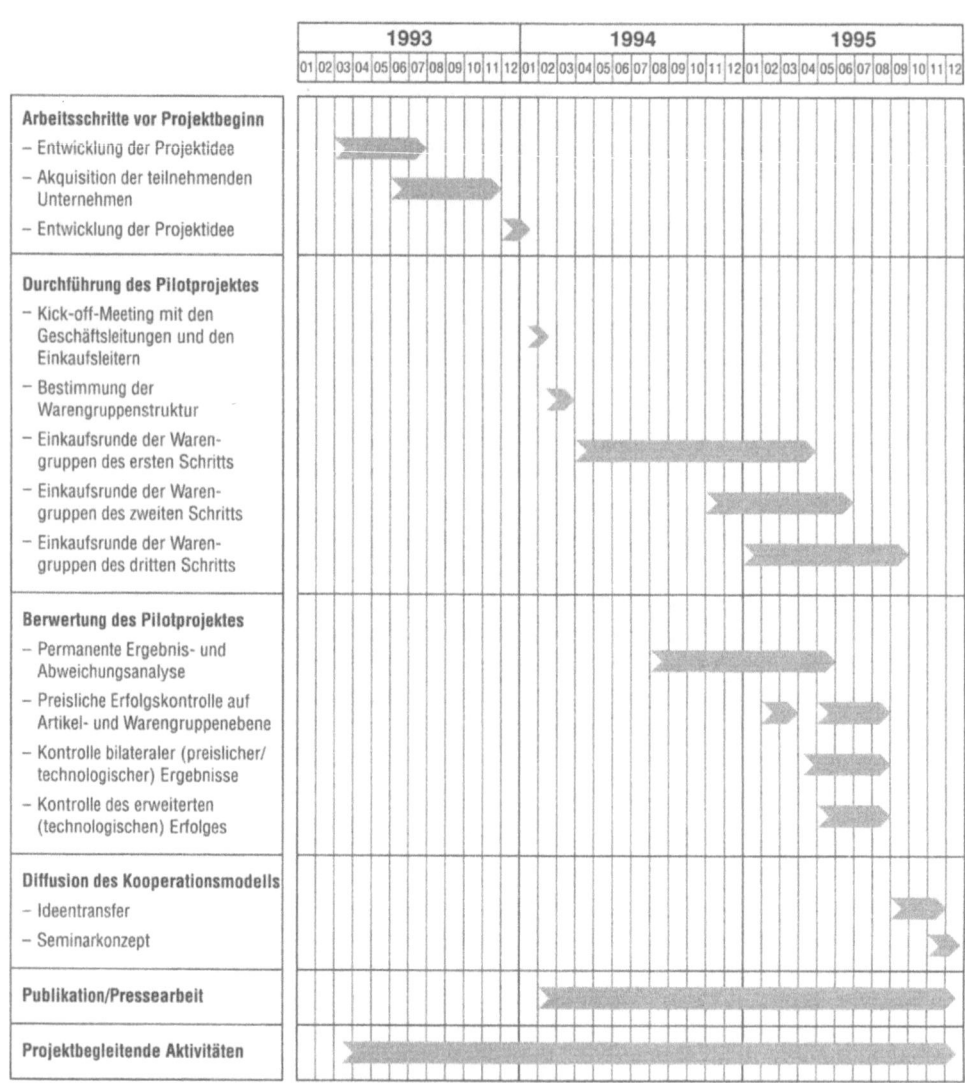

Abbildung 14:   Zeitplan des Pilotprojektes

Die *Arbeitsschritte vor Projektbeginn* beinhalteten zunächst die Entwicklung der Projektidee. Hierfür wurde die Problemlage beim Einkauf in mittelständischen Unternehmen erarbeitet, ein Forschungsdesign für kooperativen Einkauf entwickelt sowie nach geeigneten theoretischen Problemlösungskonzepten gesucht. Ferner wurden empirische Lösungsansätze analysiert und bewertet. Diese Vorgehensweise setzte unter anderem die Definition von Zielen sowie des Aufbaus und Ablaufs des Projektes voraus. Des weiteren stand vor Projektbeginn in erster Linie die Akquisition der teilnehmenden Unternehmen im Vordergrund. Wesentliche Voraussetzung für die Ansprache und Gewinnung von Kooperationspartnern war die Ausarbeitung von Unterlagen zur Präsentation des Projektes bei Inhabern und Geschäftsführern. Relevante Branchen wurden nach Betriebsgrößenklasse analysiert und potentielle Projektteilnehmer identifiziert. Letztendlich wurde der Projektumfang vor Projektbeginn abgestimmt. Nach der Festlegung des Kreises der Projektpartner erstreckte sich diese Abstimmung sowohl auf die Vorgehensweise als auch auf die Projektorganisation und die Zuordnung von Verantwortlichkeiten.

Die *Durchführung des Pilotprojektes* startete mit dem Kick-off-Meeting mit den Geschäftsleitungen und den Einkaufsleitern. In diesem Treffen wurden nach der detaillierten Präsentation des Projektablaufs die Aufgaben zu einzelnen Projektpartnern zugeordnet sowie organisatorische Regelungen für eine reibungslose Projektdurchführung festgelegt. Die Bestimmung der Warengruppenstruktur beinhaltete die Ermittlung der kooperationsfähigen Materialgruppen (Homogenisierung der Bedarfe) sowie die Bündelung der Einzelbedarfe zu Gruppenbedarfen. Anschließend wurden mehrere Einkaufsrunden durchgeführt. Hierzu zählte unter anderem:

– Bestimmung des jeweils federführenden Koordinators bei den einzelnen Gruppenbedarfen

– Suche nach neuen und zusätzlichen Lieferanten

– Anfragen zur Informationsgewinnung für Angebotsvergleiche

– Durchführung von Preis- und Lieferantenvergleichen

– Führen von Verhandlungen

– Abschluß von Rahmenverträgen etc.

Die *Bewertung des Pilotprojektes* diente der Auswertung der Projekterfahrungen. Sie umfaßte sowohl eine permanente Ergebnis- und Abweichungsanalyse als auch die Anwendung eines im Projekt definierten Erfolgsmeßkonzeptes zur Messung des preislichen und technologischen Erfolges. Erstere erstreckte sich auf die Durchführung ergebnis-bezogener Soll-Ist-Vergleiche im Kooperationsmodell sowie auf Ist-Ist-Vergleiche der Ergebnisse vor und nach der Kooperationsvereinbarung. Ferner enthielt sie prozeßbezogene Abweichungsanalysen zur Verbesserung der Abläufe in der Kooperation sowie Empfehlungen an die Projektpartner für weitere Einkaufsrunden.

Die sogenannte *Diffusion des Kooperationsmodells* setzte eine detaillierte Dokumentation des Projektverlaufs und der Projektergebnisse voraus. In diesem Zusammenhang war ein Ziel die Erstellung eines umfassenden Projektberichts für alle Projektbeteiligten. Die Diffusionsphase als solche bestand aus einem Ideentransfer und der Erarbeitung eines Seminarkonzeptes. Ersterer erstreckte sich auf Vorschläge zum institutionalen, personalen sowie mediengestützten Transfer. Das ausgearbeitete Seminarkonzept mit Berichten über Ergebnisse, Erfahrungen und Erkenntnisse aus dem Pilotprojekt wurde nach Projektende im Rahmen einer Veranstaltung der Industrie- und Handelskammer Stuttgart vorgestellt. Die Zielsetzung lautete hierbei: Motivation zu Eigenaktivitäten.

Die *Publikationen/Pressearbeit* betrafen phasenbegleitende Veröffentlichungen in praxisbezogenen und wissenschaftlichen Fachzeitschriften wie zum Beispiel Beschaffung aktuell[5] in Magazinen wie zum Beispiel Impulse[6] sowie in der Tagespresse wie beispielsweise in der Stuttgarter Zeitung[7]. Des weiteren zeigten verschiedene regionale Industrie- und Handelskammern, das niedersächsische Wirtschaftsministerium sowie die französische Handelsdelegation in Stuttgart großes Interesse an Informationen über das Piloteinkaufskooperationsprojekt.

Während der gesamten Laufzeit des Projektes wurden diverse *projektbegleitende Aktivitäten* durchgeführt. Hierzu zählten beispielsweise:

– Organisation des Informationsaustausches zwischen den Projektteilnehmern

– Vorbereitung und Moderation der Sitzungen des Lenkungsausschusses und des Projektteams

– Auswertung und Aufbereitung wissenschaftlicher Literatur für das Projektteam

– phasenbezogene Information der Repräsentanten des Ministeriums und der Verbände.

4.3.4 Kooperationsfördernde Arbeitsatmosphäre

Für den Kooperationserfolg ist eine offene und durch gegenseitiges *Vertrauen* geprägte Arbeitsatmosphäre unabdingbar. Nur wenn es den Kooperationspartnern gelingt, ehrlich miteinander zu diskutieren und eine grundlegende Vertrauensbasis herzustellen, kann anstatt eines Nullsummenspiels eine für die Stabilität in der Kooperation sorgende *Win-Win-Situation* hergestellt werden. Dies bedeutet, daß jeder einzelne Projektpartner aus der kooperativen Verbindung einen Beitrag zur Erreichung der von ihm angestrebten Wettbewerbsvorteile ziehen muß, der größer ist, als der für ihn ohne Kooperation erreichbare Beitrag. Hierbei hängt die Vorteilhaftigkeit vielfach vom subjektiven Urteil der Beteiligten ab. Grundsätzlich muß weiterhin für alle Kooperationspartner ein *Anreiz-/Beitragsgleichgewicht* existieren. Dieses erfordert von den Partnern einerseits ausgewogene Beiträge zur Kooperation zum Beispiel in Form von Sach- und Personalaufwendungen und setzt andererseits eine aufwandsbezogene Aufteilung der erzielbaren Gewinne voraus. In diesem Fall steht der Herstellung einer Arbeitsatmosphäre, die durch gegenseitiges Vertrauen geprägt ist, nichts mehr im Wege. So konnte im Pilotprojekt Baden-Württemberg in relativ kurzer Zeit eine hohe Vertrauensbasis zwischen den Kooperationspartnern aufgebaut werden. Im Verlauf des Projektes führte diese vielfach dazu, daß eine Anonymisierung der Daten nicht mehr erforderlich war.

Ferner war die *Kommunikationsfreudigkeit* bzw. *Bereitschaft zum Dialog und Erfahrungsaustausch* zwischen den Kooperationspartnern sehr hoch. Die intensive Kommunikation war nicht nur ein wichtiges Mittel zur Verbesserung des Vertrauens zwischen den Projektpartnern, sondern hatte weiterhin einen schnellen Austausch von Informationen sowie zahlreiche konstruktive Diskussionen zwischen den Projektteilnehmern, die sich durch Sachlichkeit und Offenheit auszeichneten, zur Folge. Das Ergebnis war eine leistungsfähige Kommunikationsstruktur. Wichtig ist, daß die Kooperationspartner keine Angst vor gegenseitigen Abhängigkeiten haben. Vielmehr wurde das vorhandene Know-how und die Einkaufskompetenz aller Partner dazu genutzt, gemeinsam Wettbewerbsvorteile zu erzielen. Der sogenannte „*Personal Fit*" zwischen den Teilnehmern, d.h. die in vielen Fällen übereinstimmende Chemie der beteiligten Personen, war im Pilotprojekt vorteilhaft. Hieraus resultierte eine hohe Akzeptanz der Teilnehmer untereinander sowie die ehrliche Weitergabe von projektrelevanten Informationen.

Nach wie vor bleibt eine wesentliche Erfolgskomponente bei unternehmensübergreifender Zusammenarbeit der Mensch als Know-how- und Kompetenzträger. Er kann zum Beispiel durch Bedenken gegenüber nicht vertrauten Methoden Neuerungen blockieren. Deshalb müssen Verhaltensänderungen der beteiligten Kooperationspartner auf der Überzeugung beruhen, durch die Zusammenarbeit gemeinsam Kreativitäts- und Rationalisierungspotentiale zu identifizieren und zu realisieren sowie im gleichen Maße von einem offenen Informationsaustausch zu profitieren. Nur wenn die Führungskräfte und Entscheidungsträger als Mentoren für die Kooperation auftreten, werden viele Mitarbeiter geeignet motiviert und gewinnen eine positive Einstellung zu unternehmensübergreifenden Aktivitäten, sofern die „Standalone-Fähigkeit" bewahrt wird. Ferner erfordert eine Umsetzung der Ergebnisse der Kooperationstätigkeiten im eigenen Unternehmen ein aktives Agieren der Führungskräfte.

Im Pilotprojekt „Einkaufskooperationen" wuchs das gegenseitige Vertrauen der Teilnehmer im Projektverlauf zunehmend. Nach anfänglichem „Abtasten" und „Beschnuppern" wurde die Atmosphäre immer entspannter. Die Neugier auf das Know-how der Partner und der Wunsch, von den anderen Unternehmen zu lernen, war plötzlich größer als eventuell anfangs vorhandene Skepsis und Zurückhaltung gegenüber einem derartigen Projekt. Der Geschäftsführer eines beteiligten Unternehmens hatte beispielsweise zu Beginn sehr große Vorbehalte für eine derartige unternehmensübergreifende Zusammenarbeit im Einkauf. Aus leidvoller Erfahrung wußte er, daß immer wieder Modetrends in Erscheinung treten, von denen jeder profitieren möchte. Anschließend fragt man sich dann vielfach ernüchtert, was das „Aufspringen auf den Modetrend" letztendlich an Nutzen gebracht hat. Im Laufe des Pilotprojektes war er jedoch desöfteren von einzelnen Ergebnissen, die in verschiedenen Warengruppen erzielt wurden, sehr positiv überrascht, so daß er sich mit der Zeit zu einem der wesentlichen Projektbefürworter entwickelte.

Ähnliche Einstellungen der Projektpartner gegenüber der Einkaufskooperation sowie die zunehmende Vertrautheit untereinander hatten zur Folge, daß gegenseitige *Betriebsbesichtigungen* stattfanden. Diese dienten dem Kennenlernen der Produktprogramme und der Produktionsabläufe der anderen Kooperationspartner sowie gegebenenfalls dem Austausch von Erfahrungen beispielsweise über andere Produktionsverfahren oder Projekte, die auch in anderen Funktionsbereichen als dem Einkauf gesammelt wurden. So berichtete ein Partner über seine positiven und negativen Erfahrungen bei der Einführung eines neuen EDV-Systems. Diese Erläuterungen waren wiederum für einen anderen Projektteilnehmer, der gerade vor einem vergleichbaren Vorhaben stand, von hohem Wert.

4.3.5   Engagement aller Teilnehmer

Nur wenn die involvierten Mitarbeiter motiviert sind und aktiv gemeinsame Aktivitäten vorantreiben, hat eine Kooperation Aussichten auf Erfolg. Hierbei fördert die Gewährung eines angemessenen *Freiraums* der beteiligten Mitarbeiter im eigenen Unternehmen häufig die Entwicklung interessanter Ideen sowie die Kreativität vieler Projektteilnehmer. Wie im Pilotprojekt erfordert eine effiziente Zusammenarbeit den kurzfristigen Aufbau einer geeigneten Infrastruktur mit Hilfe aller Kooperationspartner.

Durch die *Beschränkung der Anzahl aktiver Warengruppenteilnehmer* auf interessierte Partner wurde die Effektivität der Projektarbeit erhöht und einer höhere Identifikation der Mitarbeiter mit dem Projekt sowie eine bessere Gruppenloyalität erzielt. In diesem Zusammenhang konnte im Projektverlauf ein Lernfortschritt erzielt werden. So war es zu Beginn des Projektes üblich, daß bei den konstituierenden Warengruppensitzungen alle Kooperationspartner, die in die jeweils zu bearbeitende Warengruppe Einkaufsvolumen einbrachten, vertreten waren. Diese Vorgehensweise stellte sich im Projektverlauf als wenig effizient heraus, denn diejenigen Kooperationspartner, deren Einkaufsvolumen nur durch einen geringen Prozentsatz betroffen war, konnten vielfach nur geringfügig Informationen oder Know-how beitragen und waren demzufolge weniger engagiert bei der Arbeit. Durch die Begrenzung der Warengruppenteilnehmer auf diejenigen Unternehmen, die ein relativ hohes Einkaufsvolumen in die Arbeitsgruppe einbrachten und somit an einer intensiven Bearbeitung dieser Warengruppe mit entsprechenden signifikanten Materialkostensenkungen interessiert waren, wurde die Projektarbeit wesentlich verbessert. So stieg nicht nur die Motivation in den jeweiligen Arbeitsgruppen, sondern gleichzeitig reduzierte sich bedingt durch die begrenzte Anzahl der Arbeitsgruppenteilnehmer der Abstimmungs- und Koordinationsaufwand zwischen den beteiligten Unternehmen. Letztendlich existierte für jede Warengruppe ein Kernarbeitsteam, das aktiv gemeinsame Tätigkeiten forcierte, sowie ein weiterer Kreis von interessierten Kooperationspartnern. Letztere wurden unmittelbar über die Ergebnisse der Arbeitsgruppe informiert, um gegebenenfalls an diesen zu partizipieren.

Durch die Bestimmung eines *Gruppenkoordinators* war es möglich, die Verantwortung und Zuständigkeit für den Bearbeitungsfortschritt in einer Warengruppe eindeutig zuzuordnen. In den meisten Fällen wurde derjenige Kooperationspartner mit dem höchsten Einkaufsvolumen bzw. der größten Fachkompetenz in einer Warengruppe als Koordinator bestimmt. Es stellte sich im Projektverlauf heraus, daß diese Vorgehensweise sinnvoll war, da die Koordinatoren bedingt durch ihr hohes Volumen in der Warengruppe oder ihr hiermit verbundenes Einkaufs-Know-how auf diesem Sektor die Projektarbeit jeweils sehr forcieren konnten. Ferner waren sie daran interessiert, in ihren Warengruppen signifikante Materialkostensenkungen zu erzielen, da sie von diesen am meisten profitieren konnten.

Abschließend soll für diesen Erfolgsfaktor als Beispiel die Bearbeitung der *Warengruppe „Transport"* herangezogen werden. Hier wurden die höchsten Einsparungspotentiale realisiert, was sicherlich zu einem Großteil auf den äußerst intensiven Einsatz der Projektpartner in dieser Warengruppe zurückzuführen war. Da die meisten Kooperationspartner an gemeinsamen Aktivitäten auf dem Transportsektor interessiert waren, erforderten die regelmäßig stattfindenden Arbeitssitzungen eine umfangreiche Vorbereitung, insbesondere seitens des Gruppenkoordinators. Insgesamt trafen sich die Kooperationspartner acht Mal zu sogenannten Kernteamsitzungen, womit die Sitzungshäufigkeit in den anderen Warengruppen weit übertroffen wurde. Zwischen diesen Sitzungen wurden vom Gruppenkoordinator und einigen wenigen Mitarbeitern seines Unternehmens sowie weiteren ausgesuchten Projektpartnern, die bei Transportleistungen über besondere Kenntnisse verfügten oder gute Beziehungen zu Spediteuren bzw. Logistik-Dienstleistern aufwiesen, mit viel Engagement und Enthusiasmus umfangreiche Ausschreibungen durchgeführt. So umfaßte die Ausschreibung für das Inland 81 Seiten mit detaillierter Einzelsendungsaufschlüsselung an 47 Speditionen/Transportdienstleister. In diesem Zusammenhang muß jedoch unbedingt beachtet werden, daß sehr umfangreiche Ausschreibungen vielfach zu einer Überlastung der Kalkulationsabteilungen von Lieferanten führen. Dies kann zur Folge haben, daß die Angebotsabgabe entweder sehr viel Zeit in Anspruch nimmt oder überhaupt kein Angebot abgegeben wird. So waren im Pilotprojekt in nicht wenigen Fällen Erinnerungsschreiben an die Lieferanten zur Angebotsabgabe notwendig. Dies erforderte sehr viel Ausdauer und Hartnäckigkeit seitens der Kooperationspartner. Im Fall der Transportleistungen wurden jedoch von zahlreichen Spediteuren trotz der sehr umfangreichen Ausschreibung Angebote unterbreitet. Für eine bessere Bearbeitung wurde der Bereich Transport in die Unterwarengruppen Paketdienst, Stückgut, Teilladungen/Ladungen, Auslandstransporte, Luftfracht, Sonderdienste sowie Transportversicherungen strukturiert.

Diese relativ hohe Anzahl an Unterwarengruppen sowie der Umfang der Ausschreibungen zeigen deutlich, daß die Bearbeitung dieser Warengruppe äußerstes Engagement sowie die Fähigkeit, sich selber und andere immer wieder zu motivieren, erforderte. Der hohe Einsatz und das Interesse der Partner, bei Transportleistungen gemeinsam Kosteneinsparungen zu realisieren, zeigte sich darüber hinaus in der weiteren Vorgehensweise nach erfolgten Ausschreibungen. Anders als in anderen Warengruppen wurde der aus der Ausschreibungsauswertung hervorgegangene Beste zu Abschlußverhandlungen mit einem aus den Kooperationspartnern gebildeten Kernteam eingeladen. Diese Verhandlungen dienten nochmals der exakten Überprüfung des abgegebenen Angebotes. Das Ergebnis der Verhandlungen wurden allen Projektpartnern schriftlich mitgeteilt, mit der Bitte, sich für den „besten Spediteur" zu entscheiden und entsprechende Einzelgespräche aufzunehmen. So entschieden sich letztendlich zum Beispiel auf dem Paketdienstsektor elf und im Stückgutbereich sieben Unternehmen für den empfohlenen Dienstleister.

Ein derartiger intensiver Arbeitseinsatz, der mit entsprechendem Erfolg gekrönt wurde, ist ohne einen entsprechenden Willen der Kooperationspartner, gemeinsam zu agieren, und insbesondere ohne positive Motivatoren mit kreativen Fähigkeiten wie zum Beispiel den Warengruppenkoordinator nicht möglich.

4.3.6 Strukturierung des Einkaufsvolumens

Eine detaillierte Strukturierung des Einkaufsvolumens der Kooperationspartner war eine wichtige Voraussetzung zur Ermittlung bündelungsfähiger Warengruppen.

Durch die Priorisierung der Warengruppen (A, B, C) konnte eine sinnvolle Bearbeitungsreihenfolge sichergestellt werden (vgl. Abbildung 15).

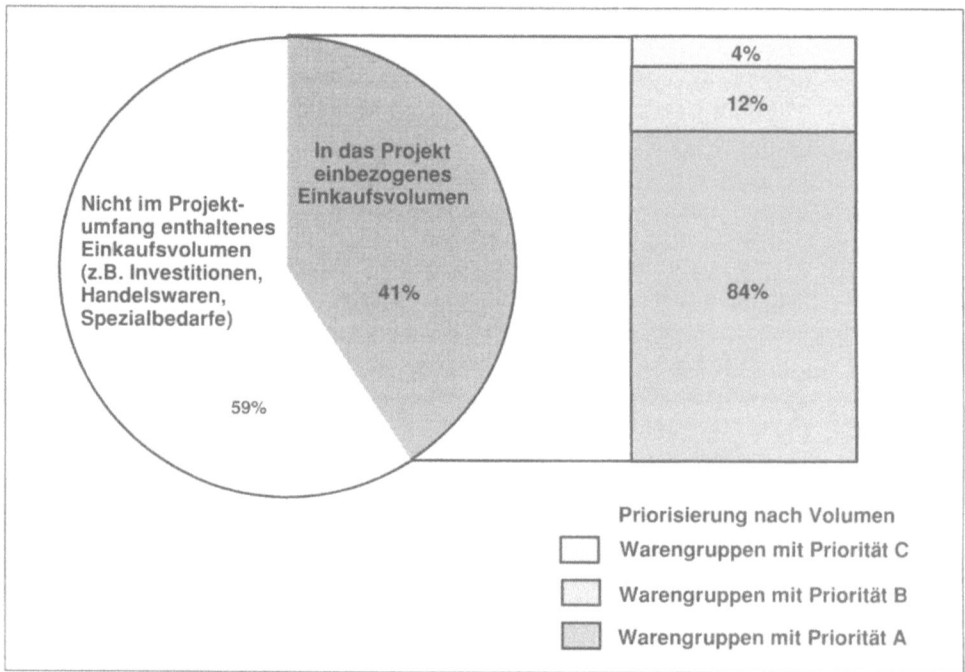

Abbildung 15: ABC-Analyse des Einkaufsvolumens

Der Schwerpunkt der Projektarbeit lag zunächst auf der Bearbeitung der A-Warengruppen. In einem zweiten Schritt wurden B-Warengruppen und erst gegen Projektende C-Warengruppen in die Projektarbeit einbezogen. Die Details bzgl. der Strukturierung und der Vorgehensweise sind in Abbildung 16 dargestellt.

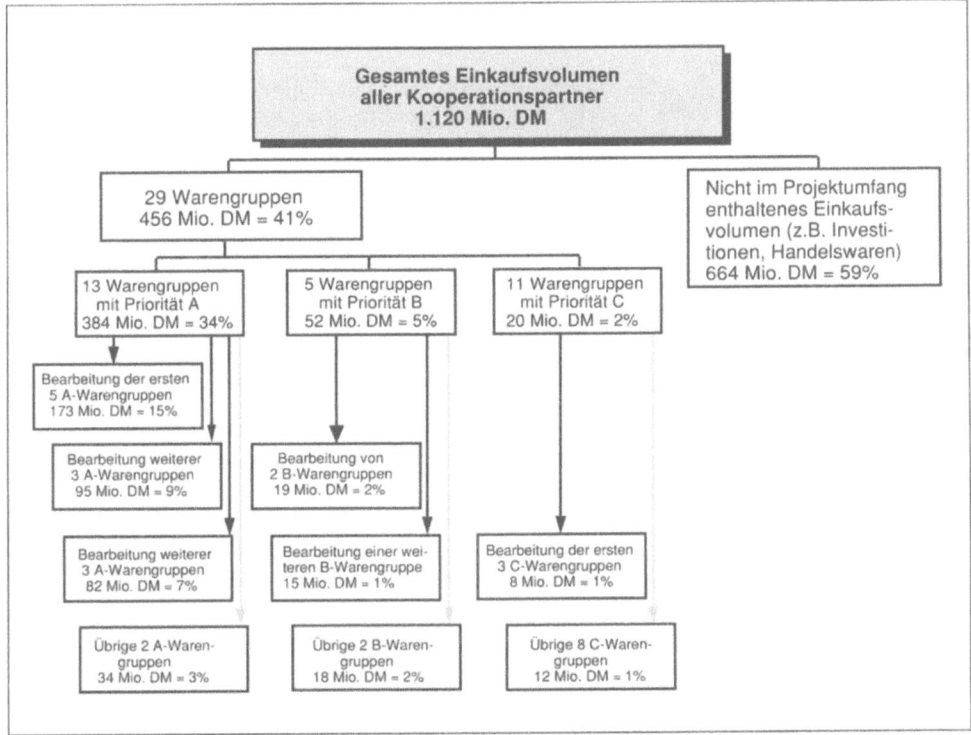

Abbildung 16: Strukturierung des Einkaufsvolumens

Die obigen Abbildungen zeigen, daß insgesamt im Projektumfang vom gesamten Einkaufsvolumen (1 120 Millionen DM) 41 Prozent (=456 Millionen DM) untersucht wurden. Nicht in die Projektarbeit einbezogen wurden zum Beispiel Investitionen, Handelswaren oder Spezialbedarfe. Durch die sukzessive Bearbeitung von 15 der ursprünglich 29 als bündelungsfähig ermittelten Warengruppen wurden insgesamt 392 Millionen DM, also 86 Prozent des in das Projekt einbezogenen Einkaufsvolumens, detailliert durchleuchtet. Nicht bearbeitet wurden lediglich jeweils zwei A- und B-Warengruppen sowie acht der C-Warengruppen, die wert- und volumensmäßig weniger relevant waren.

Die Strukturierung des Einkaufsvolumens war für die Aktivitäten von wesentlicher Bedeutung, da hierdurch trotz eines heterogenen Produktprogramms der Kooperationspartner Gemeinsamkeiten in der Bedarfsstruktur identifiziert werden konnten. Allerdings erlaubten die unterschiedlichen Produktspektren der Unternehmen keine Bedarfsbündelung auf Artikelebene. Aus diesem Grund wurde insbesondere im Produktionsgüterbereich eine hohe Aggregationsstufe für die Durchführung der unternehmensübergreifenden Arbeit gewählt. Im Vordergrund standen unter anderem die Bearbeitung von Warengruppen auf Rohstoffebene wie zum Beispiel NE-Metalle oder Stahl/Blech sowie die Untersuchung von Nichtproduktionsmaterial. Zu letzterem zählten beipielsweise Betriebsstoffe, Verpackungen und Transportleistungen.

4.3.7 Regelmäßiger Informationsaustausch

Die Entstehung eines dichten Informationsnetzwerkes wurde von den Projektteilnehmern als zentraler Erfolgsfaktor bezeichnet. Ein derartiges Netzwerk weist in der Regel auf komplexe Austauschbeziehungen zwischen den Beteiligten hin. Die Identifikation von Ansprechpartnern, die Abgrenzung von Aufgabenbereichen sowie die Zuordnung von Verantwortlichkeiten ist für eine effiziente Koordination des Informationsnetzwerkes unerläßlich. Dies gilt insbesondere dann, wenn das Netzwerk sehr umfangreich ist. Vielfach ist die Einrichtung einer *„Informationszentrale"* zur Sammlung und zielgerichteten Weitergabe der Informationen hilfreich. Ferner ermöglicht diese Institution eine bessere Abstimmung der Informationen aufeinander sowie das Herausfiltern von Doppelinformationen.

Im betrachteten Projekt wurde insbesondere zu Projektbeginn eine derartige zentrale Informationsfunktion von den externen Moderatoren und Katalysatoren wahrgenommen. Am Anfang wurden alle projektrelevanten Informationen an die „Informationszentrale" gemeldet und von dort aus nach einer entsprechenden Bearbeitung, d.h. Bündelung, Sortierung, Aufbereitung etc. an die jeweiligen Kooperationspartner weitergeleitet. Mit zunehmendem Projektfortschritt und einem besseren gegenseitigen Kennenlernen der Projektpartner erhöhten sich die direkten Kontakte der Unternehmen. Die Informationswege wurden wesentlich kürzer und informeller. Es entstand in relativ kurzer Zeit ein äußerst dichtes und komplexes Informationsnetzwerk mit vielfach von den Projektpartnern eigenständig entwickelten Kommunikationsinstrumenten. Das Netzwerk resultierte vor allem aus bilateralen Kontakten und persönlichen Gesprächen sowie gemeinsamen Arbeitssitzungen mehrerer bzw. aller Kooperationspartner, aber auch aus einer intensiven schriftlichen und elektronischen Kommunikation.

Grundsätzlich steht ein *intensiver Know-how-Transfer* zwischen den Kooperationspartnern im Vordergrund derartiger Informationsnetzwerke. Erfolgt der Transfer in Form einer Übertragung von Fähigkeiten, die die einzelnen Mitarbeiter im Einkauf vorweisen, so werden gemäß Porter[8] immaterielle Verflechtungspotentiale genutzt. Mit zunehmender Ähnlichkeit zwischen den Partnern beispielsweise hinsichtlich Unternehmenskulturen, Strategien im Einkauf oder dem Aufbau der Wertkette steigt die Wahrscheinlichkeit einer erfolgreichen Nutzung derartiger Verflechtungen. Hierbei ist jedoch zu beachten, daß die Übertragung von Know-how nur dann zu Wettbewerbsvorteilen führt, wenn die erlangten kosten- oder auch differenzierungsbezogenen Verbesserungen die erforderlichen Transferkosten rechtfertigen.

Im Zusammenhang mit dem Austausch von Know-how zwischen den Kooperationspartnern kann insbesondere die Warengruppe *Werkzeuge* genannt werden. Hier war aufgrund der Heterogenität und vieler kundenspezifischer Charakteristika der Werkzeuge eine Volumenbündelung nicht möglich. Dafür bot sich ein intensiver Informationsaustausch über die bei den Projektteilnehmern vorhandenen Lieferanten an. Dieser Know-how-Transfer wurde in Form einer umfangreichen schriftlichen Dokumentation allen Kooperationspartnern in gleichem Maße zugänglich gemacht. Sie enthielt beispielsweise über jeden Lieferanten Firmen- und Standortbeschreibungen, Kontaktpersonen, Angaben zum Produktprogramm sowie zu

Kunden, betriebswirtschaftliche Kennzahlen etc. Für viele der Projektpartner entwickelte sich die Dokumentation der Werkzeuglieferanten zu einem regelrechten Nachschlagewerk.

Ein weiteres Beispiel dafür, daß der Nutzen von unternehmensübergreifenden Einkaufsaktivitäten weniger in der Volumenbündelung und einer hiermit verbundenen Realisierung von Synergieeffekten als vielmehr im gegenseitigen Informationsaustausch liegen kann, ist die Warengruppe *Kunststoffe*. Infolge einer Preiserosion für Kunststoffe 1993, hervorgerufen durch eine Fehleinschätzung der Chemischen Industrie, hat sich innerhalb eines Jahres der Käufermarkt Kunststoffe zu einem Verkäufermarkt mit der Tendenz der Mengenzuteilung gewandelt. Europaweite Verflechtungen, Preisabsprachen sowie massive Preiserhöhungen durch alle Kunststoffanbieter in ähnlicher Höhe zum gleichen Zeitpunkt machten die Realisierung von Materialkostensenkungen durch Volumenbündelung der Projektteilnehmer unmöglich. Aus diesem Grund konzentrierten sich die gemeinsamen Tätigkeiten in diesem Bereich auf das Ausschalten von Informationsdefiziten, d.h. einem Knowhow-Transfer über Lieferanten, Fertigungsverfahren, Vertragsgestaltung etc. sowie die Nutzung der jeweils an einem Standort vorhandenen Ressourcen für mehrere Partner. Dieser Informationsaustausch konnte wiederum genutzt werden, um gezielt Einzelmaßnahmen einzuleiten.

4.3.8 Abgestimmtes Erfolgsmeßkonzept

Eine strategische Projektkontrolle ist nur möglich, wenn ein einheitliches und aussagefähiges Erfolgsmeßkonzept mit Rückkopplungen zu den vor Projektbeginn festgelegten Zielsetzungen erarbeitet wird. Hierbei setzt eine Überprüfung der Zielinhalte Zieloperationalität, d.h. eindeutig bestimmte sowie klar und verständlich formulierte Ziele, voraus. Im Mittelpunkt stehen sowohl die *quantitative* als auch die *qualitative Erfolgsermittlung*. Um eine einheitliche Erfassung der Daten zu gewährleisten, ist die Erarbeitung eines standardisierten Konzeptes mit einer festgeschriebenen Ausgangssituation unerläßlich. Ein solches Konzept umfaßt beispielsweise auch die Erarbeitung geeigneter, umfassender und standardisierter Fragebögen, sowohl für quantitative als auch für qualitative Ergebnisse. Hierbei muß beachtet werden, daß die Vorbereitung der Fragebögen mit äußerster Sorgfalt und einem hohen Grad an Präzision zu erfolgen hat, da schriftliche Befragungen häufig eine Reihe von methodischen Problemen aufweisen. So können zum Beispiel mehrdeutige Fragen oder unterschiedliche Verwendungen eines Begriffes zu Mißverständnissen führen, die eine verfälschte oder verzerrte Auswertung der Ergebnisse zur Folge haben. Bei der Fragebogenformulierung gilt allgemein, daß die Strukturierung beim Erfassen qualitativer Aspekte eher gering ist. Je höher der Grad der Strukturierung ist, desto eher können quantitative Sachverhalte bewertet werden. Im Vergleich zur Erfolgsmessung mit Hilfe persönlicher Interviews der Kooperationspartner durch externe Moderatoren hat eine schriftliche Befragung den Vorteil, daß ein potentieller Einfluß des Interviewers auf den Befragten nicht vorhanden ist. Des weiteren ist bei der Erarbeitung eines Erfolgsmeßkonzeptes zu beachten, daß es, wie im Kooperationspilotprojekt erfolgt, bereits zu einem frühen Zeitpunkt mit den Entscheidungsträgern abgestimmt und die Daten von den Kooperationspartnern selbst erhoben werden. Generell ist der Meßerfolg jedoch von der Ehrlichkeit der Meldungen abhängig.

Im vorliegenden Fall beinhaltete das Erfolgsmeßkonzept insgesamt vier Erfassungsebenen, um sowohl die ökonomischen als auch die technologischen Zielsetzungen messen zu können. So wurden die ökonomischen Ziele in erster Linie durch eine preisliche Kontrolle auf Artikel und Warengruppenebene bewertet. Eine umfassende Beurteilung des Erfüllungsgrades der technologischen Zielsetzungen erforderte insbesondere die Messung qualitativer Kriterien anhand einer Bewertungsskala ,,Schlechter-Besser", die den Zielerreichungsgrad auf der Basis einer bestimmten Rangordnung verbal definierte und die Erstellung verschiedener Polaritätsprofile ermöglichte. Der zur Projekterfolgsmessung erarbeitete Fragebogen enthielt folglich nicht nur Fragen zu verschiedenen Preisniveaus sowohl vor Kooperationsbeginn als auch nach der Durchführung unternehmensübergreifender Einkaufsaktivitäten. Von hohem Interesse waren auch Fragen nach

- Informationsaustauschbeziehungen

- Verbesserung der Prozeßeffizienz

- Transparenz der Beschaffungsmärkte für die einzelnen bearbeiteten Warengruppen

- Verbesserung der Marktposition

- Global-Sourcing-Aktivitäten

- Simultaneous Engineering

- Konzentration auf die Kernkompetenzen

- Gesamtnutzen des Projektes etc.

Bei einigen der hier genannten Themenbereiche wurden für die Befragung der Kooperationspartner nach dem Projekterfolg detaillierte Merkmalsausprägungen erarbeitet. So erstreckte sich die Frage nach der *Verbesserung der Prozeßeffizienz* beispielsweise auf

- Beschaffungsmarktforschung

- Lieferantensuche

- Lieferantenbewertung

- Ausschreibungen

- Verhandlungen

- Aufwand je Abschluß

- Reklamationswesen.

Diese hierarchische Vorgehensweise ermöglichte eine detaillierte und ursachengerechte Erfolgsermittlung.

4.3.9 Optimaler Kosten-Nutzen-Effekt

Eine abschließende Bewertung des Projekterfolges setzt die Ermittlung eines Kosten-Nutzen-Effektes voraus. Im Zusammenhang mit unternehmensübergreifenden Aktivitäten sind grundsätzlich zunächst einmal die sogenannten *Transaktionskosten* relevant. Als Transaktionen waren im Projekt „Einkaufskooperationen mittelständischer Unternehmen in Baden-Württemberg" alle Prozesse zur Klärung, Vereinbarung und Durchführung von gemeinsamen Einkaufsaktivitäten zwischen den am Projekt beteiligten Unternehmen zu bezeichnen[9]. Bei der Analyse derartiger Transaktionen ist generell zu beachten, daß die Koordination arbeitsteilig erbrachter Einkaufsleistungen durch das Streben der individuellen Nutzenmaximierung der Kooperationspartner erschwert wird. In diesem Zusammenhang wird die Vorteilhaftigkeit externer Moderatoren deutlich, die einen wesentlichen Beitrag zur Koordination der einzelnen Arbeitsleistungen der Projektpartner leisten können. Die Transaktionskosten, d.h. alle Aufwendungen, die in ursächlichem Zusammenhang mit unternehmensübergreifenden Einkaufsaktivitäten stehen, können allgemein in die vier Kostenarten Anbahnungs-, Vereinbarungs-, Kontroll- und Anpassungskosten unterteilt werden[10].

Anbahnungskosten sind Kosten der Informationssuche und -beschaffung über potentielle Einkaufskooperationspartner. Sie waren für die am Pilotprojekt beteiligten Unternehmen von untergeordneter Bedeutung, da die Zusammenführung der Projektpartner durch die externen Moderatoren erfolgte.

Vereinbarungskosten sind allgemein Kosten, die durch die Intensität und zeitliche Inanspruchnahme von Verhandlungen, Vertragsformulierung und Einigung bestimmt sind. Im allgemeinen ist zu beachten, daß insbesondere bei Verbünden mit Wettbewerbern bedingt durch die Installation zusätzlicher Sicherungsmechanismen erhöhte Vereinbarungskosten auftreten. Sie resultieren aus einem größeren Opportunitätsrisiko aufgrund potentieller Konkurrenzeffekte. Man spricht hier häufig auch von „Opportunismus gepaart mit Arglist". Im Pilotprojekt kooperierten überwiegend sehr heterogene Unternehmen miteinander, so daß erhöhte Kosten, hervorgerufen durch derartige Sicherungsmechanismen, nicht vorhanden waren.

Unter Kontrollkosten werden Kosten zur Sicherstellung der Einhaltung von Preis-, Mengen-, Qualitäts- und Terminvereinbarungen verstanden. Diese Kosten sind umso höher, je stärker die Ziele der Kooperationspartner divergieren. Da sich die Partner in dem betrachteten Projekt vor Projektbeginn auf gemeinsame Ziele einigten, war es möglich, die Kontrollkosten zu minimieren.

Mit Anpassungskosten werden Kosten der Durchsetzung von Preis-, Mengen-, Qualitäts- und Terminänderungen aufgrund veränderter Bedingungen während der Laufzeit der Vereinbarung bezeichnet. Derartige Anpassungskosten waren relativ gering, weil Änderungen insbesondere der in gemeinsamen Rahmenverträgen mit Lieferanten festgelegten Preise und Mengen zur Projektlaufzeit noch nicht relevant waren.

Nach der Betrachtung der Transaktionskosten im Kooperationspilotprojekt werden im folgenden die *Einmalkosten des Projektes* im Detail dargestellt. Sie setzten sich aus direkten Projekt- sowie Sach- und Personalkosten der Kooperationspartner sowie aus dem Finanzierungsanteil des Wirtschaftsministeriums Baden-Württembergs zusammen. Letzterer belief sich ungefähr auf die Hälfte der gesamten Projektkosten. Die direkten Projektkosten der Unternehmen beinhalteten eine Eigenbeteiligung in Höhe von ca. 10 Prozent des Personal- und Sachmittelaufwandes pro Unternehmen. Nach Projektende stellte sich heraus, daß die tatsächlich angefallenen Sach- und Personalkosten der Kooperationspartner wesentlich höher waren als geplant. So lag allein 1994 der tatsächliche durchschnittliche Aufwand je Projektteilnehmer mit 332 Stunden 24 Prozent über dem geplanten Zeitaufwand. Der folgenden Abbildung kann beispielhaft entnommen werden, in welchem Umfang welche Mitarbeiter 1994 am Pilotprojekt „Einkaufskooperationen" beteiligt waren.

Aufwand Einkaufsleiter (durchschnittlich über alle Kooperationspartner)

199 Std.	davon entfallen auf	Sitzungen:	43%
		Firmeninterne Datensammlung und	24%
(Summe: 2.581 Std.)		-aufbereitung	
		Koordinatorenfunktion	11%
		Verhandlungen	12%
		Sonstiges	7%

Aufwand weiterer Mitarbeiter (durchschnittlich über alle Kooperationspartner)

119 Std.	davon entfallen auf	Sitzungen:	36%
mit 4 Mitarbeitern		Firmeninterne Datensammlung und	39%
		-aufbereitung	
(Summe: 1.549 Std.,		Ausschreibungsvorbereitung und	13%
52 Mitarbeiter)		-durchführung	
		Verhandlungen	7%
		Sonstiges	5%

Aufwand Geschäftsleitung (durchschnittlich über alle Kooperationspartner)

14 Std.

(Summe: 186 Std.)

Abbildung 17: Zeitaufwand bei den Kooperationspartnern 1994

1995 war der tatsächliche Personalaufwand mit durchschnittlich 149 Stunden nur noch 12 Prozent höher als der ursprünglich kalkulierte Zeitaufwand je Unternehmen. Grundsätzlich ist der höhere Personalaufwand darauf zurückzuführen, daß die Bearbeitung der einzelnen Warengruppen bedingt durch die heterogene Produktstruktur der Projektpartner für die Erzielung von Materialkostensenkungen einen sehr intensiven Arbeitseinsatz der beteiligten Personen erforderte. Daß 1995 die angefallenen Mehrstunden unter denjenigen von 1994 lagen, deutet auf einen

Lernerfolg innerhalb des Projektes mit dem Ergebnis einer effizienteren Projektarbeit hin. So reduzierte sich zum Beispiel die Anzahl der Warengruppensitzungen.

Nach der Untersuchung der in einer kooperativen Verbindung angefallenen Kosten erfordert eine Kosten-Nutzen-Analyse die Ermittlung des durch das Projekt erzielten *Nutzens*. Dieser konnte nach der Anwendung des bereits dargestellten projektspezifischen Erfolgsmeßkonzeptes quantifiziert werden. So wurde letztendlich das Ziel einer 15 Prozent igen Materialkostenreduktion erreicht. Dies gilt unter der Berücsichtigung aller Warengruppen. Die Einsparungen pro Jahr beliefen sich insgesamt auf ca. 1,8 Millionen DM und für ein Unternehmen auf bis zu ca. 500 TDM. Selbstverständlich wurden in den einzelnen Warengruppen sehr unterschiedliche Einsparungen realisiert. In der Warengruppe Transport erstreckten sich die Materialkostensenkungen beispielsweise von 8.000 bis 175.000 DM pro Jahr. In Warengruppen wie zum Beispiel NE-Metalle oder Stahl/Blech können die geringeren Materialpreisreduktionen auf bis zu 30 Prozent erhöhte Weltmarktpreise just während des Projektverlaufes zurückgeführt werden. Die Kapazität der Stahlwerke hat sich parallel in den letzten Jahren enorm verringert, was zu einer Rohmaterialverknappung im Bereich Stahl führte. Gleichzeitig stieg die Nachfrage durch Käufe aus den USA mit der Folge eine Rohmaterialverteuerung. Ein Ausweichen auf osteuropäische Lieferanten war nach Ansicht der Kooperationspartner bedingt durch mangelnde Qualität und Zuverlässigkeit zum Projektzeitpunkt nicht möglich.

Insgesamt wurde bei den Kooperationspartnern ein Projektgesamtnutzen ermittelt, der auf einer Rangskala, die sich von -2 bis +2 erstreckte, mit 0,81 als relativ hoch eingestuft wurde. Als positive Faktoren wurden insbesondere der Informationsaustausch, die Offenheit aller Teilnehmer sowie die Markt-, Lieferanten- und Preistransparenz genannt. Dahingegen wirkten sich die Heterogenität der Teilnehmer bzw. ihres Beschaffungsprogramms sowie die verschlechterte Marktsituation während der Projektlaufzeit negativ auf die Projektbeurteilung der Kooperationspartner aus.

Die Ermittlung eines *Kosten-Nutzen-Effektes* beinhaltet letztendlich die Gegenüberstellung der Einmalkosten des Projektes den durch das Projekt erzielten Einsparungen pro Jahr. Insgesamt zeigte eine Kosten-Nutzen-Analyse im betrachteten Projekt „Einkaufskooperationen", daß trotz der höheren Sach- und Personalkosten Einsparungen pro Jahr erzielt werden konnten, die bis zu 30 Prozent über den Einmalkosten des Projektes lagen.

4.4 Fazit

Zusammenfassend kann das Projekt „Einkaufskooperationen mittelständischer Unternehmen in Baden-Württemberg" als *sehr erfolgreich* bezeichnet werden. Dies wird unter anderem in der Tatsache deutlich, daß alle Projektpartner bis zum Projektende mitarbeiteten und auch nach Beendigung des Projektes in verschiedenen Arbeitskreisen weiterhin zusammenarbeiten. Es ist hierbei jedoch zu beachten, daß der Umfang und die Intensität des Einsatzes den Erfolg bestimmen.

Alle Kooperationspartner konnten durch die Projektarbeit, wenn auch in unterschiedlicher Höhe, signifikante Materialkostensenkungen erzielen. Bei einer homogeneren Struktur der Projektteilnehmer wäre der quantitative Nutzen jedoch sicherlich höher gewesen. Andererseits erwies sich die Heterogenität der am Kooperationsprojekt beteiligten Unternehmen als sehr positiv beim schnellen Aufbau eines dichten Informationsnetzwerkes sowie einer effizienten Infrastruktur. Des weiteren konnte bedingt durch fehlende Wettbewerbsbeziehungen zwischen den Kooperationspartnern auf den Absatzmärkten auf die Anonymisierung der Daten bereits in einem frühen Projektstadium verzichtet werden.

Doch nicht nur der quantitative sondern auch der qualitative Nutzen wurde als sehr positiv bewertet. Dies gilt in erster Linie für den intensiven Informationsaustausch zwischen den beteiligten Unternehmen, der teilweise mit einem eigenen Kompetenzaufbau verbunden war.

Auch wenn Kooperationen kein Allheilmittel zur Bewältigung von Problemen eines Unternehmens sind, stellen sie doch ein geeignetes Instrument zur Verbesserung der Wettbewerbsposition dar. Aus diesem Grund sollten die positiven Erfahrungen des Projektes für vergleichbare Unternehmen grundsätzlich Anreiz sein, ebenfalls Einkaufskooperationsaktivitäten mit dem Ziel signifikanter Materialkostensenkungen durchzuführen. Die Eigenständigkeit der beteiligten Unternehmen geht hierdurch nicht verloren. Selbst für Wettbewerber gibt es immer wieder gemeinsame Felder, die sich für Kooperationsaktivitäten anbieten. Die Grenzen der Zusammenarbeit liegen sicherlich in unterschiedlichen Unternehmensstrategien und Produktfeldern. Ferner sind die Entscheidungsträger der beteiligten Unternehmen der Überzeugung, daß die baden-württembergische Idee vervielfältigt werden muß. Es war das erste Mal, daß unternehmensübergreifende Tätigkeiten im Einkauf in dieser Form institutionalisiert und durch die Landesregierung gefördert wurden. Viele kleinere und mittelständische Unternehmen sind wesentlich kooperationsfreudiger als vielfach behauptet wird und untereinander sowie mit Lieferanten im Gespräch, um ihren Bedarf zu bündeln. Diese Aktivitäten sowie die damit verbundene hohe Kooperationsbereitschaft müssen nach dem erfolgreichen Abschluß des Pilotprojektes „Einkaufskooperationen mittelständischer Unternehmen in Baden-Württemberg" wesentlich stärker forciert werden. So können Kooperationen als strukturelle Anpassungsstrategie vieler mittelständischer Unternehmen zur Wiederherstellung der „Balance of Power" in einzelnen Industriezweigen dienen.

Anmerkungen

1 vgl. Schwamborn: Strategische Allianzen im internationalen Marketing, S. 149 ff.

2 vgl. Porter: Wettbewerbsvorteile, S. 63 ff.

3 vgl. Endress: Strategie und Taktik der Kooperation, S. 51

4 vgl. Schindele: Entwicklungs- und Produktionsverbände, S. 38 f.

5 vgl. Voegele/Schindele: Ein Gewinner-Gewinner-Spiel, S. 48 ff.

6 vgl. Voegele: Gemeinsamer Einkauf spart bis zu 15 Prozent Kosten, S. 98 ff.

7 vgl. o.V.: Zulieferer wollen gemeinsam einkaufen, S. 15

8 vgl. Porter: Wettbewerbsvorteile, S. 32 ff.

9 vgl. Harders: Innovative Industriezweige, S. 176 sowie Henkel: Akquisitionen und Kooperationen, S. 98

10 vgl. Picot: Transaktionskostenansatz, S. 270

Literatur

ENDRESS, R., Strategie und Taktik der Kooperation. Grundlagen der zwischen- und innerbetrieblichen Zusammenarbeit, 1991.

HARDERS, J., Innovative Industriezweige: Pharmazeutische Industrie, in: Schenk, K.-E. (Hrsg.): Vergleichende System- und Industriestudien – ein „Institutional Choice" – Ansatz, Stuttgart/New York 1983, S. 176-200.

HENKEL, C., Akquisitionen und Kooperationen als strategische Alternativen aus Sicht der deutschen Automobilindustrie, Dissertation Hochschule St. Gallen, Bamberg 1992.

O.V., Zulieferer wollen gemeinsam einkaufen, in: Süddeutsche Zeitung Nr. 109, 13.05.1994, S.15.

PICOT, A., Transaktionskostenansatz in der Organisationstheorie: Stand der Diskussion und Aussagewert, in: Die Betriebswirtschaft, Nr. 42, 1982, S. 267-285.

PORTER, M., Wettbewerbsvorteile: Spitzenleistungen erreichen und behaupten, Frankfurt am Main 1986.

SCHINDELE, S., Entwicklungs- und Produktionsverbünde in der deutschen Automobil- und -zulieferindustrie unter Berücksichtigung des Systemgedankens, Dissertation TH Darmstadt, Aachen 1996.

SCHWAMBORN, S., Strategische Allianzen im internationalen Marketing, Dissertation Universität Köln, Wiesbaden 1994.

VOEGELE, A., Gemeinsamer Einkauf spart bis zu 15 Prozent Kosten, in: Impulse 7/96, S. 98 ff.

VOEGELE, A., SCHINDELE, S., Ein Gewinner-Gewinner-Spiel, in: Beschaffung aktuell 4/96, S. 48 ff.

5 Von der Skepsis zur Überzeugung

Paul Hofmann

Erfahrungsbericht eines Teilnehmers an dem Pilotprojekt „Einkaufskooperationen mittelständischer Unternehmen in Baden-Württemberg"

5.1 Ausgangssituation

„Am Anfang war es ein hartes Stück Arbeit, mehrere eigenständige Industrieunternehmen als Verbundpartner zu gewinnen", machte Andreas Voegele von Roland
Berger & Partner deutlich, als die Akquisitionsphase für das Projekt „Einkaufskooperationen mittelständischer Unternehmen in Baden-Württemberg" beendet
war und 13 mittelständische Unternehmen aus den Branchen Automobilzulieferindustrie, Maschinenbau sowie metallverarbeitende Industrie ihre Zustimmung zur
aktiven Mitarbeit gegeben hatten.

Wir, als eines der angesprochenen Unternehmen, waren auf der einen Seite stolz
darauf, in Betracht gezogen zu werden, auf der anderen Seie waren wir jedoch sehr
skeptisch bezüglich der zu erwartenden Ergebnisse, auch in Relation zu dem
erforderlichen Ressourceneinsatz.

Natürlich war zu vermuten, daß durch Bedarfsbündelung Reduzierungen bei den
Beschaffungspreisen zu erzielen sein werden, jedoch existierten zu Beginn Zweifel
bezüglich des Deckungsgrades der Bedarfsstrukturen der teilnehmenden Unternehmen und der Bereitschaft der Kollegen, wenn notwendig die Lieferanten tatsächlich
zu wechseln. Überzeugt war ich jedoch davon, daß sich aus den Kontakten Positives
ergeben würde und daß – auch wenn sich kein Erfolg in Mark und Pfennig ergeben
würde – die Teilnahme an diesem Projekt zumindest zur Bestimmung des eigenen
Standorts beitragen würde.

Als die Projektidee geboren wurde, waren große Teile volkswirtschaftlich wichtiger
Branchen wie der allgemeine Maschinenbau und die von Peter Drucker einmal
„Paradeindustrie"[1] genannte Automobilindustrie in eine kritische Lage geraten.

Die mit den großen Unternehmenseinheiten dieser beiden Wirtschaftssektoren
verbundenen Zulieferbetriebe bestreiten einen nicht unerheblichen Anteil der von
baden-württembergischen Unternehmen erzielten volkswirtschaftlichen Wertschöpfung.

Wettbewerbs-, Kosten- und Ergebnisprobleme im Maschinen- und Straßenfahrzeug-
bau schlagen direkt auf die überwiegend aus mittelständischen Unternehmen bestehende Zulieferindustrie durch und gefährden damit insbesondere Arbeitsplätze in
Baden-Württemberg.

Wesentlich dazu beigetragen, daß nach Auswegen aus der bedenklichen Situation gesucht wurde, haben einerseits die Untersuchungen des MIT, die ergaben, daß das Kostenniveau europäischer Automobil- und Maschinenbauer um ca. 30 Prozent höher lag, als bei den US-amerikanischen und japanischen Wettbewerbern. Andererseits das Schrumpfen des Mittelstandes, denn nicht weniger als 9 Prozent mittelständischer Betriebe werden jährlich liquidiert[2]. Saldiert mit den Neugründungen ergibt sich ein Verlust von 120.000 Unternehmenseinheiten pro Jahr.

Große Zulieferunternehmen können dem zunehmenden Preisdruck der teilweise übermächtigen Nachfragerseite dadurch ausweichen, daß sie in bestimmten Bereichen konzerninterne Kooperationen und internationale strategische Allianzen eingehen, in Übersee Einkaufsbüros einrichten, Produktionen in Niedriglohn-Länder verlagern und vertikale Entwicklungspartnerschaften durchsetzen. Unabhängige Mittelständler haben derartige Möglichkeiten kaum.

Hinzu kommt, daß kleine und mittelständische Unternehmer in Baden-Württemberg traditionell sehr stark vom Unabhängigkeitsstreben geprägt sind. Der Selbstbehauptungswille war und ist eine wesentliche Ursache für die bewiesene Innovationsfreude und Innovationsfähigkeit baden-württembergischer Unternehmer.

Zu einseitig ausgeprägt ist diese Eigenschaft allerdings auch ein Hemmnis bei der Anpassung an Strukturveränderungen auf dem Absatzmarkt und im weltweiten Wettbewerb.

Wie richtig die im Vorfeld des Projektes angestellten Überlegungen waren, daß horizontale Einkaufskooperationen wesentlich zur Lösung von Kosten- und Wettbewerbsproblemen beitragen können und daß solche Erfahrungen am besten im Rahmen eines Pilotprojekts gemacht, dokumentiert und anschließend weitergetragen werden, zeigen neuere Umfragen.

So wurden von einer namhaften Unternehmensberatung 79 Unternehmen aus dem Maschinen- und Anlagenbau Deutschlands und der Schweiz mit einem durchschnittlichen Jahresumsatz von 105 Millionen DM nach den Kooperationspotentialen befragt. Eindeutiger Sieger war, wie Abbildung 1 zeigt, der Funktionsbereich Einkauf mit 71 Prozent an Nennungen.[3]

Es war erkannt worden, daß nicht alleine durch intensive Preisverhandlungen Preisreduzierungsforderungen der Abnehmer erfüllt werden können und daß Defizite in bezug auf Markttransparenz und Professionalität bei der Bearbeitung einzelner Marktsegmente nicht zur Verbesserung der Verhandlungsposition beitrugen.

„Können Würger mit Lopez-Mentalität den deutschen Mittelstand retten?" fragt Dieter Capelle in SCOPE vom Februar 1998.[5] Nein, heißt die Antwort. Zur Bewältigung der Zukunft und der strukturellen Probleme brauchen wir Intelligenz anstatt Härte, und zu den intelligenten Lösungen zählen eben auch und vor allem Einkaufskooperationen.

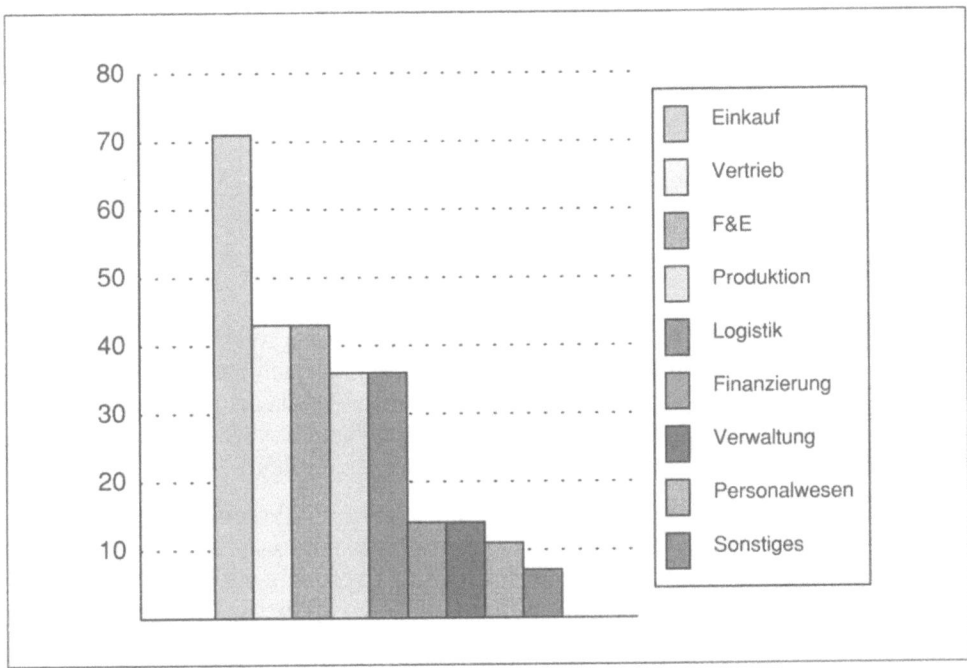

Abbildung 1: Befragungsergebnis Kooperationspotentiale in Prozent

Um den Standort und die Existenz der KMU's zu sichern, deren Position im internationalen Wettbewerb zu verbessern und Synergiepotentiale, wie es bei vergleichbaren konzerngebundenen Unternehmen möglich ist, zu erschließen, wurden mit dem Pilotprojekt sowohl ökonomische als auch technologische Ziele verfolgt (vgl. Kapitel 4.3.1).

Bereits bei der Formulierung dieser anspruchsvollen Absichten war klar, daß sie während der nur 18-monatigen Projektlaufzeit nicht komplett sondern nur teilweise umgesetzt werden können.

Eine entscheidende Rolle bei strategischen Allianzen, wie eine Einkaufskooperation sie darstellt, kommt der Partnerwahl zu.

Vom Idealbild, zu dem auch eine weitgehende Deckungsgleichheit der Bedarfsstrukturen der beteiligten Unternehmen gehört, mußten sich die Initiatoren mehr oder weniger weit entfernen.

Die Gemeinsamkeiten der 13 Unternehmen, die sich bereit erklärten, einen Verbund auf Zeit einzugehen, waren

– der Standort Baden-Württemberg,

– der Kundenkreis, nämlich die Automobilindustrie und der Maschinenbau,

– die Zugehörigkeit zum Mittelstand (KMU) und

– der gemeinsame Wille als wichtigstem fundamentalen Fit.[5]

Gerade diese Kooperationswilligkeit und die graduell unterschiedlich vorhandene Kooperationsfähigkeit – bei wem sie noch nicht ausgeprägt war, der hatte sie zu erlernen – waren sehr stark gefordert, um die Projektarbeit rationell durchführen und effizient gestalten zu können. Dies vor allem auch angesichts der regionalen Distanzen, die zu überwinden waren.

5.2 Vorgehensweise im Verbundprojekt

Durch das wirklich professionelle Projekt-Management von Roland Berger & Partner und der Universität Stuttgart war gewährleistet, daß sich der Zeitaufwand für die Kooperationspartner im vertretbaren Rahmen hielt und in etwa dem kalkulierten Zeitaufwand entsprach und daß das Projekt nach dem Start im Januar 1994 im September 1995 erfolgreich abgeschlossen werden konnte.

Klar war, daß zum Erreichen der erwarteten Vorteile Warengruppen-Portfolios gebildet und dafür Materialgruppenmanagement betrieben werden mußte. Um bei begrenzter zeitlicher Kapazität zum einen frühzeitige Erfolge erzielen und andererseits das gesamte Paket bewältigen zu können, mußten eindeutige Prioritäten gesetzt werden.

Das Ergebnis intensiven, gemeinsamen Bemühens war ein Katalog von 29 Warengruppen (vgl. Kapitel 4.2.2). Insgesamt wurde die Priorität A 13mal, die Priorität B 5mal sowie die Priorität C 11mal vergeben.

Für die Warengruppen mit Priorität A wurden dann im ersten Schritt Arbeitskreise definiert. Ziel dieser Arbeitskreise war es, die jeweilige Warengruppe entsprechend ihrer Komplexität zu strukturieren, damit vergleichbare Bedarfe und Daten erkennbar wurden. In einem nächsten Schritt wurden den Koordinatoren der Arbeitskreise und der Projektleitung von jedem Unternehmen die entsprechenden Lieferanten und Materialeinstands-/Leistungspreise übermittelt. Diese Informationen wurden verdichtet und, in einigen wenigen Fällen, von der Projektleitung anonymisiert. Am Ende lagen somit für jede Warengruppe bzw. Untergruppe sowohl die aktiven Lieferanten als auch die gesamte Preisbandbreite vor. Nach Abschluß dieser Aktivitäten wurde eine Strategie für Verhandlungen mit den Lieferanten festgelegt und ein Verhandlungsführer ernannt. Dieser führte, entweder alleine oder mit ein bis zwei Kollegen, mit den aktiven und/oder potentiellen Lieferanten Gespräche über die zukünftige Zusammenarbeit und die Preisgestaltung.

Basis hierfür war jeweils der gesamte von den an der Untersuchung beteiligten Unternehmen benötigte Bedarf. Abhängig vom Ergebnis dieser Verhandlungen wurde entweder ein Rahmenvertragsabkommen mit dem Lieferanten abgeschlossen oder aber es wurde innerhalb einer zweiten Einkaufsrunde der Versuch unternommen, noch bessere Ergebnisse – evtl. mit einer geänderten Verhandlungsstrategie – zu erreichen.

Hierbei haben es sich die Kooperationspartner gewiß nicht einfach gemacht. Im Gegenteil: Die Daten wurden sehr genau und umfangreich erhoben und eine große

Zahl von aktiven wie potentiellen Lieferanten in die Ausschreibung miteinbezogen. Der exakte Umfang aller Aktivitäten und der einzelnen Ausschreibungen ist in Kapitel 4.2.2 ausführlich dargestellt.

Der Autor war innerhalb der Einkaufskooperation als Koordinator für die Unterwarengruppe Stabstahl sowie die Warengruppen Entsorgung und Transportleistungen verantwortlich. Das Vorgehen und die Ergebnisse in diesen Beschaffungssegmenten waren sehr unterschiedlich.

Bezüglich der Unterwarengruppe Stabstahl muß festgehalten werden, daß sich der Stahlmarkt 1994 alles andere als in einer ausgewogenen Situation befand. Nach Jahren rapide sinkender Preise waren jetzt die reduzierten Kapazitäten mehr als ausgelastet, die Preise stiegen enorm. Die Chancen, über eine Bedarfsbündelung das Kooperationsziel zu erreichen, waren derart aussichtslos, daß auf eine Ausschreibung verzichtet wurde. Dies in 1994/95 als Mißerfolg für die Kooperation zu werten, wäre genau so wenig korrekt, wie wenn man in 1992/93 zusammengefaßt ausgeschrieben und den Erfolg aus der damaligen Preisentwicklung dann lediglich der Kooperation gutgeschrieben hätte.

Die Arbeit in der Warengruppe Entsorgung wurde relativ spät aufgenommen. Für wesentliche Abfallarten wurde eine zwischen den beteiligten Firmen vergleichende Übersicht erstellt, die deutliche Unterschiede in den Konditionen und damit Handlungsbedarf aufzeigte. Der beabsichtigten Ausschreibung hätte noch ein Expertentreffen, z. B. der Umweltbeauftragten, vorausgehen müssen. Zu diesem kam es jedoch vor dem offiziellen Ende des Kooperationsprojektes nicht mehr.

Die Warengruppe Transportleistungen hat am meisten Arbeit gemacht, aber auch großen Erfolg gebracht. Der besseren Bearbeitbarkeit wegen wurde dieser Bereich strukturiert in Paketdienst, Stückgut und Teilladungen/Ladungen sowie Auslandstransporte, Luftfracht, Sonderdienste und Transportversicherungen.

In 8 Sitzungen, mehr als bei jeder anderen Warengruppe, wurden die Ausschreibungen vorbereitet und nach Auswertung der Angebote die weitere Vorgehensweise festgelegt.

So wurde für die Inlandstransportleistungen eine 81-seitige Ausschreibung mit detaillierter Einzelsendungsaufschlüsselung erstellt und an 47 Speditionen/Transportdienstleister geschickt. Die aus der Ausschreibung und der anschließenden Auswertung als Beste hervorgegangenen Anbieter wurden zu Abschlußverhandlungen eingeladen und dabei von einem aus den Kooperationsteilnehmern gebildeten Kernteam zwar auf Herz und Nieren, aber mit großer Fairness geprüft. Das Ergebnis dieses Assessments wurde sämtlichen Kooperationspartnern schriftlich mitgeteilt mit der Bitte, sich für den Besten zu entscheiden und entsprechende Gespräche aufzunehmen.

Auf dem Paketdienstsektor haben sich insgesamt 11 Unternehmen, im Stückgutbereich 7 Unternehmen für den empfohlenen Dienstleister als gemeinsamen Partner entschieden. Die bevorzugten Anbieter haben ihre bisherigen Erfahrungen mit den Koperationspartnern als positiv bewertet.

Durchaus Ansätze zur Verbesserung des Preis-/Leistungs-Verhältnisses und zur Reduzierung administrativer Aufwendungen ergaben sich aus den von den Kooperationsunternehmen gelieferten Daten und den Speditionsangeboten für die Auslandstransporte. Dieser Teilbereich wurde jedoch innerhalb der Projektlaufzeit ebenso wenig abgearbeitet wie die Themen Luftfracht, Sonderdienste und Transportversicherungen.

5.3   Ergebnisse des Verbundprojektes

Basis für die Ermittlung der Verbesserungspoteniale bei den Materialeinstandspreisen war die Strukturierung des Einkaufsvolumens und die Ermittlung bündelungsfähiger Warengruppen. Die aufwendigen Ermittlungsarbeiten hatten zum Ergebnis, daß 41 Prozent des Einkaufsvolumens in die Projektarbeit einbezogen werden konnten (vgl. Kapitel 4.3.6).

Diese Einschränkung wurde in erster Linie aus zeitlichen Gründen vorgenommen. Sie darf jedoch nicht zu dem Eindruck führen, daß in den restlichen, nicht in den Projektumfang einbezogenen 59 Prozent des Einkaufsvolumens mit Ausnahme der Spezialbedarfe keine Verbesserungspotentiale durch Kooperationen gesteckt hätten. Das wäre ein Fehlschluß, denn bei den ausgeklammerten Segmenten, wie Investitionsgüter und einer Reihe von Dienstleistungen wären sehr gute Möglichkeiten gegeben gewesen. Sie hätten allerdings jeweils nur einige wenige der Verbundpartner tangiert.

So ergab sich zum Beispiel eine der höchsten, dem Verfasser bekannten, relativen Verbesserungen bei DV-Dienstleistungen als Ergebnis eines nur zweiseitigen Kontaktes.

An monentärem Erfolg meldeten die Kooperationspartner zum Beispiel für die Warengruppe Transportleistungen noch während der Projektlaufzeit die in Tabelle 1 wiedergegebenen Ergebnisse.

Tabelle 1: Transportkosten-Einsparungen

Unternehmen	Ersparnis DM/Jahr	Unternehmen	Ersparnis DM/Jahr
1	80 000,–	8	28 000,–
2	20 000,–	9	50 000,–
3	22 000,–	10	14 000,–
4	175 000,–	11	8 000,–
5	88 000,–	12	–
6	60 000,–	13	–
7	20 000,–	Gesamt:	565 000,–

Der monetäre Gesamterfolg, das heißt der Vergleich der Einstandspreise vor und nach der Kooperation, belief sich bei den teilnehmenden Unternehmen auf insgesamt 1,8 Millionen DM pro Jahr.

Da marktbedingte und konjunkturelle Einflüsse in Form von allgemeinen Preissteigerungen die Einzelergebnisse teilweise verzerrt haben, wurden für einige Warengruppen Aussagen zum Marktpreisniveau von externen, objektiven Organisationen eingeholt. Es zeigte sich, daß durch das koordinierte Vorgehen die Marktpreisindices zum Teil deutlich unterschritten werden konnten (vgl. Kapitel 4.2.3).

Dritter Faktor des Erfolgsmeßkonzeptes war die Feststellung bilateraler Kontakte durch Befragen. Jeder der Kooperationspartner hatte im Durchschnitt sechs solcher Beziehungen aufgebaut und bezeichnete diese als sehr nützlich. Sie gingen zum Teil weit über den reinen Informationsaustausch hinaus und führten bis hin zur gegenseitigen Übernahme von Beschaffungsaufgaben.

Vierter Bestandteil des Erfolgskonzeptes waren alle Faktoren des erweiterten Kooperationserfolges, also die technologischen Zielsetzungen. Zur Messung wurden mittels eines Fragebogens die Einkaufsleiter um ihre Einschätzung gebeten. Auf der Skala von −2 bis +2 – der Zustand bei Beginn der Kooperation war 0 – ergaben sich nach Abschluß des Projektes Werte je Zielsetzung und Unternehmen von 0 bis +1.13, ein sehr positives Ergebnis.

Die zwar nicht komplett, aber besonders intensiv behandelte Warengruppe Transportleistungen erhielt von den Teilnehmern nach getaner Arbeit mit +1.13 für die Lieferantentransparenz und mit +1.00 für die Produkttransparenz die höchsten Bewertungen.

Bezüglich der Zielsetzung Global Sourcing ist zu bemerken, daß von den Kooperationsteilnehmern ein Drittel eine Ausweitung, ein Sechstel eine Reduzierung sowie die Hälfte keine Veränderung bei der Internationalisierung ihrer Beschaffungsaktivitäten meldeten. Diese quantitative Wertung sagt allerdings nichts über die wertmäßigen Volumina aus.

Walter T. J. Droege und Martin Eger bemerken zum Thema: ,,Nach Befragen geben zwar mehr als 90 Prozent der Industrieunternehmen an, Global Sourcing als Beschaffungsstrategie zu nutzen, analysiert man jedoch den tatsächlichen Anteil des internationalen Einkaufs, zeigt sich ein relativ geringer Materialwert."[6] K. Sauer führt als Gründe für Global Sourcing aus Sicht der deutschen Automobilhersteller als erstes den Preis und als zweites die Stärkung des Wettbewerbs und bei den Hemmnissen zuerst die Qualitätsansprüche und dann die Lieferflexibilität an.[7]

Nach – nur – eineinhalb Jahren Kooperationserfahrung schließe ich mich voll der Aussage von von Rothkirch an: ,,Ich bin überzeugt, daß deutsche Anbieter im Zulieferbereich und im Halbzeugbereich immer wettbewerbsfähig sein werden, wenn sie hinsichtlich der Flexibilität (....) und der Zuverlässigkeit unsere Erwartungen erfüllen."[8]

Eine weitere Erkenntnis aus der Arbeit in unserem Verbundprojekt war, daß dann, wenn sowohl die ökonomischen als auch die technologisch-qualitativen Zielsetzungen realisiert und nicht nur zeitlich begrenzt praktiziert wurden, dies nicht zu einer normalen Kunden-Lieferanten-Beziehung zwischen Kooperierenden einerseits und bevorzugten Lieferanten andererseits geführt hat, sondern in Single Sourcing und in eine enge vertikale Kooperation einmündete. Es entstand eine Win-Win-Situation mit Vorteilen für alle Beteiligten, geradezu ein Idealfall.

Den Gesamtnutzen bewerteten die Kooperationsteilnehmer mit +0.81. Dieses eindeutig positive Ergebnis wird nicht nur durch die weiter vorne erwähnten Einsparungen ergänzt, sondern auch durch die Tatsache, daß diese Einsparungen aus dem einmaligen Befassen mit den Warengruppen und gerechnet auf nur 1 Jahr um 30 Prozent über den Einmalkosten des Projektes lagen.

5.4 Zusammenfassung

Der Umfang und die Intensität des Einsatzes bestimmen den Erfolg; Ehrlichkeit und damit Kooperationswilligkeit sind für diesen ebenso Voraussetzung wie – erlernbare – Kooperationsfähigkeit und möglichst professionelles Kooperationsmanagement. Aus dem Zusammenwirken dieser Einflußgrößen ergaben sich quasi als Derivat der „corporate culture" der beteiligten Unternehmen Ansätze für eine eigene Kooperationskultur.

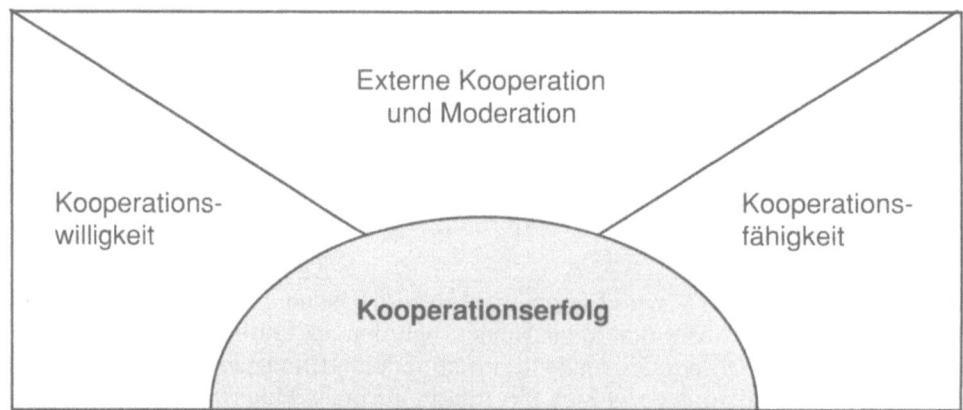

Abbildung 2: Wesentliche Erfolgsfaktoren

Wesentlich weniger wichtig als zu Anfang erscheinen mir hierbei die Teilnehmer-Auswahl und die Frage, ob sich die Beschaffungsprogramme zu 40, 60 oder 80 Prozent decken. In Widerspruch setze ich mich zu den Kollegen, die meinten, die Heterogenität der Teilnehmer und der Bedarfe seien Negativ-Faktoren gewesen.

Darüber hinaus hat sich gezeigt – und es hätte sich noch deutlicher zeigen können – welch hervorragender Beschaffungsmarkt Deutschland ist. Man muß ihn nur transparent machen. Hier sind Abnehmer wie die Kooperationspartner besonders gefordert, wenn es sich bei den potentiellen Lieferanten vorwiegend um kleine und mittelständische Unternehmen handelt. Diese betreiben keine oder kaum Werbung, sondern müssen entdeckt werden. So ist es nicht verwunderlich, daß leistungsfähige regionale Anbieter – Beispiele gab es vor allem bei den Zerspanungsteilen und der

Lohnbearbeitung – unbekannt waren, dafür aber auf der Suche nach Alternativen der Blick ins Ausland gerichtet wurde.

Gezeigt hat sich auch, daß durch ein frühzeitigeres Einbeziehen der in den Unternehmen für die jeweiligen Beschaffungsgebiete verantwortlichen Mitarbeiter ein simultaneres und damit schnelleres Abarbeiten der einzelnen Warengruppen möglich gewesen wäre.

Zusammenfassend kann festgehalten werden, daß Kooperationen *ein* geeignetes Instrument sind, um die Position im Markt und damit gegenüber dem Wettbewerb – vor allem dem internationalen – zu verbessern. Auch wenn die Materialkosten dominieren sind sie kein Allheilmittel zur Bewältigung aller Probleme. Zum „Überleben im Verbund"[9], wie Hägele und Schön einen Artikel über Zuliefererkooperationen überschrieben haben, kann koordiniertes Beschaffen nur einen Teilbeitrag leisten.

Chancen und Risiken, Vor- und Nachteile wurden nicht nur vor dem Start des Projekts sondern auch während dessen Laufzeit und erst recht nach dessen Ende gegeneinander abgewogen.

Von einer Kooperation nicht konkurrierender Unternehmen aus betrachtet, neigte sich die Waage immer mehr zu Gunsten der Chancen, der Vorteile. Auch nach kritischer Betrachtung des Verlaufs und Studium der zur Verfügung stehenden Literatur vermag ich keine Risiken und Nachteile von Bedeutung zu sehen. Die – nur zur Anfang und nur in Einzelfällen – zu beobachtende Angst vor einseitiger Ausnutzung preisgegebener Informationen war mit dem Vertrauen bzw. Mißtrauen zwischen den Partnern eng gekoppelt und verlor sich recht schnell. Den finanziellen Beitrag und den zeitlichen Aufwand der beteiligten Unternehmen auf das Konto Risiko oder Nachteile zu buchen, lehne ich ab, denn diese Kosten amortisieren sich auf jeden Fall.

Vor und bei der Teilnahmeentscheidung sehr skeptisch war die Geschäftsführung meines Unternehmens. Der Kommentar nach Projektende war: „Ich hatte zu Beginn des Projekts deutliche Vorbehalte gegen dieses, weil ich aus Erfahrung – um nicht zu sagen leidvoller Erfahrung – sagen kann, daß immer wieder Modetrends auftreten, auf die alle aufspringen, um sich dann ausschließlich ernüchtert zu fragen, was es eigentlich gebracht hat. Bei diesem Projekt kann ich sagen, daß zum einen die Zusammensetzung der Projektteams mit hochkarätigen Praktikern und zum anderen die Moderation der Projektleitung wesentlich zum Erfolg beigetragen haben."[10]

Zeitlich nicht möglich aber höchst interessant wäre es gewesen, wenn die Kooperation auf weitere logistische Teilbereiche wie Lagerhaltung und Bestandsmanagement, Outsourcing logistischer Leistungen wie zum Beispiel die Anarbeitung und die Kommunikationsstrukturen hätte ausgedehnt werden können.

Und ganz zum Schluß: Von den drei Wegen klug zu handeln, die es laut Konfuzius gibt, sind zwei das Nachdenken und das Nachahmen. Den des Sammelns von Erfahrungen hat er als den bittersten bezeichnet. Dieser Folgerung kann ich, was meine Kooperationserfahrungen anbetrifft, überhaupt nicht zustimmen, denn diese waren äußerst positiv. Auch so kleine Erlebnisse, wie, daß sich jemand schwer tut, zuzugeben, daß sich seine vermeintlichen Bestleistungen noch verbessern lassen, macht nicht bitter, sondern veranlaßt erst recht zu der Feststellung, daß die Kooperationsarbeit trotz sehr ernstem Hintergrund viel Spaß gemacht hat.

Ein etwas bitterer Beigeschmack ergibt sich lediglich aus der Tatsache, daß der zeitliche Ablauf dieser Einkaufskooperation mit Hilfe der Lebenszyklusdarstellung Suche, Entwicklung, Ausweitung und Abbau abgebildet werden kann.[11] Bitter bzw. schade deswegen, weil dieser Lebenszyklus, abgesehen von einigen wenigen Beschaffungssegmenten und bilateralen Kontakten nach weniger als zwei Jahren endete und es sich zeigte, daß sich externes Projektmanagement schwer durch Eigeninitiative ersetzen läßt.

Anmerkungen

1 vgl. Drucker, Das Großunternehmen
2 vgl. Statistik des Bundesministeriums für Wirtschaft 80/93
3 vgl. Scholl, Schnurpfeil, Zusammen wären sie stark
4 vgl. Capelle, ,,Würger"
5 vgl. Bronder, Kooperationsmanagement
6 vgl. Droege, Eger, Innovative Einkaufskoordination in dezentralen Strukturen
7 vgl. Sauer, Internationale Zulieferbeziehungen deutscher Pkw-Hersteller
8 vgl Rothkirch, Einkaufskooperationen dürfen nicht mißbraucht werden
9 vgl. Hägele, Schön, Überleben im Verbund
10 vgl. Rothkirch, Einkaufskooperationen dürfen nicht mißbraucht werden
11 vgl. Arnold, Beschaffungsmanagement

Literatur

ARNOLD, U., Beschaffungsmanagement, Stuttgart 1995, S. 113.

BRONDER, C., Kooperationsmanagement: Unternehmensdynamik durch Strategische Allianzen, Frankfurt/M. 1993.

CAPELLE, D., Würger, in: SCOPE, Februar 1998.

DROEGE, W. P. J., EGER, M., Innovative Einkaufskoordination in dezentralen Strukturen, in: Beschaffung aktuell, Nr. 5, 1997.

DRUCKER, P., Das Großunternehmen, Düsseldorf 1966.

HÄGELE, Th., SCHÖN, W.-U., Überleben im Verbund, in: Automobil-Produktion, Februar 1998, S. 88.

Pressestelle des Wirtschaftsministeriums Baden-Württemberg, Pressemitteilung 118/1994, Stuttgart 11.05.1994.

ROTHKIRCH, R., Frhr. von, Einkaufskooperationen dürfen nicht mißbraucht werden, in: Beschaffung aktuell, Nr. 4/1996, S. 53.

SAUER, K., Internationale Zulieferbeziehungen deutscher PKW-Hersteller, in: Beschaffung aktuell, Nr. 3/1991, S. 44 – 46.

SCHOLL, R.E., SCHNURPFEIL, T., Zusammen wären sie stark, in: Produktion, Nr. 44, Oktober 1997.

Statistik des Bundesministeriums für Wirtschaft, BMWi-Studienreihe, Nr. 80, Bonn 1993.

6 Benchmarking im Einkauf – Erfolge bei Preisen, Kosten und Verfahren durch Kooperationen

Günter Weber / Rolf Christe

Praxisbericht über eine Einkaufskooperation von sieben mittelständischen Industrieunternehmen im Raum Nürnberg

6.1 Grundsätze zur Auswahl möglicher Kooperationspartner

Bei der Überlegung, Partner für eine Kooperation zu finden, kann man eine Reihe unterschiedlicher Kriterien anlegen. Diese sollten jedoch erst nach einer klaren Zieldefinition erarbeitet werden. Mögliche Benchmarkingziele sind:

- Hilfs- und Betriebsstoffe,
  - Beschaffung,
  - Prozesse,
- Produktionsmaterial,
  - Beschaffung,
- Prozeßkostenoptimierung.

Außer diesen sachlichen Zielen ist bei einer partnerschaftlichen Kooperation entscheidend, daß die Firmenkulturen zueinander passen. Dies kann dadurch abgesichert werden, daß verschiedene Randbedingungen im Vorfeld beachtet werden:

- Produktions-, Handels- oder Dienstleistungsunternehmen,
- Konzern- oder Mittelstandsunternehmen,
- Produktionstechnologien,
- regionale Nähe der Firmen,
- Firmenkultur, Eigner- oder Managementführung.

Hat man das Ziel, Hilfs- und Betriebsstoffe günstiger zu beziehen, kann man zum Beispiel Banken, Handelsunternehmen und Werkzeugfabriken kooperieren lassen, denn deren Bedarfe bei Büromaterial, Energien, Fahrzeugen und Dienstleistungen sind vergleichbar. Ist jedoch die Absicht vorhanden, auch in dem Bereich der Produktionsmaterialien aktiv zu werden, muß die Partnerwahl sehr viel intensiver betrieben werden.

Branchen

Will man eine große Vergleichstiefe erreichen, sollten weitere Faktoren bei der Auswahl einbezogen werden:

- mechanische Vorfertigung oder nur Montage,

- Metall- oder Kunststoffverarbeiter,

- gleiche Beschaffungsmärkte,

- gleiche Absatzmärkte, aber kein direkter Wettbewerb,

- Wettbewerber, aber Kooperation bei nicht strategischen Produkten.

Die in diesem Beitrag näher betrachtete Einkaufskooperation umfaßt sieben mittelständische, teilweise eignergeführte Unternehmen aus der Region Mittelfranken. Sechs Firmen sind Metallverarbeiter mit eigener Vorfertigung. Sie sind im wesentlichen keine Zulieferer, sondern bedienen Endkunden.

Unternehmensgröße

Generell gilt, daß die Firmen nicht zu groß und nicht zu klein sein sollten. Entscheidend für die Bereitschaft zur Kooperation ist jedoch der Druck zur Kostensenkung aus dem Absatzmarkt. Dieser ist erfahrungsgemäß bei mittelständischen Unternehmen, welche nicht in Konzernen integriert sind, durch die Alleinstellung, auch gegenüber großen Wettbewerbern, am stärksten.

Kleine Unternehmen, welche in Marktlücken agieren, bringen vielfach, auch nicht in der Addition der Bedarfe, das Einkaufsvolumen, um neue Größenordnungen im Beschaffungsmarkt zu erreichen. Für diese ist die Überlegung interessant, ob man nicht gleich den Einkauf in eine gemeinsame Dienstleistungsaktivität mit anderen, befreundeten Unternehmen, einbringt.

Der Normalfall ist jedoch, daß die Firmen weiterhin in allen Funktionen eigenständig bleiben wollen. Für eine Einkaufskooperation sollte deshalb das Einkaufsvolumen für Material, ohne Investitionen bei mehr als 20 Millionen DM p.a. liegen. Unternehmen mit Volumina von mehr als 200 Millionen DM haben in der Regel ausreichend Aufkommen im Markt, um bei entsprechender Bearbeitung, günstige Konditionen zu erreichen. Die Gleichgewichtigkeit der Partner ist deshalb auch ein wichtiges Kriterium für ein ausgeglichenes Geben und Nehmen.

Die Beschaffungsvolumina der hier beschriebenen Partnerschaft liegen zwischen 40 und 140 Millionen DM p.a.

Anzahl der Partner

Am Beginn einer Kooperation treffen die unterschiedlichsten Firmenkulturen, Materialgruppierungen, -bezeichnungen, -nummern-Systeme etc. aufeinander und müssen, damit überhaupt ein gemeinsames Auftreten am Markt möglich ist, abgeglichen und in vergleichbare Daten gebracht werden. Diese Aufgabe ist in der Vorbereitung der größte Aufwand und darf nicht unterschätzt werden. Aus diesem Grund sollte die Anzahl der Partner nicht zu groß sein, insbesondere wenn die Deckung bei den Produktionsmaterialien sehr hoch ist. Will man jedoch nur mit genormten Materialien kooperieren, ist das Verständnis über die Normbezeichnungen sehr schnell herzustellen und die Teilnehmerzahl kann entsprechend größer sein. Die Beteiligung einer Zahl von Firmen um 10, d.h. mindestens 7, maximal 15, erscheint uns eine Größenordnung, die auch für die Vertrauensbildung in der Gruppe, noch faßbar ist. Sind es mehr Teilnehmer wird die Koordination zu aufwendig, d.h. die Zeit bis zur Erreichung von Einzelzielen dauert zu lange und die Partner werden ungeduldig, weil keine Ergebnisse vorzeigbar werden. Ist die Zahl zu klein, wird die Addition der Bedarfe nicht zu neuen Größenordnungen im Markt führen, es sei denn man betrachtet auch andere Felder der Zusammenarbeit, wie einen gemeinsamen Einkauf unter Einsparung von Prozeßkosten.

Zu beachten ist auch, daß nicht alle beteiligten Firmen in allen Materialgruppen einen Beitrag leisten können, so daß in einer Partnerschaft die Teilnehmerzahl in den einzelnen Materialgruppen schwanken wird.

Unsere Einkaufskooperation umfaßt sieben Mitglieder, welche ein sehr offenes, vertrauensvolles Verhältnis zueinander entwickelt haben. Bei Diskussionen waren sehr schnell alle potentiellen Restriktionen abgebaut.

6.2   Suche nach Partnern

Die Ausgangsfrage ist die Orientierung an den Zielen. Will man

- mit nur regional naheliegenden, damit auch nur mit persönlich bekannten Partnern vertrauensvoll zusammenarbeiten,

- nur bestimmte Materialgruppen bearbeiten,

- nur bestimmte, zum Beispiel Auslandsmärkte, einbeziehen,

jedesmal gestaltet sich die Suche anders. Bevor man jedoch mögliche Partner anspricht, muß man sich informieren, ob die eigenen Vorstellungen auch umsetzbar sind. Zur Informationsbeschaffung können unterschiedliche Wege beschritten werden, man muß jedoch davon ausgehen, daß die potentiellen Partner auch überzeugt werden müssen. Auch dieser Prozeß der Auswahl ist nicht zu unterschätzen, da innerhalb der Firmen die Zustimmung zu einer Öffnung vertraulicher, sensibler Daten an Außenstehende erst erreicht werden muß.

Verbundene Unternehmen

Firmen aus einer Unternehmensgruppe müßten relativ schnell, auf Veranlassung der Konzernleitung, die gewollten Synergien umsetzen können. Dabei sind innerbetriebliche Verständigungsschwierigkeiten, zum Beispiel aus unterschiedlicher Herkunft und Geschichte der Einzelfirmen, nicht immer auszuschließen. Aber auch Unternehmen die vertikal im Produktionsprozeß schon zusammenarbeiten, können relativ leicht starten, da sie sich schon heute „verstehen".

Industrie- und Handelskammern

Die Frage nach

– Branchen,

– Unternehmensgrößen,

– Regionen,

– Beschaffungsprodukten und -märkten

können aus den Daten der IHKs regional und auch überregional abgefragt werden. Die Kammern sind oft auch bereit, ihre Mitglieder direkt anzusprechen und damit aktive Unterstützung zu geben. In unserem Fall ist ein Teil der heutigen Kooperationspartner aus dem Mitgliedsverzeichnis der IHK für Mittelfranken, mit tatkräftiger Unterstützung der Kammer, gefunden und angesprochen worden.

Verbände

Industrie- und Arbeitgeberverbände bieten ebenfalls die Möglichkeit ihre Mitglieder für diese Themen zu sensibilisieren. Für eine Einkaufskooperation ist es natürlich besonders der Bundesverband Materialwirtschaft, Einkauf und Logistik e.V. (BME), Frankfurt, der mit seinen regionalen Gliederungen hier Unterstützung bieten kann. Dies hat den Vorteil, daß die potentiellen Partner und Kollegen direkt und persönlich angesprochen werden können. Nach dem Durchlauf bei der IHK, haben wir gezielt aus der Mitgliedschaft des BME Partner angesprochen und auch spontan Zusagen erhalten.

6.3 Moderator

Aufgaben

Die Aufgabenschwerpunkte des Moderators sind

- Projektmanagement und
- Vertrauensschutz für die Teilnehmer.

Die Erfahrung zeigt, daß Projekte im betrieblichen Umfeld nur unter der Voraussetzung einer geordneten Projektorganisation zuverlässig laufen. Nicht anders ist es bei unserem zwischenbetrieblichen Projekt. Der Moderator muß deshalb in Abstimmung mit den Partnern die ,,Spielregeln'' vereinbaren, unter denen kooperiert wird und sensible Daten ausgetauscht werden. Er vereinbart Termine, Tagungsorte, bereitet die Tagesordnung vor und moderiert die Sitzungen. Außer diesen formalen Aspekten hat er auch die entscheidende Funktion des Übersetzers der unterschiedlichen Sprachen und Kulturen der Unternehmen, um die Dinge vergleichbar machen zu können. Er ist damit Vertrauensperson aller Kooperationsteilnehmer, denn es obliegt ihm, die Daten der Warengruppen aus den Unternehmen zu sammeln, zu anonymisieren, um sie dann den Teilnehmern in der Form

- Gesamtmenge,
- Anzahl beteiligter Firmen,
- Spannweite der Konditionen

vorzustellen. Erst wenn nach diesem – noch anonymen – Überblick die Teilnehmer ihr Einverständnis gegeben haben, dürfen die Daten offengelegt werden. Es sollte in der Regel nicht die Aufgabe des Moderators sein, die Warengruppen im Markt auszuschreiben oder zu verhandeln. Dies übernimmt, nach gemeinsamem Beschluß, einer der Partner. Dies hat den Vorteil, daß der Partner

- gezielte Marktkenntnisse mitbringt und
- eine eigene, neue Marktmacht entwickelt.

Mit diesem Verfahren hat jeder Teilnehmer an der Kooperation die Aufgabe für sich und seine Partner ein neues Ergebnis zu erzielen. Dies fördert auch die wechselweise Akzeptanz zur Übernahme der Ergebnisse des jeweiligen Verhandlungsführers in das eigene Unternehmen.

Auswahl

Voraussetzungen für die Eignung als Moderator einer Einkaufskooperation sind

- persönliche Integrität,

- einkäuferische Qualifikation,

- Warengruppenkenntnisse,

- Kommunikationsfähigkeit.

Da Mitarbeiter in den beteiligten Unternehmen, aus Gründen der Vertraulichkeit und auch aus Zeitgründen, das Projektmanagement nicht leisten können, muß man auf

- Berater,

- Universitäten oder Fachhochschulen,

- Verbände,

- Handwerks- oder Handelskammern

zurückgreifen. Sehr fachspezifische Hilfe kann hier der BME leisten.

Vergütung

Es gibt Beispiele, bei denen die Moderatoren am Einkaufserfolg der Gruppe prozentual beteiligt werden. Da wir jedoch die Auffassung vertreten, daß der Moderator nicht der Bearbeiter des Marktes ist, sollte er auch nicht nach dem Erfolg bezahlt werden. Vereinbarungen, die eine Vergütung, abhängig vom Zeiteinsatz des Moderators und dessen Hilfskräften, regeln, sind unseres Erachtens sachgerecht.

Die Kosten für die Moderation betragen in dieser Kooperation, bei Teamsitzungen im Abstand von 4-6 Wochen weniger als 1.000 DM je Mitglied und Monat. Gemessen an den Ergebnissen (s.u.) ist dieser Aufwand sicher gerechtfertigt.

6.4 Kooperationspartner

Die Partner der Einkaufskooperation, über deren Ergebnisse nachstehend berichtet wird, sind:

- Eckart-Werke,
  Standard Bronzepulver-Werke Carl Eckart GmbH & Co,
  90763 Fürth und 91235 Velden,
  Hersteller von Aluminium-, Bronze- und Kupfer-Pulver und -Pasten für Anwendungen bei Druckfarben, der Metallic-Lackierung, dem Korrosionsschutz, der Kunststoffpigmentierung, der Pyrotechnik, der Stahlschmelze,
  1.400 Mitarbeiter

- Faun GmbH,
  91205 Lauf a. d. Pegnitz,
  Hersteller von Mobilkranen,
  500 Mitarbeiter

- Fella-Werke GmbH,
  90537 Feucht,
  Hersteller von Heuerntemaschinen,
  160 Mitarbeiter

- Geyer AG,
  90441 Nürnberg,
  Hersteller von Elektro-Hausanschlußkästen, -Zählerschränken Leitungsschutzschalter, Abzweigkästen, Verteilungstafeln,
  1.000 Mitarbeiter

- Kennametal Hertel AG,
  90707 Fürth,
  Hersteller von Hartmetallwerkzeugen und Hartstoffen für Werkzeugmaschinen,
  1.500 Mitarbeiter in 5 Werken

- Maschinenfabrik Niehoff GmbH & Co KG,
  91126 Schwabach,
  Hersteller von Drahtziehanlagen für NE-Metalle,
  500 Mitarbeiter in 2 Werken

- Aufzugswerke M. Schmitt + Sohn GmbH & Co,
  90402 Nürnberg,
  Hersteller von Aufzügen,
  1.000 Mitarbeiter in 2 Werken.

6.5   Prozeßschritte

6.5.1   Definition der Warengruppen

Anhand einer vorgegebenen, allgemein gehaltenen Warengruppenstruktur benannten die beteiligten Firmen ihre Beschaffungsumsätze (vgl. Tabelle 1).

Tabelle 1: Beschaffungsumsätze je Warengruppe

Warengruppen	Anzahl beteiligter Firmen	Beschaffungswert p.a. der beteiligten Firmen in TDM
Stahl / Blech	6	16.600
NE-Metalle	3	43.900
Kunstoff, -teile	3	27.700
Gußteile	5	9.800
Zerspanungsteile	4	11.200
Stanz-, Zieh-, Bieget.	2	2.900
Schmiedeteile	2	2.100
Fließpressteile	1	13
Sinterteile	1	485
Elektromater., -teile / Elektronikbauteile	7	21.600
Pumpen/Motoren	6	8.200
Dichtung./Schläuche	4	1.800
Gummiformteile	3	900
Hydraulik/Pneumatik	5	3.020
DIN-Teile, Wälzlager	7	7.400
Chemie/Farben/Lacke	7	10.300
Standardwerkzeuge	7	775
Betriebsstoffe	7	5.300
Schweißmaterial	4	300
Verpackungsmaterial	4	6.500
Transportleistungen	3	3.600
Arbeitsschutz	6	600
Entsorgung	7	2.100
Bürobedarf	7	880
Druckerzeugnisse	4	2.000
Datenverarbeitung	7	4.000
Lohnbearbeitungen	2	2.050
Dienstleistungen	3	6.100
Techn. Gase	6	2.900
Gesamt ohne Sonstiges		205.023

6.5.2 Datenaufbereitung

Nachdem die möglichen Umfänge der Kooperation klar waren, mußte einvernehmlich entschieden werden, welche Warengruppen, in welcher Reihenfolge, zu bearbeiten waren. Um den Prozeß mit Erfolgen in Gang zu bringen, sollte man wenige Materialgruppen gleichzeitig bearbeiten und sich für den Beginn genormte Bauteile vornehmen. Die Teilnehmer erarbeiteten auf der Artikelebene die Daten

- Artikel-, Artikelgruppenbezeichnung,

- Jahresbedarfsmenge,

- Mengeneinheit,

- Lieferanten,

- Preise,

- Konditionen.

Diese Daten gehen komplett an den Moderator. Dieser stellt dann als Information für alle Beteiligten zusammen:

- Gesamtjahresbedarf in Menge,

- Gesamtjahresbedarf in Wert,

- an dem Warenkorb beteiligte Firmen,

- Anzahl der bisherigen Lieferanten,

- Preisspektrum, Ober- und Untergrenze,

- gewichteter Durchschnittspreis.

Mit dieser Darstellung war es den Beteiligten möglich ihr Volumen und ihre Preissituation im Gesamtkontext wiederzufinden. Nun hatten die Partner festzulegen

- ob die Daten für alle Beteiligten offengelegt werden,

- welche der beteiligten Firmen bearbeitet federführend welche Materialgruppe,

- Wünsche der Teilnehmer für das Vorgehen bei der Ausschreibung, zum Beispiel Berücksichtigung oder Nichtberücksichtigung bestimmter Lieferanten,

- Weisungen bezüglich der Anonymisierung des Bedarfes etc.,

- Termine.

Der Federführer muß dabei nicht immer der „Beste", d.h die Firma mit dem größten Marktvolumen oder den niedrigsten Preisen sein, sondern Spezialkenntnisse des Marktes und damit fachliche Akzeptanz waren für die Wahl der Federführer für die Materialgruppen ausschlaggebend.

Die Federführer gingen mit diesen neuen Daten an den Markt indem sie entweder direkt Gespräche mit den potentiellen Lieferanten führten, oder aber eine Ausschreibung des Bedarfes vornahmen. Da die Teilnehmer untereinander und auch einvernehmlich sehr offen mit dem Instrument Einkaufskooperation und den daran beteiligten Firmen umgingen, kamen sehr schnell Reaktionen aus dem Beschaffungsmarkt, wobei Firmen sich neu oder wiederholt für diese Lieferungen qualifizieren wollten, und es deutete sich schon in diesem Stadium einige Bewegung am Markt an.

Mit dem Ausschreibungs- oder Verhandlungsergebnis kamen dann die Federführer wieder in die Gesamtgruppe und es wurde besprochen und verabschiedet

- welche Prioritäten bei den Abschlußverhandlungen mit welchen Lieferanten zu setzen sind,

- welche Vertragsformen für diese neuen Liefervereinbarungen angestrebt werden sollen.

Mögliche realistische Vertragsformen sind:

- Rahmenvereinbarung für die Teilnehmer, woraus sich dann jeder mit nachfolgenden Einzelverträgen bedienen kann, oder

- Einzelverträge jedes Teilnehmers auf Basis des Ausschreibungsergebnisses.

Beide Möglichkeiten wurden genutzt, mehrheitlich wurden jedoch die Einzelverträge von jedem Teilnehmer abgeschlossen. Teilweise geschah dies natürlich auch zu den neuen Konditionen bei den alten Lieferanten. Wir sind dabei insgesamt nicht dogmatisch vorgegangen, sondern überließen jedem Partner die Entscheidung für sein Vorgehen.

6.6   Auswahl und Zusammenstellung der Warengruppen

6.6.1   Standardisierte Produkte – Schnelle Erfolge

Insbesondere am Anfang einer Kooperation ist es wichtig, schnelle Erfolge deutlich zu machen. Dies geht wegen der Abstimmungsschwierigkeiten nicht bei zeichnungsgebundenem Produktionsmaterial. Deswegen sollte zuerst bei Normteilen der Versuch einer Verbesserung der Konditionen erreicht werden. Auch sind in diesen Bereichen die Möglichkeiten zum spontanen Lieferantenwechsel größer. Darüber hinaus handelt es sich nicht um strategische Produkte, so daß die Realisierung und Verdeutlichung des Erfolges für die innerbetriebliche Diskussion der Beteiligten „gefahrlos" möglich ist. Mögliche Warengruppen in diesem Sinne sind:

- DIN-Verbindungsteile,

- Standardwerkzeuge,

- Kugel- und Wälzlager,

- Technische Gase,

- Öle, Fette

- Kabel und Leitungen,

- Elektro- und Elektronik-Artikel.

6.6.2 Problematik bei zeichnungsgebundenen Teilen

Der Vergleich bei zeichnungsgebundenen Teilen ist ad hoc nicht durchführbar. Es ist deshalb notwendig, die Kriterien zu definieren. Ein Partner kann dann die Sammlung, zum Beispiel der Graugußteile anfragen und auswerten. Die Problematik zum Verständnis der Teile und deren Funktion muß in diesem Fall jedoch sinnvollerweise an den Partner übertragen werden. Sollten sich daraus neue Lieferquellen ergeben, muß bevor diese umsetzbar sind, ein zusätzliches Qualifikationsverfahren mit den für die Freigabe von neuen Lieferanten im Hause zuständigen Gremien durchgeführt werden. Dies führt naturgemäß zu einer höheren Schwelle bei der Durchsetzung von Lieferantenwechseln.

6.7 Ergebnisbeispiele einzelner Warengruppen

Standardwerkzeuge

Bei dieser Warengruppe handelt es sich um Katalogware mit Listenpreisen, abzüglich nach Warengruppen gestaffelten Rabatten. Alle Teilnehmer bezogen in der Vergangenheit, zumindest Teile Ihres Bedarfes, bei demselben Lieferanten. Durch die Bündelung des Bedarfes und die Einbeziehung der bisher nicht bei diesem Lieferanten bezogenen Anteile ergaben sich folgende Verbesserungen:

Beschaffungsvolumen   775 TDM

Rabattverbesserungen um 1-4 Stufen

Zahlungskondition mindestens 1 Prozent mehr Skonto

Gesamtverbesserung je nach Teilnehmer 3-8 Prozent,

im Mittel 5 Prozent   39 TDM

Für den Auftragnehmer wurde ein Zusatzvolumen in Höhe von 430 TDM (55 Prozent) möglich.

Technische Gase/Tankbefüllung

Die GGVS-Gebühren bei der Tankbefüllung wurden von teilweise bis 60 DM auf 25 DM vereinheitlicht.

– Sauerstoff	128 TDM
Einsparung in der Gruppe 12,5 Prozent	
– Stickstoff	750 TDM
Einsparung in der Gruppe 18 Prozent	
– Argon	280 TDM
Einsparung in der Gruppe 15 Prozent	
– Schutzgas CO_2	48 TDM
Einsparung in der Gruppe 8,6 Prozent	

Für die Firmen ergaben sich Einsparungen zwischen 8 und 25 Prozent, insgesamt 200 TDM. Für künftig auslaufende Tankbefüllungsverträge wird sich ein weiteres Potential ergeben.

Verbindungselemente

Bei dieser Warengruppe wurde neben der Anfrageaktion erstmals auch der gesamte Prozeß der Beschaffung von Verbindungselementen beleuchtet. Grund hierfür war das Angebot verschiedener Händler, zusätzlich zur Belieferung auch die Läger und die Disposition nach Verbrauch zu übernehmen. Dies führte bei den Firmen auch dazu, daß die Lieferantenzahl in dieser Warengruppe von bis zu fünf auf einen künftigen Lieferanten reduziert wurde. Bei einem Beschaffungsvolumen von rd. einer Million DM p.a. erzielten einzelne Partner durch Lieferantenwechsel zwischen 20 und 50 Prozent Einsparung auf ihr bisheriges Volumen. Hinzu kamen die Kostenersparnisse durch die ausgelagerten Lager- und Dispositionsfunktionen.

Kugel- und Wälzlager

Dieser Bereich ist einfach zu vergleichen, da die Listen der Anbieter, inländische und ausländische, fast deckungsgleich sind und somit eine Abstimmung durch den Vergleich der Rabattsätze leicht möglich war. Diese lagen zwischen 40 und 88 Prozent (ausländischer Bezug). Bei einem Volumen von rd. 2,8 Millionen DM p.a., davon 2,3 Millionen DM inländischer Bezug, werden Einsparung zwischen 5 und 35 Prozent, im Mittel 7 Prozent (160 TDM) möglich sein.

Heizöl

Die Partner haben einen Verbrauch von rd. 5 Millionen l p.a. Im September 1997 hatten wir die Möglichkeit einen Festpreis, Laufzeit bis Mai 1998, bei DM 0,38/l abzuschließen. Trotz positiver Resonanz, kam aus Gründen der nicht schnell durchführbaren Abstimmung diese Vereinbarung nicht zustande. Im März 1998 ergab sich aus der besonderen Situation des Ölmarktes mit seiner Überversorgung im Winter 1997, daß die Bezüge zu Spotpreisen bzw. die Abrechnung zu Werten des Oil Market Reports günstiger waren.

Farben, Lacke

Zwei Partner hatten bei Strukturlacken denselben Lieferanten, alle anderen wurden von unterschiedlichen Herstellern versorgt. Eine neutrale Untersuchung ergab, daß alle verwendeten Lackierungs-Komponenten grundsätzlich untereinander austauschbar sind. Bei einem Volumen von 2 Millionen DM p.a. bestanden bei den einzelnen Komponenten Preisdifferenzen von mehr als 50 Prozent. Dies ist der Anlaß, daß in den einzelnen Firmen Versuche zum Einsatz günstigerer Lackkomponenten laufen.

Entsorgung

Das neue Kreislaufwirtschafts- und Abfallgesetz veranlasste die Partner, neue Entsorgungskonzepte zu entwickeln. Die Projekte zur Vermeidung und Verwertung laufen noch. Doch alleine durch den Vergleich der Kippgebühren konnten Preissenkungen bis zu 15 Prozent erreicht werden.

Arbeitsschutz

Die Sortimente, wie auch die Anforderungen der Partnerfirmen, waren sehr unterschiedlich. Sie waren in der Vergangenheit, auch in Zusammenarbeit mit den Betriebsräten, entwickelt worden. Es wurde deshalb – auch aufgrund des relativ geringen Volumens darauf verzichtet – diese Warengruppe weiter zu verfolgen.

Kopierer

Der Auslauf von zwei Verträgen in 1998 und ein potentielles Kündigungsrecht erbringen bei drei Partnern ein Volumen von 220 TDM mit einem Einsparungspotential von 10 Prozent.

6.8   Prozeßbetrachtung

Neben den formellen Teamsitzungen finden zahlreiche Kontakte und Abstimmungen zu Einzelfragen statt, welche in diesem Bericht nicht nachgehalten werden können. Alleine diese vertrauensvolle Kooperation bringt den Teilnehmern Anregungen für die täglichen Aufgaben. Diese Diskussionen führten uns zwangsläufig zu den Prozeßkosten der Teilnehmer und zu den Angeboten von Einkaufsdienstleistern, deren Angebote Einfluß auf die Abläufe haben werden.

Die Erhebung der Prozeßkosten erbrachten Werte zwischen 85 DM und 150 DM je Bestellung. Durch Benchmarking der Prozesse werden hier in Zukunft Einsparungen möglich sein.

6.8.1   Systemlieferanten

Die Lieferantenvielzahl ist auch bei den Kooperationspartnern noch zu hoch. Die Diskussion und die in der Kooperation vorliegenden Angebote führen automatisch zur Einschränkung der Lieferantenvielfalt in den behandelten Warengruppen und haben damit auch Auswirkungen auf Aktivitäten der Konzentration auf Systemlieferanten in anderen Materialbereichen. Aufgabenstellung für Lieferanten ist es dabei nicht nur, kostengünstig zu beliefern, sondern auch spezielle Lagereinrichtungen bereit zu stellen, selbständig diese Systeme zu versorgen und mit stochastischen Methoden die Verfügbarkeit sicherzustellen. Erfahrungen hierzu gibt es in den Warengruppen

- Verbindungselemente,
- technische Gase,
- Elektromaterial,
- Entsorgung,
- Ölversorgung.

Die Ausdehnung auf weitere Warengruppen schreitet voran.

6.8.2   Dienstleister

Ein Partner arbeitet erfolgreich mit einem Dienstleister in der Beschaffungsmarktforschung zusammen. Die Diskussion über C-Teile-Dienstleister und Purchasing-Card-Systeme führte bisher noch nicht zu Abschlüssen. Gründe hierfür sind zum Teil offene Fragen bei der Abklärung betriebsinterner Abläufe. Die Partner sind jedoch der Meinung, daß mit einer guten Vereinbarung mit wenigen Systemlieferanten nahezu derselbe wirtschaftliche Erfolg erreichbar ist, mit dem Vorteil, daß man weiterhin den Markt selbst beobachten kann. Daß dies vor dem Hintergrund der Gesamtprozeßkosten in Relation zum Beschaffungsvolumen nicht immer ganz schlüssig ist, ist den Partnern aber auch bewußt.

6.9   Kommentare der Partner

In einer spontanen Befragung zur bisherigen Arbeit und den Erfolgen der Einkaufs-kooperation nehmen, in Auszügen, die Partner wie folgt Stellung:

Erwartungen

- Günstigere Preise und Konditionen aufgrund der größeren Nachfragemacht
- Ausnutzen der Synergien durch Bündelung der Warengruppen
- Verringerung der Kosten und erleichterter Marktzugang bei Erschließung neuer Beschaffungsmärkte
- Allgemeiner Erfahrungsaustausch und Informationsbörse
- Ursprünglich höhere Erwartungen in Kostenpotentiale, bezogen auf das Gesamt-beschaffungsvolumen

Erfahrungen

- Hohe Bereitschaft und Engagement der Kollegen zur Zusammenarbeit für gün-stigere Preise, Konditionen und zur Kostensenkung
- Unterschiedliche Organisationsstrukturen der Teilnehmer erschweren Zusam-menarbeit und Koordination
- Es gibt Schnittstellenprobleme, auch zur ,,Freude'' der Lieferanten
- Probleme bei der Durchsetzung der Kooperationsgedanken im eigenen Unter-nehmen
- Hausnormen und besondere technische Vorschriften sowie interne gewachsene Strukturen erschweren Kooperation
- Teilnehmer werden vom Tagesgeschäft stark behindert
- Teilnehmer befürchten den Verlust des direkten Kontaktes zu den Lieferanten
- Detailvorgaben bei Spezifikationen erschweren Synergien
- Koordination bei der Notwendigkeit schneller Entscheidung sehr schwierig (Beispiel Heizöl)
- Persönliche Belastung der Mitglieder mit Tagesaufgaben behindert oft zeitlich die Projektarbeit, welche auf den Schultern einzelner Einkäufer liegt
- Vertrauensvolles Klima zwischen den Beteiligten

Empfehlungen

- Bei den Warengruppen sind Schwerpunkte zu setzen

- Bessere Darstellung in den teilnehmenden Unternehmen, mit Unterstützung der Geschäftsführung

- Die Einbindung der technischen Abteilungen in die gesteckten Ziele ist erforderlich

- Eine Verringerung der Teilevielfalt ist dringend geboten und dies ist an die teilnehmenden Unternehmen zu vermitteln

- Bessere Deckung der Unternehmen nach Branchen, jedoch ohne Wettbewerbssituation, ist wünschenswert

- Nur gemeinsam sind wir am stärksten!

6.10   Schlußkommentar

Die Erfahrung mit dieser regional orientierten Einkaufskooperation von mittelständischen Metallverarbeitern, welche seit Anfang 1997 besteht, zeigt, daß große Erfolge möglich sind. Besonders hilfreich in dieser Zusammenarbeit ist die spontane Offenheit der Partner, von Anfang an, gewesen. Die bisherigen Ergebnisse zeigen, daß im wesentlichen bei normierten Stoffen und Teilen schnelle Erfolge möglich sind. Auf dieser Basis ist es nun möglich, umfangreichere Abstimmungsprozeduren bei betriebsspezifischen Bedarfen durchzuführen, um auch diese höherwertigen Materialgruppen mit besseren Ergebnissen im Markt zu plazieren. Wir denken auch daran bei bestimmten Warengruppen überregionale Kooperationen zu bilden, denn nur dadurch ist es möglich, Schlüsselkomponenten bei Konzernen günstiger zu beschaffen.

Wesentlicher Aspekt der persönlichen Zufriedenheit der Teilnehmer ist die informelle Diskussion über Märkte, Firmen und Prozesse, die nicht direkt in die Kooperation eingeflossen sind und deshalb auch nur schwer meßbar bleiben.

Ein Problem bleibt sicherlich die zusätzliche Belastung der Kollegen. Doch mit Unterstützung der Geschäftsführungen sollte, vor dem Hintergrund der bisherigen Erfolge, eine Verbesserung möglich sein. Eine Einkaufskooperation darf aber nicht zu einer dauerhaften Institution werden. Die Teilnehmer werden deshalb, wenn die vereinbarten Themen abgearbeitet sind, dieses Projekt beenden, um möglicherweise in neuer Konstellation zu einem späteren Zeitpunkt neu zu starten.

7 Einkaufspool in den neuen Bundesländern

Karl-Heinz Uhlig

Formal gibt es zwar seit 1990 nur noch ein Deutschland. Vor allem im realen Wirtschaftsleben sind die Unterschiede zwischen den neuen und den alten Bundesländern jedoch noch längst nicht verwischt. Auch der Einkauf sieht sich in den östlichen Bundesländern vor zusätzliche Herausforderungen gestellt. Geschäftsführer, Manager und Einkaufsleiter müssen ihre eigenen Wege suchen und finden.

7.1 Neue Zeiten verlangen neue Wege

Mit dem Fall der Mauer mußte sich die ostdeutsche Wirtschaft auch den Gesetzen der freien Marktwirtschaft stellen. Für die staatlichen Kombinate des ,,real existierenden Sozialismus" hieß das, sich von heute auf morgen dem Diktat der Gewinnmaximierung
zu unterwerfen – und dabei noch im Wettbewerb mit anderen Unternehmen zu stehen. Aufgabe der Treuhand war es, aus den maroden Staatsbetrieben überlebensfähige Unternehmen herauszuschälen.

Von den ehemaligen Kombinaten blieben meist nur kleine Kernbereiche übrig. Es entstand eine Unternehmenslandschaft, die sich überwiegend aus kleinen und mittelständischen Unternehmen zusammensetzt. Auch das zaghafte ,,Entrepreneurship", das in den östlichen Bundesländern aufkeimte, mündete in die Gründung kleinerer Betriebe. Damit sehen sich heute viele Unternehmen in den neuen Bundesländern einem klassischen Größenproblem gegenüber: Economies-of-scale können sie kaum verwirklichen.

Als Ausweg bietet sich ein Zusammenschluß in Unternehmensverbänden an. Neben den erhofften generellen Kosteneinsparungen, beispielsweise über eine bessere Auslastung der Kapazitäten, verspricht man sich auch technologische Vorteile. Darüber hinaus können die vorhandenen Vertriebsstrukturen effizienter genutzt werden. Dies wiederum erlaubt einen schnelleren Aus- und Aufbau neuer Distributionswege. ,,Last but not least" wird die Zusammenarbeit mit regionalen Institutionen wie Banken, Universitäten oder öffentlichen Stellen durch einen Verbandszusammenschluß kanalisiert und optimiert.

Im Laufe der vergangenen Jahre schossen einige solcher Verbände aus dem (ostdeutschen) Boden. Einer der ersten war der ICM, der Interessenverband Chemnitzer Maschinenbau. Damals noch als Materialwirtschaftsleiter eines ehemaligen DDR-Betriebs war ich maßgeblich an der Gründung des Verbandes beteiligt. Ein Verband lebt und entwickelt sich weiter – eine Aussage, die auf die stürmische Anfangszeit in den neuen Bundesländern besonders zutrifft. Im Zuge der Weiterentwicklung des ICM habe ich insbesondere auf die Bildung eines Arbeitsgremiums zum Thema

Einkauf/Ressourcennutzung hingewirkt. Die vergangenen drei Jahre übte der Verband bereits – erfolgreich – Einkaufskoordinationstätigkeiten aus. Doch erst vor kurzem, im April 1998, unterzeichneten 15 teilnehmende Unternehmen den Kooperationsvertrag und hoben damit den „Einkaufspool" des ICM offiziell aus der Wiege.

7.2   Ein Verband wird geboren: ICM – Interessenverband Chemnitzer Maschinenbau

Bereits Anfang der 90er Jahre erkannten einige Unternehmen des Maschinenbaus aus dem Chemnitzer Raum, daß ihre Überlebenschancen wesentlich größer sind, wenn sie sich zusammenschließen. Von den ehemaligen Kombinaten waren in der Chemnitzer Region nur noch rudimentäre Züge zu erkennen. Einzelne Kernbereiche, die an Umsatz und Mitarbeiterzahl kaum ein Zehntel der ehemaligen Staatsbetriebe hatten, waren zunächst noch „am Leben". Doch selbst viele dieser geschrumpften Unternehmen mußten nach und nach aufgeben und Konkurs anmelden. Um die Rahmenbedingungen für die verbliebenen Kernbereiche zu verbessern, bot sich eine engere Zusammenarbeit zwischen den Unternehmen an. So bestand die Möglichkeit, Synergien zum Vorteil aller zu schaffen und zu nutzen. Letztlich konnten sich die Marktchancen dadurch nur verbessern.

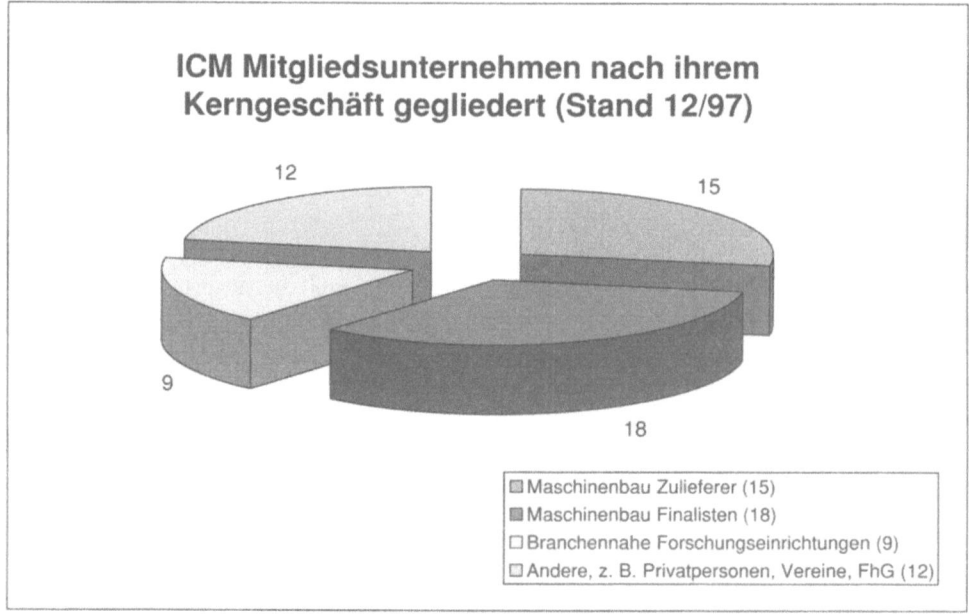

Abbildung 1: Mitgliedsunternehmen des ICM

Im Gründungsjahr 1992 hatte der ICM vier Mitglieder. Bis heute hat sich die Zahl der Mitglieder auf über 50 erhöht. Rund zwei Drittel sind nach wie vor Unternehmen aus der Maschinenbaubranche. Daneben zählen inzwischen Forschungseinrichtungen und Vereine zu den Verbandsmitgliedern.

Vision des ICM ist es, „Kristallisationsherd" für Innovationen, Systemlösungen und Kooperationen zu sein. Das heißt, der Verband wird zum leistungsfähigen Dienstleister für kleinere und mittelständische Unternehmen im Raum Sachsen. Er ist sowohl kompetenter Ansprechpartner für die Unternehmen als auch deren Interessenvertreter in Politik, Wirtschaft und Wissenschaft. Das heutige „Netzwerk" bildet hierfür den ersten Grundstein.

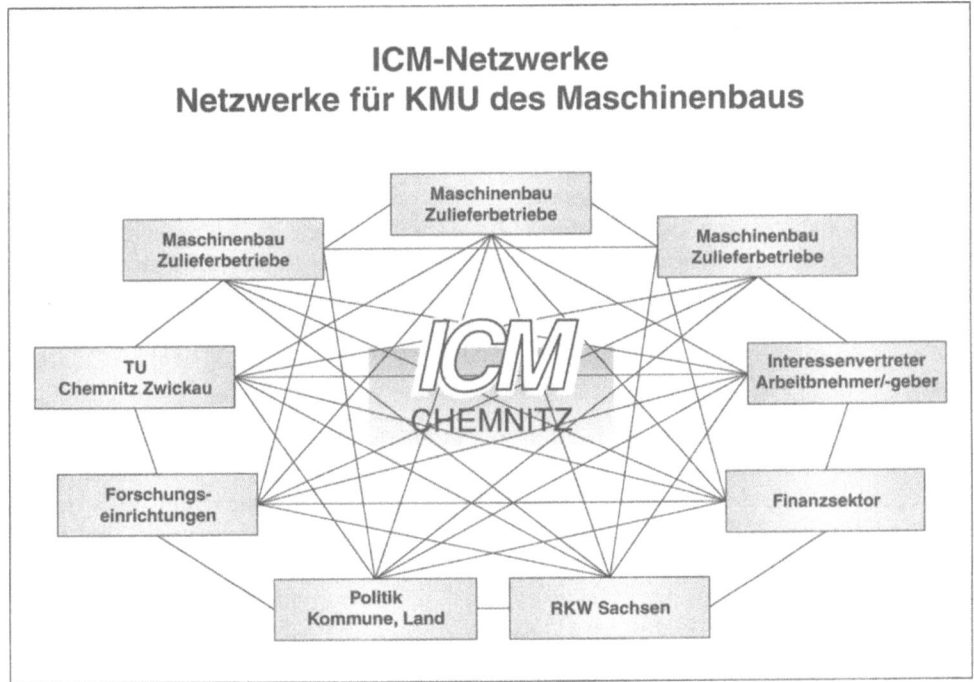

Abbildung 2: ICM-Netzwerke

7.3   Von der Idee zur Umsetzung: der Einkaufspool des ICM

Der Einkauf ist nicht „irgendein" Thema für den ICM. Zwei Gründe sprechen für die besondere Beachtung, die dem Einkauf im ICM gewidmet wird: Bei Unternehmen des Maschinenbaus trägt der Einkauf rund 40 bis 80 Prozent zur Wertschöpfung bei. Verbesserungen im Einkauf schlagen sich also wirkungsvoll auf Umsatz und vor allem Gewinn nieder. Zum anderen haben die ostdeutschen Unternehmen gerade im Einkauf Nachholbedarf. Zwar hat sich „einkaufen" seit der Wende nicht grundlegend verändert, doch die mit dem Einkauf verbundenen Aufgaben und Funktionen sind in einer freien Marktwirtschaft wesentlich umfassender. Frappantes Beispiel sind wohl Preisverhandlungen, die es in der sozialistischen Planwirtschaft per se nun einmal nicht gab.

Noch heute wird in den Unternehmen der neuen Bundesländern dem Einkauf generell nicht der Stellenwert zuerkannt, den er verdient. Während in den Ausbau der Vertriebswege und die Aus- und Weiterbildung der Verkäufer kräftig investiert wird, fristen Einkaufsabteilungen und Einkäufer ein eher kümmerliches Dasein.

Von Anfang an bemühte sich der ICM um ein Etablieren des Einkaufthemas. Bereits 1991 gab es erste informelle Einkauftreffs im Rahmen der ICM-Gründungsbemühungen. Es folgten Diskussionsrunden, die dem intensiven Erfahrungsaustausch zwischen den Unternehmen dienten. Dabei ging – und geht es heute noch – um individuelle Lieferantenstrukturen, teilweise verbunden mit persönlichen Kontakten.

Als eine der größten Hürden stellte sich am Anfang die Bereitschaft zur offenen Kommunikation heraus. Zunächst überwog eine verständliche Zurückhaltung, mit Einkaufsleitern anderer Unternehmen die eigenen Einkaufsspezifika zu besprechen. Denn hier kann es auch um spezielle technische Lösungen gehen, die zwischen Konstruktionsabteilung und Zulieferer abgesprochen werden. Preisvereinbarungen und Rahmenverträge kennen häufig nur die Einkaufsabteilung und der Lieferant selbst. Doch die anfängliche Skepsis, vor anderen ,,aus dem Nähkästchen" zu plaudern, wich bei den ICM-Mitgliedern bald der Erkenntnis, daß in koordinierten Einkaufsaktivitäten für alle beteiligten Unternehmen enorme Potentiale schlummern.

Darüber hinaus organisierte der ICM recht bald Einkaufsseminare für seine Mitglieder. Hieß es doch, die Wissenslücke gegenüber den westlichen Unternehmen zu schließen und die Mitglieder auf einen gemeinsamen Wissensstand zu bringen. Darüber hinaus mußten auch noch ,,Grundsteine" gelegt werden, um überhaupt einkäuferisch zusammenarbeiten zu können. So lag die Unternehmensplanung bei den meisten Mitgliedern des ICM im argen. Eine mittelfristige Unternehmensplanung ist aber Voraussetzung für den Abschluß sinnvoller Rahmenverträge mit einem Lieferanten. Der Bedarf der einzelnen Unternehmen muß als wertmäßiger Jahresbedarf vorliegen.

Mitte der 90er Jahre wurden bereits auf kleiner Flamme erste kooperative ,,Einkaufssüppchen" gekocht. Zwei bis drei Mitglieder des ICM schlossen gemeinsame Verträge mit Lieferanten ab. Die Zahl der an den Einkaufsaktivitäten beteiligten ICM-Mitglieder stieg stetig – ebenso die über das koordinierte Vorgehen erzielten Einsparungserfolge. 1995 lagen die Einsparungen bei 3,5 Millionen DM, stiegen 1996 um 1,5 Millionen und legten 1997 nochmals um 300 – 400 Tausend DM zu. Höhere Volumina und stärkere Verhandlungsmacht führten dazu, daß die Lieferanten die Einstandspreise senkten. Vor allem bei Grauguß und in der Elektronik rutschten die Einstandspreise deutlich nach unten.

Mitglieder: beachtlicher Start mit 15 Unternehmen

Die 15 Unternehmen, die heute am Einkaufspool teilnehmen, kommen aus den Branchen

- Werkzeugmaschinenbau

- Textilmaschinenbau

- Sondermaschinenbau

- Industrieanlagenbau

- Gießerei sowie

- Ingenieurbüros

und stehen damit nicht in direktem Wettbewerb. Die Spannbreite der Unternehmensgröße reicht von knapp 4 Millionen DM bis zu über 150 Millionen DM Umsatz pro Jahr. Kumuliert hat der Einkaufspool einen Umsatz von rund 700 Millionen DM. Etwa drei Viertel der Unternehmen sind Kernbereiche der ehemaligen Kombinate. Das restliche Viertel umfaßt die seit der Wende gegründeten Unternehmen.

Das Einkaufsvolumen der Mitglieder des Pools liegt im Durchschnitt bei 45 Prozent des Umsatzes. Nahezu zwei Drittel der eingekauften Produkte sind wettbewerbsneutral und daher für eine Bedarfsbündelung besonders geeignet. Gebündelt werden zunächst jene Produkte, die die größten Gemeinsamkeiten aufweisen. In abnehmender Reihenfolge zählen hierzu: Rohmaterialien, Halbzeuge, Hilfs- und Betriebsstoffe und schließlich Dienstleistungen.

Strategie: zielgerichtetes Vorgehen zum Nutzen der Mitglieder

Der Einkaufspool hat sich – in Einklang mit der Vision des ICM – eine klare Strategie gesetzt. Im Vordergrund stehen die quantitativen Ziele: Umsatz erhöhen und Kosten senken für die einzelnen Mitgliedsunternehmen. Daneben strebt der Einkaufspool aber auch qualitative Ziele an. So soll das Selbstwertgefühl der Mitglieder gesteigert und insbesondere der Stellenwert des Einkaufs erhöht werden. Darüber hinaus ist eine weitere Ausdehnung des Einkaufswissens über die Vermittlung von Seminaren erklärtes Ziel.

Um den Umsatz zu steigern, gibt es für den Einkaufspool verschiedene Ansatzpunkte. In erster Linie geht es darum, die zahlreichen Möglichkeiten eines koordinierten Einkaufs auszuschöpfen. Der Pool kann weitergehende Einkaufskooperationen fördern sowie zu Innovationen anregen, Systemlösungen erkennen und propagieren. Zwischen den Mitgliedern lassen sich Synergien nutzen, beispielsweise durch gemeinsamen Zugriff auf Bestände und dadurch geringeren ,,Handlings"-Aufwand. Letztlich wird der Einkaufspool die Marktchancen der beteiligten Unternehmen verbessern.

Die Kostensenkungen für die Mitglieder ergeben sich in erster Linie aus der Volumenbündelung der eingekauften Produkte, also der stärkeren Verhandlungsposition. Resultat sind in der Regel wesentlich niedrigere Einstandspreise. Da sich der Bearbeitungsaufwand für die einzelnen Unternehmen reduziert, sinken auch die Prozeßkosten. Sortimente können bereinigt, Lagerzeiten verkürzt und Bestände abgebaut werden. Ein Vergleich der Liefer- und Zahlungskonditionen bietet sich an. Auch hier stecken Potentiale für schnelle Einsparungserfolge.

Heute noch Zukunftsmusik, aber bereits ins Auge gefaßt, ist eine Ausweitung der Beschaffungsaktivitäten auf ausländische Märkte. Spätestens, wenn die nationalen Möglichkeiten ausgeschöpft sind, wird der Einkaufspool auch „global sourcing" mit einbeziehen. Gerade hier kommt die Volumenbündelung voll zum Tragen. Müssen die Mitglieder nur einen Teil der anfallenden Kosten für die Vorverhandlungen übernehmen, wird die Erschließung des internationalen Marktes erschwinglich.

Organisation: klar verteilte Aufgaben

Die juristische Geburt des Einkaufspools fand am 16. April 1998 mit dem Vertragsabschluß zwischen den teilnehmenden Unternehmen statt. Der Vertrag an sich ist kurz und griffig. Bewußt berücksichtigt er nur die wirklich relevanten Punkte. Dennoch war das Zustandekommen keine leichte Geburt. Die benötigten Koordinationsgespräche mit den verantwortlichen Geschäftsführern der ICM-Mitglieder kosteten Zeit und Nerven. Dennoch, auch formal-juristisch existiert der Einkaufspool nun.

Wichtiger als die rechtliche Seite sind für die eigentliche Tätigkeit des Einkaufspools die Organisation bzw. die Strukturen.

Geleitet wird der Einkaufspool von einem angestellten Projektleiter. In Vollzeit steht er den Mitgliedern des Einkaufspools als Ansprechpartner zur Verfügung. Auf seiten der Unternehmen sind die Verantwortungen für die Verbindung zum Einkaufspool eindeutig festgelegt. Meist fungiert der Einkaufsleiter als verantwortlicher „Verbindungsmann" zum Pool.

Im Prinzip erfolgt eine Kombination der Vorteile von zentralem und dezentralem Einkauf. Der Projektleiter des Einkaufpools übernimmt eine firmenübergreifendes Materialmanagement. Dies besteht im wesentlichen in der Bündelung der eingekauften Produkte der einzelnen Mitglieder. Es entstehen Warenkörbe, für die der Projektleiter in Absprache mit den jeweils größten Bedarfsträgern Rahmenverträge mit den Lieferanten ausarbeitet.

In der Vorbereitung und teilweise auch in der Ausarbeitung dieser Rahmenverträge liegt die eigentliche Arbeit des Einkaufspools. Hier wird der Grundstein für den späteren Erfolg gelegt. Die Absprachen zwischen den in den einzelnen Unternehmen tätigen Einkäufern, Konstrukteuren und sonstigen Verantwortlichen müssen mit viel Fingerspitzengefühl geführt werden. Jeder Diskussionspartner hat ein Mitgestaltungsrecht, aber auch eine Mitgestaltungspflicht. Die Argumente für oder wider einen Lieferanten sind in der Regel vielschichtig. Ein Lieferantenwechsel ist zwangsläufig für das eine oder andere Unternehmen notwendig. Denn nur bei Konzentration auf einige wenige Lieferanten kann der Einkaufspool seine Verhandlungsmacht nutzen und Kostenvorteile für seine Mitglieder erzielen.

Während der Einkaufspool immer die vorhergehende Koordination zwischen den Unternehmen übernimmt, können die eigentlichen Verhandlungsgespräche mit dem Lieferanten auch direkt von Pool-Mitgliedern geführt werden. Verhandelt der Projektleiter des Einkaufspools mit einem Lieferanten, so hat es sich als sinnvoll erwiesen, daß betroffene Unternehmen „mit von der Partie" sind. Neben Rahmenverträgen können auch differenzierte Einzelverträge Ergebnis des koordinierten Einkaufs sein.

Die operativen Einkaufstätigkeiten werden nach wie vor von den Unternehmen selbst bzw. deren Einkaufsabteilungen ausgeübt. Damit ist gewährleistet, daß die Flexibilität gegenüber dem Lieferanten und das technische Know-how zum Lieferanten in den einzelnen Unternehmen erhalten bleibt. Andererseits hat eine enge Einbindung aller am Einkaufsprozeß Beteiligten auch motivierende Wirkung. So kann jeder direkt am Erfolg mitarbeiten und ist gefordert, seine Ideen und mögliche Innovationen einzubringen – was letztlich allen zu Gute kommt.

7.4 Fazit: „Gemeinsam sind wir stark" – und können unsere Marktchancen verbessern: Einkaufskooperationen in den neuen Bundesländern

Im Einkaufspool haben kleine und mittelständische Unternehmen eine echte Chance, die Preisvorteile eines Großunternehmens zu erreichen. Die Wettbewerbsfähigkeit der KMUs steigt. Während der bisherigen – zugegeben noch relativ kurzen – Lebenszeit des Einkaufspools ließen sich nur positive Ergebnisse festhalten. Die Stärkung der Verhandlungsposition gegenüber den Lieferanten und der Zugewinn an Flexibilität sind wohl die auffallendsten Verbesserungen für die teilnehmenden Unternehmen.

Über größere Volumina und die stärkere Verhandlungsposition konnten deutlich niedrigere Einstandspreise für verschiedene Materialien erzielt werden. Da Bedarfsschwankungen innerhalb des Einkaufspools ausgeglichen werden, gewinnen die Einkaufsabteilungen der einzelnen Unternehmen mehr Spielraum und Flexibilität.

Der Einkaufspool ist Einkaufsagenturen oder Preisagenturen, die sich um einzelne Warengruppen im Einkauf bemühen, durch die intensivere Zusammenarbeit zwischen den beteiligten Unternehmen weit überlegen. Gerade hier liegt die wesentliche Voraussetzung für den Erfolg des Einkaufspools: Zwischen den Partnern muß ein auf gegenseitigem Vertrauen basierendes gutes Klima bestehen.

8 Kooperationsinitiativen mit wirtschaftspolitischer Trägerschaft

Bernd Wolter

8.1 Einleitung

Kooperationen und Verbünde zur Unterstützung und Verbesserung bestehender Beziehungsstrukturen sowohl zwischen Herstellern und ihren Zulieferern als auch zwischen Zulieferern auf unterschiedlichen Wertschöpfungsebenen sind seit Mitte der neunziger Jahre national und international verstärkt eingesetzte Maßnahmen, um auf die steigenden globalen Marktveränderungen einzugehen. Dies ist nicht nur bei Einkaufsbeziehungen zwischen Lieferpartnern festzustellen, sondern erstreckt sich über die gesamte Wertschöpfungskette innerhalb der Lebenszyklen der Produkte, welche ihrerseits immer kürzer werden.

Es hat sich in den letzten fünf Jahren – auch bei hohem zu erwirtschaftenden Nutzen – erwiesen, daß das Gründen und Betreiben von Kooperationsinitiativen unter wirtschaftspolitischer Trägerschaft eine erfolgreiche Vorgehensweise sein kann.

Am Beispiel des Automobilsektors bestehen vergleichbare Kooperations-Aktivitäten in den Regionen Mittelengland, Wales, Südfrankreich, Baskenland, in Österreich, Bayern, Baden-Württemberg und nicht zuletzt in Nordrhein-Westfalen, hier mit der Verbundinitiative Automobil (VIA NRW).

Kleine, mittlere und große Unternehmen aus einer Branche bzw. aus einem Cluster, unterstützt durch weitere Partner wie zum Beispiel Kammern, Verbände, Gewerkschaften, Wissenschaftler und Ministerien sind durch Umsetzung praxisorientierter Kooperationsprojekte in diesen Initiativen mit der Aktivitätenrealisierung und Ergebnisverbreitung betraut.

Es empfiehlt sich, internationale Literatur- oder vereinzelt auch Internet-Recherchen durchzuführen.

Ziel solcher Kooperationsinitiativen ist es, methodenorientierte Instrumentarien, ähnlich einem Planungssystem für eine Prozeßkette, zu schaffen. Hauptmerkmale hierbei sind:

- den Planungs- und Abwicklungsprozeß unabhängig von Art, Branche oder dem Einsatzgebiet der Kooperationsmaßnahme, wissenschaftlich, insbesondere methodisch zu durchdringen, um eine grundsätzliche Allgemeingültigkeit abzuleiten und Synergieeffekte zu nutzen,

- ein interdisziplinäres Zusammenwirken zwischen firmenübergreifenden Kooperationen, ihren vernetzten organisatorischen Zusammenhängen und dem gemeinschaftlichen bedarfsgerechten Nutzen von marktgängigen Informations- und Kommunikationsangeboten plangerecht zu entwickeln,

– gemeinsam die praxisgerechte Realisierung von Einsatzmethoden für Kooperationen und Verbünde zu unterstützen und eine Multiplikatorfunktion für die Ergebnisverbreitung zu übernehmen.

Solche Kooperationsinitiativen, ihre Chancen, Risiken, Lösungen und Fallbeispiele werden nachfolgend detailliert vorgestellt. Hierbei wird auf das Kooperationsverhalten in der Automobil-/Automobilzuliefererindustrie besonders eingegangen, da diese für viele Industriezweige bei der Entwicklung neuer Prozesse entwicklungsseitig eine gewisse Vorreiterrolle übernimmt.

8.2 Ausgangssituation am Automobilmarkt

Der Automobil-/Automobilzuliefermarkt, einer der größten, aber derzeit nicht unbedingt ertragreichsten Industriezweige in Deutschland, wird, wie kaum ein anderer, seit Mitte der neunziger Jahre dieses Jahrhunderts von starken Marktveränderungen geprägt. Diese zeichnen sich besonders durch drei Merkmale aus.

Zum einen begegneten die Zulieferer dem steigenden Kostendruck, resultierend aus dem Herstellerverhalten und somit aus der verschärften Wettbewerbssituation, durch Fertigungsverlagerung ins Ausland. Darüber hinaus wird derzeit vermehrt den Forderungen der Schwellenländer nach Technologie-Know-how und nach erhöhtem Loal Content durch Verlagerung auch von F&E-Aktivitäten nachgegeben.

Zum zweiten wird eine sich verschärft abzeichnende Verlagerung der automobilen Absatzmärkte von den Triaden-Märkten in Richtung neuer örtlich veränderter Märkte festgestellt, zum Beispiel montieren deutsche Automobil-Hersteller wie BMW oder Mercedes-Benz vermehrt Fahrzeugtypen für den Weltmarkt in den USA oder japanische Hersteller wie Honda oder Toyota bauen neue Montagewerke in Europa auf.

Zum dritten muß bei europäischen und besonders bei deutschen Automobil-Herstellern eine Verringerung der eigenen Fertigungstiefe auf 20 bis 30 Prozent oder zum Teil darunter festgestellt werden. Diese Verringerung findet hauptsächlich durch Verlagerung in Richtung der Automobil-Zulieferer statt. Eine weitreichende Veränderung in den Beziehungsstrukturen zwischen Herstellern/OEM und Direkt-Zulieferern, sowie zwischen den Zulieferern auf bestimmten Wertschöpfungsebenen, bis hin zur Verlagerung von F&E-Aufgaben auf die Zulieferer, ist die Folge.

Auf diese Veränderungen muß sich die Automobil-/Automobilzulieferindustrie verstärkt einstellen. Neue Liefer-, Qualitäts-, Kosten- und Verantwortungsstrukturen, in einem sich noch zu bildenden Netzwerk, indem sich die Beteiligten als Partner und nicht mehr nur als Zulieferer verstehen, sind Schwerpunkt neuer Denk- und Handlungsprozesse, regional, national und international. Integrierte Informations- und Kommunikationsverbünde werden zukünftig das „Miteinander" beeinflussen. Derzeit ist ein Großteil der mittelständischen Unternehmen in Deutschland noch nicht ausreichend vorbereitet, um in Verbünden zu handeln.

Vielen ist der Weg um in diesem veränderten Markt mit seinen neuen Beziehungs- und Lieferstrukturen erfolgreich zu sein, noch nicht deutlich erkennbar. Hier ist eine Stärkung über Kooperationen dringend erforderlich.

In Deutschland werden in einigen alten und neuen Bundesländern aktiv Maßnahmen ergriffen, die diesen Strukturwandel unterstützend helfen. Am längsten und auch erfolgreichsten tätig ist hier, seit mehr als vier Jahren, die Verbundinitiative Automobil in NRW (VIA NRW). Sie setzt national und auch international Maßstäbe für erfolgreiche, gemeinsame Mittelstandshilfe im Bereich der Automobil-/Automobil-zulieferindustrie durch enge Zusammenarbeit von Industrie und Politik.

8.3 Kooperationsformen, Verbundmaßnahmen und Netzwerke zur Kräftigung des Strukturwandels

Eine neue Form des Denkens und somit auch eine veränderte Herausforderung an gemeinsames Handeln von Industrie und Politik bestimmt das zukünftige partnerschaftliche Vorgehen.

Kooperationen, Verbünde und Netzwerke sind heute weit mehr als nur Schlagworte. Eine Abgrenzung über Inhalte und Schnittstellen ist allerdings noch vorzunehmen. Oft wird folgende Darstellung gewählt:

- *Kooperationen:* als ein temporärer Zusammenschluß von unabhängigen Partnern in einer projektbezogenen Maßnahme und

- *Verbünde:* als ein längerfristiger, vertraglich abgesicherter Zusammenschluß von Partnern zur gleichwertigen Nutzung der Ergebnisse aus der Verbundmaßnahme

Diese können wirkungsvoll nur erfolgreich sein, wenn entsprechende bedarfsgerechte Informations- und Kommunikations-Netzwerke eingesetzt werden, in denen jeder Kooperationspartner mitwirken kann. Dies bedeutet häufig das schrittweise Heranführen von alleinstehenden Zulieferunternehmen und deren Dienstleister an diese Herausforderung, um voneinander und miteinander zu lernen. In der Vergangenheit fehlte hier oft die Vertrauensbasis, es wurden künstliche Hürden aufgebaut.

Derartige Hürden sind nur durch ein Aufeinanderzugehen von beiden Seiten zu nehmen. Dies verlangt nach einer von allen Partnern akzeptierten Trägerschaft von Kooperationsinitiativen.

Alte Vorgehensweisen bzw. Selbstverständnisse, wie

- die Industrie ruft zunächst immer erst nach finanzieller Unterstützung durch den Staat,

- der Staat setzt auf die Selbstheilungskräfte des Marktes,

sind kritisch zu hinterfragen und in Richtung neuer Anforderungen anzupassen.

Progressive Industrie- und Strukturpolitik ist gleichermaßen gefordert, wie unternehmerische Eigeninitiative. Dies gilt sowohl auf der Ebene der Hersteller, als auch auf den Zulieferebenen. Mittelständische Unternehmen aus dem Automobilsektor mit weniger als 500 Beschäftigten oder weniger als 100 Millionen DM Umsatz pro Jahr sind hier besonders angesprochen, denn sie stellen in Deutschland mit gut 90 Prozent aller Zulieferunternehmen eine volkswirtschaftliche Basis dar. Im Umfeld der VIA NRW ist diese Gegebenheit weitgehend vorhanden.

Das Ministerium für Wirtschaft und Mittelstand, Technologie und Verkehr in NRW, der Träger der VIA NRW, hat darauf reagiert und versteht sich heute schon als ein modernes Dienstleistungsunternehmen, welches zum Beispiel konkrete, mittelstandspolitische Aufgaben einem permanenten Überprüfungsprozeß aus Sicht der „Kundengruppe" – Mittelständische Unternehmen – unterzieht. Ziel ist es dabei, sich selbsttragende Aktivitäten, die der Industrie helfen, als Projekte zu initiieren.

Diese Einstellung und Verhaltensweise wird teilweise auch schon anderenorts praktiziert. Beinahe alle bekannten Kooperations-Initiativen zur Unterstützung des Strukturwandels einer Region und zur Stärkung globaler Wettbewerbsfähigkeit folgen einer clusterorientierten Wirtschafts- und Technologiepolitik. Unter Cluster bzw. Initiativen versteht man das branchenübergreifende Netzwerk von industriellen Leitunternehmen und deren Zulieferern, sowie Know-how-Trägern, die auf gleichem Markt, mit gleichen Zielen, mit möglichst komplementären Leistungen und einem gemeinsamen Kooperations- und Durchführungsinstrumentarium auftreten. Das Konzept einer clusterorientierten Wirtschafts- und Technologiepolitik wurde von Michael Porter von der Harvard University entwickelt und empirisch abgesichert. Es beschreibt die Chancen und Wege zur nachhaltigen positiven Beeinflussung der wirtschaftlichen und technologischen Wettbewerbsstärke einer Region. Über die Initiierung von Kooperationen, wird die Innovationskraft von Wirtschaftsbereichen und damit deren Wettbewerbsfähigkeit erhöht. Clusterorientierte Maßnahmen bezwecken eine Verbreitung und Vertiefung der Kooperationsbeziehungen von Unternehmen untereinander als auch mit F&E- und Qualifizierungseinrichtungen.

Die von Porter vorgeschlagenen Maßnahmen erstrecken sich im konkreten auf:

– *Pilotkooperationsprojekte:* Initiierung, Koordination und finanzielle Unterstützung von gemeinschaftlichen Innovationsprojekten (auch Ansiedlungen),

– „Weiche Clusterförderungen": Informations- und Beratungsdienstleistungen, Schulungs- und Weiterbildungsmaßnahmen, Integration in internationalen Netzwerken.

Die umfassenste und erfolgsorientierteste Form der Umsetzung dieser Maßnahmen ist die Behandlung in Verbundinitiativen, mit entsprechender Trägerschaft (zum Beispiel durch ein zuständiges Ministerium).

Solche, vorgenannten *Pilotkooperationsprojekte* sind gemeinsam mit Industriepartnern (Hersteller, Zulieferer), Verbänden, Kammern, Banken, den Gewerkschaften, den Ministerien und der Wissenschaft durchzuführende, innovative Gemeinschaftsvorhaben. Zu unterscheiden sind Kooperationen, nach:

– Vertikale Kooperationen
Zusammenschluß von unabhängigen Partnern aus unterschiedlichen Wertschöpfungsebenen im Lieferverbund (oft nur über Projektdauer stabil)

Beispiel: Alle Zuliefer- und Dienstleistungspartner, die Teile, Baugruppen oder Komponenten liefern, damit ein Systemlieferant/Modullieferant daraus ein Cockpit montieren und an die Endmontage (assembly-line) liefern kann.

– Horizontale Kooperationen
Zusammenschluß von unabhängigen Partnern auf gleicher Wertschöpfungsebene (oft nicht Know-how-relevante Dauervorhaben/Verbünden) und oft im Nutzungsverbund

Beispiel: Zusammenschluß von vier Gießereien, die gemeinsam einen Modellbauer oder einen Logistikdienstleister für ihre Produkte einsetzen.

– Regionale Kooperationen:
Zusammenschluß von unabhängigen oder auch abhängigen Partnern auf unterschiedlichen Wertschöpfungsebenen aber aus regionaler Nachbarschaft (oft auch Landesgrenzen übergreifend) im Liefer- und/oder Nutzungsverbund

Beispiel: Automobilzulieferer einer Region nutzen gemeinsam ein als Verbundmaßnahme eingerichtetes Meßzentrum zum Kalibrieren ihrer Meßwerkzeuge

– Internationale Kooperationen:
Zusammenschluß mit Partnern, die von außen kommend oder nach draußen gehend gemeinsam in einem Vorhaben auftreten (,,Incoming" – oder ,,Outgoing"-Aspekte)

Beispiel: Mehrere Zulieferer aus NRW wollen gemeinsam, aber für unterschiedliche Zusammenarbeitsformen, den Automobil-/Automobilzulieferer-Markt in der Türkei erfolgreich für Joint ventures nutzen.

Grundsätzlich gilt: Horizontale Kooperationen sind aus Gründen der Konkurrenz oft schwieriger erfolgreich umzusetzen. Bei vertikalen Kooperationen ist der Ratioeffekt für die Partner am effizientesten zu erzielen. Regionale Kooperationen leben oft von einer rationellen Ressourcenschöpfung (zum Beispiel outsourcing) und internationale Kooperationen verlangen oft umfassende Kenntnis über die Kooperationsfähigkeit und dem Kooperationsbedarf der Partner.

Eine Kooperation kann nur erfolgreich sein, wenn jeder Partner sein ,,Incentive", seinen Nutzen/Gewinn, aus der Kooperation schöpfen kann. Dies gilt monetär und nonmonetär. Ansonsten müssen sich Verbund- bzw. Kooperationsinitiativen vorrangig als ,,Hilfe zur Selbsthilfe" verstehen.

Kooperationen und mit ihnen Kooperationsinitiativen sind erst funktionsfähig, wenn sie über ein bedarfsgerechtes, ausgewogenes Informations- und Kommunikationsnetzwerk verfügen, in welches alle in der Initiative Beteiligten eingebunden sein müssen. Eine gemeinsame Integration in einem Netzwerk (zum Beispiel kompatible Rechner-/PC-Strukturen, Datenbanken, Internetfähigkeit) schafft die Möglichkeiten zum Beispiel für eine Kooperationsbörse und für ein ausgewogenes Informationsprofil. Das Netzwerk muß von einem Betreiber aktuell geführt werden. Gemeinsame Schulungen (als Kooperationsmaßnahme) helfen im Umgang mit den Netzanforderungen und ermöglichen auch für Kleinunternehmen den Einstieg in eine internationale Informationsplattform.

Hier bietet der Markt ein breites Angebot, entsprechende Stellen[1] übernehmen die Anwendungsunterstützung und helfen bei der Einbindung in das Netzwerk. Auch hierbei ist kooperatives Handeln am wirkungsvollsten und oft am wirtschaftlichsten.

8.4 Stärkung der globalen Wettbewerbsfähigkeit für den Mittelstand durch Bildung strategischer Allianzen

Will ein mittelständischer Automobilzulieferer zukünftig am sich verändernden internationalen Automobilmarkt teilnehmen, so muß er in der Lage sein, mit den globalen Anforderungen des internationalen Marktes zurechtzukommen. Globale Wettbewerbsfähigkeit verlangt oft zunächst lokale Stärke. Hier ist eine schrittweise Vorwärtsentwicklung und Aufqualifizierung in und zwischen den Mittelstandsunternehmen von hoher Bedeutung. Aussagen dieser Art treffen um so verstärkter zu, je mehr sich die strategischen Entwicklungs-, Produktions- und Beschaffungsprozesse der Automobilhersteller am Weltmarkt verändern. Diese Prozesse werden zukünftig folgendermaßen abzuwickeln sein:

a) Konzeption des Gesamt- oder Teilsystems bis zur endgültigen Produktdefinition

b) weltweites Benchmarking am Zuliefermarkt bis zur Lieferantenauswahl

c) Konzeptwettbewerb der Anbieter bis zur strategischen Bezugsentscheidung und Bindung

d) Entwicklungs- und Produktionskooperation bis zum Model-life-Vertrag

Dies erfordert veränderte Beziehungsstrukturen zwischen Hersteller und Zulieferer. Für den Automobilzulieferer, dies gilt auch für andere Industriezweige, ergibt sich hieraus die dringende Anforderung zur Positionierung und Positionsverbesserung seines Unternehmens oder seiner Kooperation mit anderen im Wettbewerbsportfolio. Dies muß in seiner Branche oder auch außerhalb seiner Branche sowohl national als auch international erfolgen. Die zukünftige Wettbewerbspositionierung von Zulieferfirmen im Automotive-Sektor läßt zwei operative Optionen zu:

– Produktführerschaft durch technologischen Vorsprung, d.h. Aufbau und Ausbau einer Produktüberlegenheit am Markt mit Vorantreiben von Innovationen unter wettbewerbsfähigen Lieferkonditionen (Kurzprofil: Systemintegrator mit Innovationskompetenz, gleichzeitig Initiator von produkt- und abwicklungsbezogenen Verbesserungen und mit internationaler Präsenz),

– loyal ausführender Wertschöpfungspartner mit Kompetenz in Bauteiletechnologie, d.h. kontinuierliche Sicherstellung der Kostenführerschaft von technologisch hochwertigen Produkten (Kurzprofil: kompetenter aber nachrangiger Technologiepartner, der die Kostenführerschaft anstrebt und gleichzeitig Realisierer produkt- und abwicklungsbezogener Anforderungen ist).

Eventuelle Mischformen sind auch denkbar.

Die vorgenannte Positionierung bzw. Positionsverbesserung bedeutet für den Zulieferer: Standortbestimmung, Ideenfindung, Ideenbewertung und operative Umsetzung.

Beeinflußt durch diese Wettbewerbsänderung müssen Klein- und Mittelstands-Unternehmen zukünftig durch Einzelpositionierungen oder durch Bildung von Kooperationen mit Firmenpartnern ihre regionale Stabilität erreichen (nur derjenige der intern stabil ist, kann extern bestehen). Kooperationsbörsen oder andere Kooperationsveranstaltungen helfen hier zunächst bei der Partnersuche und bei der Ressourcenermittlung weiter.

Vertraglich gesicherte Kooperationsvereinbarungen bilden die Plattform für gemeinsames, erfolgreiches Handeln. So gestärkt lassen sich Unternehmen am Weltmarkt für globale Anforderungen besser plazieren.

Dies wird umsomehr erforderlich je häufiger Automobilhersteller mit ihren Direktzulieferern nur ab einer gewissen Stärke und globalen Präsenz verhandeln können bzw. wollen. Alle weiteren Lieferbeziehungen werden dann nur noch auf den nachgeschalteten Wertschöpfungsebenen der Zulieferer ausgehandelt. Somit ändert sich auch der Einkaufsmarkt. Eine veränderte Anforderung an Einkaufskooperationen in Form strategischer Allianzen wird die Folge sein.

Hier werden Anforderungen, wie zum Beispiel Einkaufsbörsen, Rabattkonditionen bei verändertem Bestellwesen (Sammelbestellungen), Verringerung von Logistikkosten (weniger Lagerstufen), Qualitätsverfolgung/Qualitätsmanagement, Lieferantenauswahl/Lieferantenbewertung nur einige von den gemeinsam besser zu bewältigenden Aufgaben sein.

Solche strategischen Allianzen werden auch den Ausgangspunkt bilden für projektbezogene Entwicklungs-, Einkaufs- oder Produktionskooperationen oder für längerfristige Verbundpartnerschaften zur Realisierung von gleichartigen, oft nicht nur wertschöpfungsrelevanten Aufgabenfeldern. In allen Fällen sind eindeutige Kooperationsverträge zwischen den Partnern erforderlich. Der Mehrwert und der Eigennutzen muß für jeden Kooperationspartner erkennbar und schöpfbar sein.

Der Erfolg solcher Kooperationsinitiativen wird beeinflußt durch das Engagement der Beteiligten, durch eine kompetente und vor allem akzeptierte Trägerschaft und durch eine in Projekt-Beispielen erfahrene Abwicklungsbetreuung.

Dies bedeutet im einzelnen:

- Engagement der Beteiligten: Die beteiligten Partner in einer Initiative wie auch in einem Clusterverbund setzen sich zusammen aus Firmen (Hersteller, Zulieferer, Dienstleister) mit innovativen Ideen, die im Verbund voneinander und miteinander lernen bzw. über Projektarbeit neue Lösungswege gemeinsam einschlagen. Jeder Partner muß in einem Gemeinschaftsvorhaben sein Wohl hinter das Gemeinwohl stellen. Diese Firmenvertreter werden um weitere unterstützende oder Know-how-gebende Partner aus der Öffentlichkeit ergänzt, die zur Ergebnissicherung und Ergebnisverbreitung beitragen.

  Die in Kooperationsprojekten zusammenarbeitenden Partner (antragstellende Firmen und dienstleistende Unternehmen/Institute) bilden eine vertraglich festgeschriebene Kooperationspartnerschaft. Es werden der Einsatzanteil/Mitwirkungsleistung, die Projektaufwände, die Projektabhängigkeiten, der Know-how-Transfer und die Nutzung der Ergebnisse festgeschrieben. Projektpartner, oft durch externes Coaching unterstützt, lernen von den Erfahrungen der anderen und schaffen für den einzelnen kostengünstige Lösungen.

- Kompetente Trägerschaft: Ein wesentlicher Faktor für den Erfolgskurs von Kooperationsinitiativen ist eine kompetente Trägerschaft, die von den Partnern und von der Öffentlichkeit akzeptiert wird, so zum Beispiel ein verantwortendes Ministerium oder ein von diesem beauftragter operativer Partner. Diese Trägerschaft sollte immer begleitet werden durch einen hochrangigen Beirat oder Steuerkreis, der aufgrund seiner Zusammensetzung für die Akzeptanz und Verbreitung der Maßnahmen und Ergebnisse sorgt und Verantwortung trägt. Mit der Präsenz und Wirkung des Beirates erhalten die Maßnahmen der Initiativen einen wichtigen Stellenwert besonders nach außen gerichtet. Die Beeinflussung strategischer Marktanpassungen aber auch Multiplikatorfunktionen bei der Ergebnisverbreitung sind darüber hinaus zwei wichtige Aufgaben des Beirats in der Initiative.

- Erfahrene Abwicklungsbetreuer: Die Projektvorhaben in diesen Initiativen müssen durch gute Coachingmaßnahmen begleitet werden und sollen möglichst kurzfristig zu zielorientierten Ergebnissen führen. Diese Ergebnisse sind der Öffentlichkeit durch PR-Maßnahmen erfolgsorientiert vorzustellen. Für diese Aufgabe muß eine permanente Abwicklungsbetreuung, die über Projekterfahrung in vergleichbaren Vorhaben verfügt, eingesetzt werden. Diese Abwicklungsbetreuung (Projektleistung) steuert die operative Projektabwicklung, gibt technisch organisatorische Beratung und unterstützt die vernetzen Beziehungsstrukturen der beteiligten Partner im Informations- und Kommunikationsumfeld. Förderberatung gehört ebenso wie ein konsequentes Projektmanagement auch zu ihrem Aufgabenbereich.

8.5 Beispiele erfolgreicher, aktiver Mittelstandshilfe in Kooperationsinitiativen

Wie Landesinitiativen bzw. Cluster durchgeführt werden, welche Methoden und Vorgehensweisen eingesetzt und welche Ergebnisse erzielt wurden, ist nachfolgend an aktuellen, operativ abgewickelten Beispielen erläutert. Grundsätzlich gilt für alle Landesinitiativen/Cluster-Aktivitäten, daß die Kernaufgaben in den Segmenten

– Information und Kommunikation,

– Qualifikation und gemeinsames Lernen,

– Kooperationsprojekte/Kooperationsvorhaben in allen Fach- und Organisationsgebieten,

– PR- und Öffentlichkeitsarbeit sowie Imagepflege

liegen. Die Aufgabeninhalte in diesen Segmenten sind zu entwickeln und zu betreuen, technisch organisatorisch zu unterstützen, die realen Kooperations-Projekte sind zu initiieren und beratend zu begleiten sowie fördertechnisch auszuloten. Die kommunikative Vernetzung der Beteiligten und die Unterstützung durch ein fachliches Gremium ist zu gewährleisten. Neben der Begleitung der Projektumsetzung (Betreuung von Aktivitäten, Terminen, Kosten und Zielerreichung) ist eine umfassende Dokumentation und Ergebnisverbreitung mit Multiplikation von Erfahrungen an weitere Interessierte von großer Bedeutung.

Die Erkenntnisse aus der Projektarbeit und die Methode der Abwicklung in der Verbundinitiative Automobil-NRW, einer fünf Jahre laufenden Landesinitiative aus Nordrhein-Westfalen, ist beispielhaft für andere Regionen und für andere Branchen. Der Markt zeigt hohes Interesse an konkreten Projektergebnissen und dem Transfer von darstellbaren Lösungen. Dies gilt für automobile Schwerpunktregionen in Deutschland sowie für internationale Zulieferer-Anforderungen, so zum Beispiel in Österreich für das Automobil-Cluster in der Steiermark.

Für Internationalisierungsaktivitäten innerhalb von Kooperationsinitiativen gibt es derzeit aus Sicht der Landespolitik NRW zum Beispiel folgende Unterstützungsmöglichkeiten

– Außenwirtschaftsberatung (Leistungen für KMU)

– Auslandsmessebeteiligung (für Marktzutritt)

– Kooperationsförderungen

– Außenwirtschaftstag (Forum für Auslandsgeschäfte)

– Maßnahmen für ,,Türöffnerfunktionen"

– Fachsymposien (bei Messen)

– Delegationsreisen (auf Messen, zum Beispiel mit Minister)

– NRW-Repräsentanzen und Tochtergesellschaften

– Qualifizierungs- und Managementprogramme

– Finanzierungsunterstützungen für KMU (Bürgschaftsprogramm).

Die nachfolgenden Projektbeispiele aus der VIA NRW sind aus einem Umfang von derzeit ca. 215 Projektansätzen ausgewählt und befinden sich in ihrer Realisierung oder sind schon abgeschlossen.

Die vorgestellten Beispiele gehören unterschiedlichen Kooperationsformen an.

Projekt 1:   Einführung von kontinuierlichen Verbesserungsprozessen (KVP) in Mittelstandsunternehmen
– Regionale Kooperation –

Projekt 2:   Optimierte Kooperation (VIA-OK), Bildung von Systemkooperationen
– Vertikale Kooperation –

Projekt 3:   Entwicklungs- und Vermarktungskooperation präzisionsgeschmiedeter Stirnräder
– Horizontale Kooperation (weitgehend) –

Diese Projekte kommen im wesentlichen aus den Fachbereichen: ,,Qualifizierung", ,,Kooperation", ,,Technologie".

8.5.1 *Projekt 1: Einführung von kontinuierlichen Verbesserungsprozessen (KVP) in Mittelstandsunternehmen*

Ausgangslage

Der Wandel vom Verkäufer- zum Käufermarkt und die Verschärfung der Wettbewerbssituation verlangen von den Unternehmen der Automobilzulieferindustrie eine ständige Verbesserung der betrieblichen Leistung. Flexibilität, Prozeß- und Liefersicherheit, Qualität und eine ständige Erhöhung der Produktivität sind die entscheidenden Faktoren im internationalen Wettbewerb.

Verbesserungen, die alle auf technologischen Innovationen beruhen, reichen dabei nicht mehr aus. Es gilt das Potential der Mitarbeiter, das durch eine stark arbeitsteilige Organisation häufig unzureichend genutzt bleibt und deshalb unterschätzt wird, in den Mittelpunkt der Verbesserungsbemühungen zu stellen.

Auch die Ansprüche der Mitarbeiter haben sich verändert. Durch den gesellschaftlichen Wertewandel und das gestiegene Ausbildungsniveau wollen immer mehr Mitarbeiter stärker an den betrieblichen Entscheidungsprozessen beteiligt, zumindest jedoch informiert werden.

Lösung[2]

Die Einführung von KVP in Kooperation mit gleichgesinnten Unternehmen hat den Vorteil, daß vielfältige Synergieeffekte genutzt werden können und man bei Problemen aus den Erfahrungen der anderen lernen kann. KVP kann jedoch auch von einem einzelnen Unternehmen im Alleingang eingeführt werden, allerdings entfallen dann die Vorteile aus dem Erfahrungsaustausch und der Kooperationsarbeit. In jedem Fall kann einem Leitfaden entnommen werden, worauf bei der Einführung von KVP im Unternehmen zu achten ist.

Durch die Einführung von KVP wollen Unternehmen eine ständige Verbesserung der Arbeitsabläufe im gesamten Unternehmen erreichen. Dabei ist das wesentliche Merkmal, daß Verbesserungen möglichst in kleinen Schritten geplant und umgesetzt werden.

Ziel von KVP ist die Mobilisierung des Know-hows und der Erfahrungen aller Mitarbeiter. Durch die Beteiligung der Mitarbeiter an der Planung und Umsetzung von Veränderungen soll sich aber auch gleichzeitig ihre Identifikation mit der Arbeit und dem Unternehmen verstärken.

Wirtschaftliche Ziele	Soziale Ziele
– Verbesserung der Qualität – Erhöhung der Produktivität – Abbau von Verschwendung jeder Art – Erhöhung der Anwesenheitszeiten – Verbesserung der Flexibilität – Verbesserung der logistischen Abläufe – Bestandsreduzierung	– Freude an der Arbeit – Verbesserung der Teamfähigkeit – Erhöhung der Verantwortlichkeit der Mitarbeiter – Identifikation der Mitarbeiter mit dem Produkt – Partnerschaftlicher Führungsstil – Abflachung der Hierarchien – Fortlaufende intensive Qualifizierungsprozesse

Abbildung 1: Wirtschaftliche und soziale Ziele

KVP wurde in den Partnerunternehmen Top-Down eingeführt. Wo immer einer der Schritte übersprungen oder nicht in ausreichender Tiefe bearbeitet wurde, traten in späteren Projektphasen in der Umsetzung Probleme auf, die nur mühsam korrigiert werden konnten.

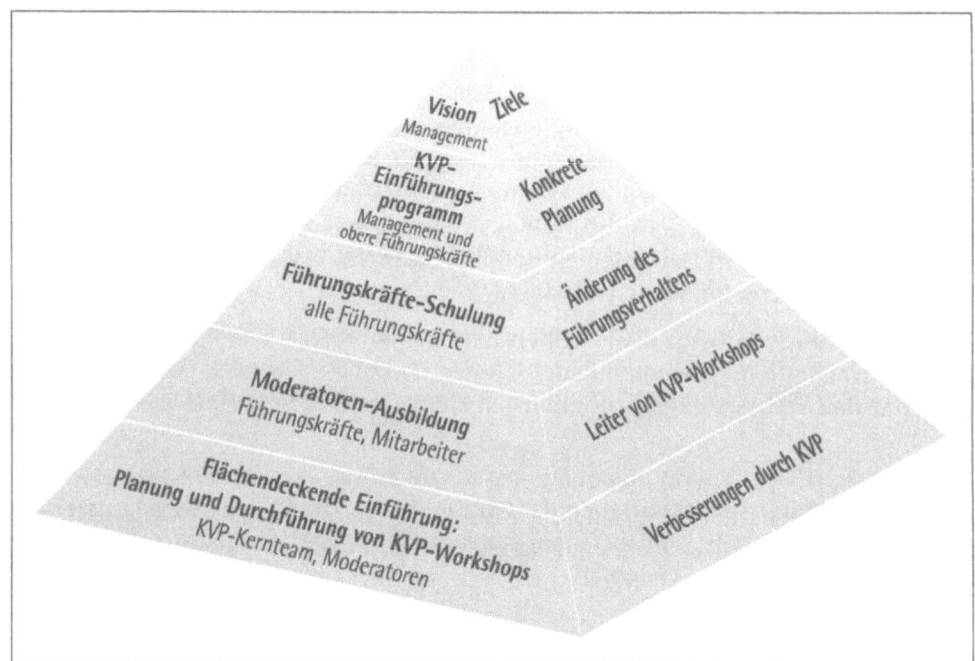

Abbildung 2: Die KVP-Pyramide

Maßnahmen

Im folgenden sind die Bearbeitungsschritte in der Kooperation grob dargestellt:

– Durchführung eines mehrtägigen Klausur-Workshops für die oberste Führungsebene,

– Erarbeitung von Zielen für KVP,

– Erarbeitung von Erfolgskriterien für KVP,

– Erarbeitung des strategischen Vorgehens unter Berücksichtigung der KVP-Prin-
   zipien (vor allem Einbeziehung der betroffenen Mitarbeiter),

– Anpassung der KVP-Einführungsschritte an das jeweilige Unternehmen,

– Durchführung einer Problemmöglichkeits- und -einfluß-Analyse (Welche Probleme können an welcher Stelle im Unternehmen auftreten? Welche Einflüsse
   entstehen dadurch und wie kann diesen begegnet werden?),

– Zusammenstellung eines Kataloges der erforderlichen persönlichen Veränderungen für jeden Workshop-Teilnehmer (zum Beispiel Veränderungen des Führungsverhaltens, der Arbeitsorganisation, der Informationsweitergabe, des Kom-
   munikationsverhaltens, der Einstellungen),

- Erarbeitung von möglichen Hilfestellungen bei der Umsetzung und der Durchsetzung dieser Veränderungen (zum Beispiel Teilnahme an Kommunikations- oder Führungstrainings, Einstellungsänderung durch Gespräche und Diskussion mit anderen Betroffenen),

- Erarbeitung eines internen „Gesetzeswerkes", das die Grundlage des veränderten Führungsverhaltens bildet.

Kooperationspartner

Zehn mittelständische Unternehmen aus dem Raum Sauerland/Siegerland/Bergisches Land haben eine regionale Kooperation gegründet und gemeinsam den kontinuierlichen Verbesserungsprozeß eingeführt. Wesentlicher Bestandteil des Projektes war der umfassende Austausch von Erfahrungen zwischen den Unternehmen und das Lernen von- und miteinander. Die Teilnehmer des Verbundvorhabens waren mittelständische Unternehmen der Automobilzulieferindustrie teilweise mit und teilweise ohne Lieferabhängigkeit. Unterstützt wurden die zehn Firmen bei der Einführung von KVP durch eine Unternehmensberatung aus Köln.

Kooperationen

Während des Projektes lernten sowohl die Geschäftsführer als auch die Mitarbeiter der Kooperationsunternehmen einander besser kennen. Es fand ein gradueller Annäherungsprozeß statt, bei dem anfängliches Mißtrauen abgebaut wurde. Man erkannte, daß die Vorteile einer Kooperation die Gefahr einer Öffnung gegenüber potentiellen Konkurrenten bei weitem überwogen.

Es gab zwei Arten des Lernens von- und miteinander: Zum einen erarbeitete jedes Unternehmen Verbesserungen in spezifischen Bereichen, machte diese Ergebnisse den Kooperationspartnern zugänglich, diskutierte und erörterte die Sachverhalte mit ihnen auf verschiedenen Hierarchieebenen, zum anderen gab es gemeinsame Arbeitskreise mit Fachvertretern der Unternehmen. Dort wurden Themen bearbeitet, die für alle relevant waren (zum Beispiel Einführung von Gruppenarbeit, Qualitätsaudits, Organisation der Werkzeugwartung und der Qualitätssicherung etc.).

Durch die im Rahmen des Kooperationsprojektes entwickelten Formen der Zusammenarbeit haben sich für die Beteiligten eine Reihe von Vorteilen ergeben:

- es gibt ein firmenübergreifendes Informationsnetzwerk,

- der Informationsaustausch findet dabei über alle Ebenen und Hierarchiestufen statt,

- durch den Informationsaustausch und die Weitergabe der in den KVP-Workshops erzielten Ergebnisse konnten einige Verbundteilnehmer auf Lösungen anderer Teilnehmer zurückgreifen und diese selbst einführen.

Die weitreichendste Form der Zusammenarbeit in diesem Kooperationsprojekt ist der Aufbau eines Unternehmens zum Gleitschleifen. Bei einer großen Zahl der Kooperationsfirmen stellt die Oberflächenveredelung von Metallteilen durch Gleitschleifen einen wesentlichen Arbeitsschritt dar. Aufgrund der schwierigen wirtschaftlichen Situation eines Dienstleisters auf diesem Gebiet, haben sich acht Firmen des Kooperationsprojektes entschlossen, ein neues Unternehmen zu gründen, das gemeinsam von den beteiligten Firmen getragen wird und diese Dienstleistung anbietet.

Das Gemeinschafts-Unternehmen wurde ohne eigene Verwaltung konzipiert. Die Verwaltungstätigkeiten sind unter den beteiligten Unternehmen aufgeteilt worden (Beispiel einer virtuellen Unternehmensverwaltung).

8.5.2 Projekt 2: Optimierte Kooperation (VIA-OK), Bildung von Systemkooperationen

Ausgangslage

Automobilhersteller reduzieren die Anzahl der direkten Zulieferanten und vergeben erweiterte Auftragsumfänge sowohl in der Entwicklungs- als auch in der Produktionsphase an die verbleibenden „First-Tier"-Lieferanten. Diese Entwicklung ergibt sich aus den sich wandelnden Rahmenbedingungen für die Automobilhersteller:

– die technische Komplexität einer Fahrzeuggeneration steigt in Vergleich zum Vorgängermodell an,

– die Anzahl der zu entwickelnden und herzustellenden Fahrzeugvarianten wächst. Die Kombinationsmöglichkeiten steigen überproportional,

– die Lebenszyklen der Fahrzeugreihen verkürzen sich. Zunehmende Innovationsgeschwindigkeiten führen dazu, daß bestehende Fahrzeugkonzepte immer schneller veralten und die Modellzyklen dementsprechend verkürzt werden müssen.

Diese Rahmenbedingungen führen zu einer zunehmenden Dynamik bei gleichzeitiger steigender Komplexität der Produktentstehungsprozesse. Ein umfangreicherer technischer Inhalt muß in kürzerer Zeit entwickelt und produziert werden.

Lösung[3]

Für System- oder Modul-Lieferanten bedeutet die Ausgangslage und zukünftige Entwicklung eine erhebliche Ausweitung ihres Aufgabenspektrums. Da der technische Umfang eines Fahrzeug-Moduls bzw. Systems zumeist die Leistungsfähigkeit eines einzelnen Unternehmens übersteigt, sind Kooperationen zwischen mehreren Zulieferunternehmen ein erfolgsversprechender Weg, um projektspezifisch Kompetenzen zu bündeln. Eine kooperative Produktentwicklung unter Führung eines Systemlieferanten verläuft jedoch unter anderen Rahmenbedingungen als eine

„herkömmliche" Entwicklung zwischen Hersteller und Zulieferer. Viele Aufgaben innerhalb eines Entwicklungsprojektes gehen vom Hersteller auf den Systemlieferanten über und sind nunmehr innerhalb der Kooperation zu erfüllen. Für Zulieferunternehmen stellt dies eine gute Möglichkeit dar, ihren Leistungsumfang zu vergrößern und somit ihre Wettbewerbsfähigkeit zu steigern. Die in diesem Projekt durchgeführten Lösungsschritte sind im Abschnitt „Kooperationen" detailliert dargestellt.

Kooperationspartner

Vor diesem Hintergrund wurde das Projekt VIA-OK zwischen acht unterschiedlichen Projektpartnern in vertikaler Abhängigkeit vereinbart. Jeder der beteiligten Unternehmenspartner verfügt über Kompetenzen im Bereich des als Beispielprodukt gewählten Fahrzeugmoduls „Frontend". Für die Projektkoordination und zum Einbringen von Methoden wurde ein Institut aus Aachen eingebunden.

Kooperationen

Die Kooperationsinhalte beschreiben in diesem Fall gleichzeitig die Lösungsschritte.

– Projektmanagement von Entwicklungskooperationen

Die Gestaltung von verteilten Entwicklungsprozessen erfordert ein überbetriebliches Projektmanagement, das eine wirksame Koordination durch vereinfachte Schnittstellen ermöglicht und einen transparenten und flexiblen Bezugsrahmen für die Kooperationspartner bildet. Wesentliche Bestandteile der Projektsteuerung sind das Änderungsmanagement und das Risikomanagement.

– Kostenmanagement und Controlling in einer Entwicklungskooperation

Im Rahmen des Kostenmanagements in einer Entwicklungskooperation gibt es zwei Schwerpunkte: die Budgetierung der Entwicklungskosten und die Kalkulation der Herstellkosten für das Modul in der Produktion. Hierzu werden die notwendigen Methoden und Hilfsmittel erarbeitet, um neben der Kostenplanung auch ein Kostencontrolling durchführen zu können.

– Modul- und Systembildung

Zur Erarbeitung von technischen Lösungen, ist der zu realisierende technische Umfang zunächst zu strukturieren. Aufgrund des Unterschieds zwischen einer räumlichen Zusammenfassung (=Modul) und einer funktionalen Zusammenfassung (=System) ergeben sich wichtige Randbedingungen, die bei einer Strukturierung zu beachten sind. Hierzu wird eine Funktionsstruktur aufgestellt, in der alle zu realisierenden Funktionen und ihre Verknüpfungen (Stoff, Energie oder Information) transparent gemacht werden. In ähnlicher Weise werden in einer Baustruktur die räumlichen Zusammenhänge zwischen strukturbestimmenden Bauteilen dokumentiert. Auf Basis der Funktions- und Baustruktur können anschließend Teilsysteme abgegrenzt, Bauräume abgeschätzt (grob) und diese zwischen den Entwicklungspartnern abgestimmt werden.

Für den weiteren Entwicklungsprozeß stellen die Funktions- und Baustruktur wichtige Hilfsmittel dar. Mit ihnen kann die – zwangsläufig vorhandene – Modulkomplexität transparent und damit beherrschbar gemacht werden. Auf Grundlage der in beiden Strukturen dokumentierten Zusammenhänge und Abhängigkeiten kann zum Beispiel ein Projektmanagement zielgerichtet Kommunikationsbeziehungen zwischen den Beteiligten aufbauen und kontrollieren oder im Änderungsmanagement Entscheidungen vorbereitet werden.

– Angebotsmanagement

Die Entwicklungskooperation muß am Markt handlungsfähig sein. Das bedeutet beispielsweise die Erstellung von Angeboten sowie die Teilnahme an Konzeptwettbewerben. Dazu wird ein Konzept zur überbetrieblichen Angebotserstellung entwickelt.

8.5.3 Projekt 3: Entwicklungs- und Vermarktungskooperation präzisionsgeschmiedeter Stirnräder

Ausgangslage

Der Markt für Schmiedeteile ist vor allem durch osteuropäische Anbieter erheblich unter Druck geraten. Unternehmen, die am Standort NRW produzieren, können sich nur im Markt behaupten, wenn sie durch konsequente Nutzung und Ausbau des Know-how-Vorsprungs die Qualität ihrer Produkte verbessern und die Prozeßkosten senken.

Lösung[4]

Die Technologie des Präzisionsschmiedens, die für Laufverzahnungen in Umformrichtung bekannt ist, soll auf Laufverzahnungen mit 90 Grad zur Umformrichtung (zum Beispiel für Planeten- und Sonnenräder) übertragen werden. Die neue Technologie des Präzisionsschmiedens von Laufverzahnungen bietet eine Vielzahl von Verbesserungen wie

– Verringern der Herstellkosten je Fertigteil um 25 Prozent,

– geringerer spezifischer Materialverbrauch insgesamt,

– niedrige Logistikkosten durch geringere Anzahl von Arbeitsgängen und weniger Handling,

– weniger Energieverbrauch durch Entwärmung auf 900 °C statt auf 1.250 °C,

– größere Flexibilität durch kürzere Durchlaufzeiten in der Bearbeitung,

– fertig geschmiedeter Fußkreisdurchmesser und Stoßschutz am Kopfkreisdurchmesser,

– höhere Überlastfähigkeit durch beanspruchungsgerechten Faserverlauf,

– kein Investment für Weichbearbeitung beim potentiellen Kunden,

– Wegfall der Entsorgung für Späne und Kühlmittel der Weichbearbeitung,

– Verlagerung von Wertschöpfung vom Kunden zum Zulieferer.

Das Gesamtprojekt teilt sich auf in die Schritte Markt analysieren, Markterschließung planen, Prototypen erstellen und Produkte in den Markt einführen. Die Schritte Markterschließung planen und Prototypen erstellen können dabei weitgehend parallel abgewickelt werden.

Eine Firma der Kooperation übernimmt in diesem Projekt sowohl die Rolle des Initiators als auch des Projektführers und somit die entscheidende Rolle bei allen vier Arbeitsschritten. Im einzelnen bestehen die Arbeitsschritte aus folgenden Leistungen:

– Markt analysieren:

  – Marktvolumen bestimmen
  – Potentielle Kunden in den Marktsegmenten ermitteln
  – Wettbewerber analysieren

– Markterschließung planen:

  – Distributionskanäle festlegen
  – Verkaufsorganisation festlegen
  – Produktargumente erarbeiten
  – Preisrahmen und Preispolitik festlegen

– Prototypen erstellen:

  – Werkzeuge bauen
  – Schmiedestücke erstellen
  – Stirnräder fertig bearbeiten
  – Prozesse mittels Wertanalyse optimieren

– Produkte im Markt einführen:

  – Planung modifizieren
  – Organisation prüfen
  – Markt erschließen
  – Stirnräder produzieren

Kooperationspartner

In dem Kooperationsprojekt, einer weitgehend horizontalen Kooperation, arbeiten drei Mittelstandsunternehmen miteinander, die für den organisatorischen Teil eine Unternehmensberatung aus Düsseldorf hinzugezogen haben.

Kooperationen

Die Kooperation wurde als Grundlage der Zusammenarbeit gewählt, weil Sie die Möglichkeit eines lockeren aber zielorientierten Verbundes mehrerer Unternehmen entlang der Wertschöpfungskette „Stirnräder herstellen" bot. Keiner der drei Partner wäre in der Lage gewesen – aus personellen und finanziellen Gründen aber auch wegen nicht ausreichendem Know-how – die Gesamtaufgabe als solche zu lösen.

Zwei Unternehmen hatten Lieferbeziehungen miteinander bereits vor Beginn der Kooperation. Die Einbindung des dritten Partners, war zuerst als kritisch eingestuft worden, da es sich bei der einen Schmiedefirma um den Lieferanten größerer Serien, bei der anderen Firma um den Verarbeiter kleinerer Serien handelt. Die Einigungsphase über Ziele und Vorstellungen der einzelnen Partner dauerte somit etwas länger als ursprünglich erwartet. Die Organisation der Zusammenarbeit wurde gemeinsam mit der Unternehmensberatung aufgebaut. Das übergeordnete Projektmanagement und die regelmäßige zielorientierte Zusammenführung der beteiligten Firmen wurden von der Unternehmensberatung durchgeführt.

Die eigentliche Zusammenarbeit im Sinne der Kooperation wurde in, mit Mitarbeitern aus den verschiedenen Unternehmen zusammengestellten, Arbeitsgruppen durchgeführt. Unternehmensinterne Probleme, Ansätze und Ideen zur Bewältigung der Entwicklungsaufgabe wurden hier überraschend offen diskutiert und trugen zur Aufgabenlösung bei. Zur Zielerreichung des Projektes erforderliche Informationen wurden – auch wenn es firmeninterne waren – offen zur Verfügung gestellt.

Besonderer Vorteil ist die dadurch entstandene Zusammenarbeit der drei beteiligten Unternehmen, welche momentan bereits über weitere gemeinsam zu bearbeitende Aufgabenstellungen diskutieren bzw. sie durchführen.

8.6   Erkenntnisse und Erfahrungen aus mehreren Kooperationsinitiativen

Erfolgreiche Kooperationsinitiativen haben zwei wesentliche Voraussetzungen:

- sie verfügen sowohl über eine kompetente und von außen akzeptierte Trägerschaft als auch über ein adäquates Steuerungsgremium. Beide tragen und beeinflussen die Politik und die Marktstrategie in der Initiative.

- sie haben eine erfahrene Abwicklungsbetreuung eingesetzt, die fachlich organisatorisch alle Anforderungen unterstützt und die Abläufe zielorientiert koordiniert. Von Wichtigkeit ist ein permanentes Coaching der Beteiligten, die Fähigkeit mit entsprechender Sozialkompetenz die Partner in der Initiave interdisziplinär und vernetzt zusammenzuführen und eine entsprechende Öffentlichkeitsarbeit voranzutreiben.

Aus der Steuerung und fachlich organisatorischen Unterstützung in drei Kooperationsinitiativen, die in zwei Branchen initiiert wurden, ist folgendes festzustellen:

– das Vertrauen der Zulieferunternehmen, besonders Mittelstandsunternehmen, in die Aussagen und das Verhalten der Hersteller/OEM bestimmt nachhaltig die Kooperationswilligkeit (Hersteller müssen mehr Kooperationsbereitschaft signalisieren),

– die Bereitschaft der Zulieferer, in Kooperationen mit Herstellern oder anderen Zulieferern zu treten, wird beeinflußt von dem Grad einer Förderunterstützung und nimmt bei nachlassendem Leidensdruck in der Branche und bei steigendem Tagesgeschäft zunehmend ab,

– die Willigkeit und Fähigkeit mittelständischer Zulieferer, die noch nicht Direktzulieferer sind, zur selbstständigen Entwicklung, Produktion und montagegerechten Lieferung von Baugruppen, Komponenten oder Systemen wird von den Automobilherstellern oft angemahnt bzw. vermißt,

– Klein- und Mittelstandsunternehmen, welche die Zusammenarbeit in Kooperationsprojekten erfolgreich abgewickelt haben, sind überrascht über den erzielten Erfolg und über den geschöpften Nutzen aus den Maßnahmen. Das Aufsetzen anderer, weiterer Kooperationsmaßnahmen ist oft die Folge,

– Zulieferer, die sich in Kooperationsprojekten nicht erfolgreich durchsetzen konnten, reden nicht über ihren Mißerfolg, sondern beklagen eine für sie nicht funktionierende Inititative,

– der Automobil-/Automobilzulieferermarkt zeigt hohes Interesse an den konkreten Projektergebnissen, allerdings ist die Gesamtbilanz oft nicht rechenbar. Wichtig ist, daß der Transfer von Lösungen auch in anderen Branchen und Regionen darstellbar ist,

– viele Zulieferer, die als Antragsteller für eine Förderunterstützung in Verbundinitiativen mitwirken, müssen im Abwicklungsszenario für einen Fördermittelbeantragung eine fachliche Unterstützung erhalten, da die Regelauslegung und Interpretation von Verfahrensanweisungen für viele ungeläufig ist,

– es braucht viel Geduld und Überzeugungskraft, Klein- und Mittelstandsbetriebe von dem eigenen Nutzen bei der Mitwirkung in einer Initiative zu überzeugen. Die Hemmschwelle liegt in vielen Fällen nicht im fachspezifischen, sondern im mentalen Bereich,

– nur wenige Beteiligte wollen in einem Projekt eine Leaderrolle übernehmen, sondern zunächst abwarten wie es andere machen und dann „sich hineinhängen". Hier ist es besonders wichtig, auf den Eigennutzen der Partner einzugehen,

– eine besondere Schwierigkeit bei horizontalen Kooperationen mit Partnern gleicher Wertschöpfungsebene besteht in der Furcht vor Know-how-Verlust oder Verlust von Lieferkontingenten. In solchen Partnerschaften empfehlen sich Kooperationsthemen mit nicht wertschöpfungsrelevanten Inhalten (zum Beispiel gemeinsames Outsourcing von Logistik-Dienstleistungsaufgaben) und nicht Projekte im Bereich neuer Technologien oder Targetcosting,

– Leitbetriebe (Hersteller, Systemlieferanten) sollten in vertikalen Kooperationsprojekten weitgehend integriert sein, da somit besonders für die kleinen Projektpartner ein Ergebnisnutzen erkennbar wird und ein Motivationsschub erfolgt,

– Qualifizierungsvorhaben, wie zum Beispiel QS 9000 oder kontinuierlicher Verbesserungsprozeß (KVP) sollen immer den Selbstlerneffekt der Gruppe (Schneeballeffekt) beinhalten. Dies erhöht die Partnerverbindung und das Selbstwertgefühl,

– internationale Kooperationsvorhaben sollten generell Wert auf ein detailliertes Leistungsangebot beider Partner für Verbundmaßnahmen enthalten. Pauschalangaben über eventuelle Kooperationswilligkeit ohne auf eine detaillierte Erwartungshaltung einzugehen, machen die meisten Ansätze unwirksam bzw. lassen kaum erfolgreiche Folgemaßnahmen zu,

– gute Kooperationsprojekte müssen auch ohne direkte Förderung erfolgreich abzuwickeln sein,

– Kooperationsmaßnahmen mit meherern Partnern sollten einem engen Umsetzungszeitrahmen folgen und den genauen Mitwirkungsanteil aller Partner sowie den jeweiligen Anteil der Ergebnisnutzung vertraglich festlegen (Kooperationsvertrag),

– jedes Kooperationsprojekt, besonders bei Entwicklungsaufgaben, muß vorher über die Marktrelevanz seines Projektergebnisses und über die Multiplizierbarkeit seiner Ergebnisse Klarheit erlangt haben,

– alle Ergebnisse aus der Bearbeitung in einer Kooperationsinitiative müssen in zyklischen Zeitabständen vor entsprechenden Gremien der Öffentlichkeit vorgestellt werden. Es muß über Erfolge berichtet werden.

Diese Erkenntnisse und Erfahrungen gelten weitestgehend auch für andere Kooperationsinitiativen.

8.7 Nutzen für die Beteiligten in und Wirkung des Erfolges von Kooperationsinitiativen

Der Nutzen, den Kooperationsinitiativen schaffen, muß aus unterschiedlichem Blickwinkel betrachtet werden. Zum Beispiel:

– muß jeder Partner in einem Kooperationsprojekt für sich einen Nutzen aus dieser Kooperation ziehen können. Dies kann sich monetär oder nonmonetär darstellen,

– läßt sich der direkte ableitbare Nutzen für eine Kooperationsinitiative schwer darstellen, er besteht für die eingebundenen Partner in unterschiedlich gewichteten Anteilen,

– sollte der Erfolg einer Kooperationsinitiative nicht am Verhältnis der eingesetzten Organisations- und Steuerungsaufwände zum Umfang der bereitgestellten Projektförderungssumme gemessen werden. Vielmehr ist zu ermitteln, wieviel durch eingesetzte Organisations- und Steuerungsaufwände in Kooperationsprojekten zum erfolgreichen Strukturwandel bewegt worden ist, im Einzelfall auch ohne Förderunterstützung.

Projektpartner in Kooperationsinitiativen können oft umfassenden Nutzen schöpfen aus zum Beispiel folgenden Möglichkeiten:

– gemeinsamer Know-how-Transfer

– Einstieg in neue Geschäftsfelder

– Erhöhung/Ausweitung internationaler Kontakte

– gemeinschaftliche Qualifizierung

– Erfahrungsaustausch über Dritte

– Erhöhung des Bekanntkeitsgrades

– Berücksichtigung in Ausschreibungen

– Stärkung der eigenen Leistungsfähigkeit und Qualität

– Verbesserung der Preisgestaltung durch Kosteneinsparung

– Einbindung in Informations- und Kommunikations-Netze

– Teilnahme an Öffentlichkeitsarbeit

– gleichartiger Ressourceneinsatz

– ökologische Verbesserungen/Auflagen

– Abwicklungsberatung und Coaching

– gleiche Dienstleistungsangebote und Serviceleistungen

Die Unterschiedlichkeit der hier dargestellten möglichen Nutzenfaktoren macht deutlich, wie umfassend der Vorteil aus Kooperationsprojekten sein kann, ohne ihn im einzelnen quantifizieren zu können.

Der Einsatz von Kooperationsinitiativen ist als erfolgsversprechend einzustufen, wenn eine Region durch bestehende Strukturen bzw. Strukturdefizite und durch eine ausreichende Anzahl von kooperationsfähigen Firmen gekennzeichnet ist. Dies muß ergänzt werden können durch eine akzeptierbare Trägerschaft.

Strukturverbesserung, Arbeitsplatzsicherung und Globalisierungsfähigkeit kann durch Kooperationsinitiativen dann erreicht werden, wenn die Veränderungsmaßnahmen in der Region als notwendig akzeptiert werden und besonders wenn die Kooperationsergebnisse und Verbesserungen von der Umwelt erkannt und richtig gewichtet werden. Man muß die Veränderung und Strukturverbesserung erkennen und bewerten können. Dieser Prozeß ist für eine Region nur entlang einer allgemeinen Entwicklungsphase in einem Industriezweig möglich. Nach einem bestimmten Zeitraum verringert sich wieder das Interesse für diese Region.

Daher rührt die allgemeine Erkenntnis, die besonders von großen, internationalen Automobilherstellern geteilt wird, daß eine Strukturverbesserung für eine Region nur in einem gewissen Zeitfenster erreicht werden kann. Nach etwa sechs bis acht Jahren Wirkzeitraum verlagern sich das Potential und der akzeptierte Bedarf dann in eine andere Region am Markt. Folglich sollte eine Region, ihre Chance durch Kooperationsinitiativen eine regionale Strukturverbesserung für den Weltmarkt zu erzielen, im richtigen Zeitraum nutzen.

Anmerkungen

1 In NRW zum Beispiel: SISZ, Software-Industrie Support Zentrum GmbH in Dortmund

2 vgl. MWMTV NRW: Leitfaden zur Einführung v. kontinuierlichen Verbesserungsprozessen (KVP) in mittelständischen Unternehmen

3 vgl. MWMTV NRW: Optimierte Kooperation (OK)

4 vgl. MWMTV NRW: Entwicklungs- u. Vermarktungskooperationen präzisionsgeschmiedeter Stirnräder

Literatur

,,Leitfaden zur Einführung von kontinuierlichen Verbesserungsprozessen (KVP) in mittelständischen Unternehmen" vom Februar 1997. Ersteller: Scientific Consulting Dr. Schulte-Hillen GmbH, BDU, D-50829 Köln. Herausgeber: MWMTV NRW; Ministerium für Wirtschaft und Mittelstand, Technologie und Verkehr, D-40219 Düsseldorf.

,,Optimierte Kooperation (OK)" als Projekt-Information vom Juni 1997; Ersteller: RWTH Aachen – WZL, Lehrstuhl für Produktionssystematik, D-52050 Aachen. Herausgeber: MWMTV NRW.

,,Entwicklungs- und Vermarktungskooperationen präzisionsgeschmiedeter Stirnräder". Ersteller: Intra-Unternehmensberatung GmbH, D-40212 Düsseldorf. Herausgeber: MWMTV NRW.

Abbildungs- und Tabellenverzeichnis

Die Herausgeber

Dr.-Ing. Andreas R. Voegele, promovierter Wirtschaftsingenieur, Jahrgang 1959, ist Partner bei Roland Berger & Partner, International Management Consultants, Stuttgart. Er leitet das internationale Competence Center OPERATIONS mit den Beratungsschwerpunkten Forschung & Entwicklung, Einkauf, Logistik, Produktion und Instandhaltung. Zu diesen Themen hat er eine Reihe von Vorträgen gehalten und zahlreiche Publikationen veröffentlicht. Zuvor war er in der Unternehmensberatung LIPS mit den Schwerpunkten Logistik und Unternehmensplanung sowie bei der Firma Andreas Stihl, Waiblingen, tätig, zuletzt als Abteilungsleiter Materialwirtschaftsplanung und Einkaufskoordination. Seit 1992 ist Dr. Voegele darüber hinaus Mitglied im Bundesvorstand des Bundesverbandes Materialwirtschaft, Einkauf und Logistik e.V. (BME). 1994 wurden Dr. Voegele und sein Team gemeinsam mit einem Klienten für ein zukunftsweisendes Projekt mit dem Deutschen Materialwirtschaftspreis ausgezeichnet.

Dr.-Ing. Sylvia Schindele, Jahrgang 1967, ist bei der Siemens AG in München in der Zentralstelle für Wirtschaftspolitik und Außenbeziehungen für bereichsübergreifende Fragen zur Verkehrs-, Forschungs- und Entwicklungspolitik sowie die wirtschaftspolitische Bewertung mittel- und osteuropäischer Länder verantwortlich. Davor arbeitete sie bei Siemens Halbleiter im Bereich Logistik/Planung. Vor ihrem Wechsel zu Siemens war sie bei der Unternehmensberatung Roland Berger & Partner, International Management Consultants, Stuttgart, im internationalen Competence Center OPERATIONS tätig. Ihre Beratungsschwerpunkte unfaßten die Bereiche Einkauf und Logistik. Sie studierte Wirtschaftsingenieurwesen mit Fachrichtung Elektrotechnik an der TH Darmstadt und promovierte dort am Lehrstuhl für Produktion und Umformtechnik.

Die Autoren

Rolf Christe, Diplom-Betriebswirt, Jahrgang 1943, hat langjährige praktische Erfahrung in Führungsaufgaben in der Materialwirtschaft in unterschiedlichen Unternehmen und Branchen. Er berät seit 1992 freiberuflich mittelständische Unternehmen in Fragen der Materialwirtschaft und des Einkaufs. Er ist in der Weiterbildung und in Prüfungsausschüssen der Industrie- und Handelskammer für Mittelfranken / Nürnberg aktiv. Darüber hinaus ist er Mitglied des Vorstandes des Bundesverbandes Materialwirtschaft, Einkauf und Logistik e.V. (BME), Frankfurt.

Dr. Jürgen Dunsch, Jahrgang 1948, studierte Politikwissenschaften, Volkswirtschaft, Geschichte und Englisch an den Universitäten Tübingen, Freiburg i. Br. sowie Newcastle Up. Tyne, Großbritannien. 1973/74 absolvierte er einen Forschungsaufenthalt am St. Antony's College in Oxford und 1979 promovierte er in Politikwissenschaften in Tübingen. 1977 begann er als politischer Redakteur beim Mannheimer Morgen. Ab 1983 war er Leiter der Wirtschaftsredaktion bei der Rheinpfalz in Ludwigshafen, zwischen 1987 und 1990 Leiter der Unternehmensberichterstattung der Börsen-Zeitung in Frankfurt/Main. Seit 1991 ist Jürgen Dusch der verantwortliche Redakteur für Unternehmensberichterstattung bei der Frankfurter Allgemeinen Zeitung.

Paul Hofmann, Jahrgang 1942, ist Prokurist sowie Leiter der Logistik und des Einkaufs bei Fürstlich Hohenzollernsche Werke Laucherthal GmbH & Co., Sigmaringen (FHH). Nach einer Lehre als Industriekaufmann bei FHH wechselte er zu einem Textilunternehmen. Nach seiner Rückkehr zur FHH folgten Aufgaben in der Kostenrechnung, als Controller eines Geschäftsbereichs und ab 1975 als Leiter der kaufmännischen Kalkulation. Ab 1979 war er Leiter Materialwirtschaft. Seit 1992 ist er Leiter Logistik und Einkauf, seit 1996 zusätzlich Geschäftsführer eines Dienstleistungsunternehmens der Elektrobranche. Begleitend hierzu absolvierte er ein Studium an der Württembergischen Verwaltungs- und Wirtschaftsakademie mit Abschluß als Betriebswirt (VWA). Darüber hinaus ist er stellvertretender Vorsitzender des BME-Arbeitskreises Bodensee-Oberschwaben seit 1988.

Prof. Dr. Werner Kleinmann, promovierter Jurist, Jahrgang 1937, studierte Rechtswissenschaften in Tübingen und München. 1964 promovierte er an der Rechts- und Wirtschaftswissenschaftlichen Fakultät der Eberhard-Karls-Universität Tübingen, und 1965 legte er die Zweite juristische Staatsprüfung vor dem Landesjustizprüfungsamt Baden-Württemberg ab. Im selben Jahr trat er in die Rechtsanwaltskanzlei Gleiss Lutz Hootz Hirsch und Partner, Stuttgart, ein, und er erhielt dort die Zulassung als Rechtsanwalt. Seit 1967 ist er Partner von Gleiss Lutz Hootz Hirsch, inzwischen Seniorpartner. Seit 1991 ist Werner Kleinmann Lehrbeauftragter der Universität Hohenheim und seit 1997 Honorarprofessor. Er ist Autor zahlreicher Fachveröffentlichungen und Seminarleiter auf dem Gebiet des Kartellrechts.

Karl-Heinz Uhlig, Jahrgang 1941, ist seit Ende 1995 Geschäftsführer der von ihm gegründeten Omega Blechbearbeitungs GmbH in Chemnitz, Sachsen. Nach einem Studium der Ökonomie und Technik in der ehemaligen DDR war Karl-Heinz Uhlig über 30 Jahre im Einkauf von Unternehmen des Werkzeugmaschinenbaus. Zuletzt war er als Einkaufsleiter bei der Schleifmaschinenwerk GmbH, Chemnitz, tätig. Seit 1990 ist er Mitglied des Bundesverbands Materialwirtschaft, Einkauf und Logistik e.V. (BME), seit 1993 gehört er dem Bundesvorstand des BME an.

Günter Weber, Diplom-Ingenieur (FH), Jahrgang 1954, studierte Wirtschaftsingenieurwesen an der Fachhochschule Karlsruhe. Seit 1980 ist er bei der Hertel AG, jetzt Kennametal Hertel AG, in Fürth tätig. Zunächst war er Gruppenleiter der Fertigungssteuerung, dann leitete er den Bereich Disposition und Terminwesen. Seit 1986 ist er Gruppenleiter des Einkaufs im Bereich Produktionsmaterial und übernahm 1994 die Leitung des gesamten Einkaufs.

Bernd Wolter, Jahrgang 1942, ist Mitglied der Unternehmensführung bei der agiplan Aktiengesellschaft, Mülheim an der Ruhr, und seit 25 Jahren als Berater tätig. Er verfügt über Beratungs-, Planungs- und Realisierungserfahrung aus Mittel- und Großprojekten in der Industrie, im Handel, bei öffentlichen Auftraggebern und im Dienstleistungssektor. Seit mehr als fünf Jahren ist er in vernetzte Kooperationsvorhaben und Landesinitiativen involviert.